Norman Welz

Tradingpsychologie – So denken und handeln die Profis

NORMAN WELZ

TRADING PSYCHOLOGIE

SO DENKEN UND HANDELN DIE PROFIS

SPITZENPERFORMANCE MIT MENTALTRAINING

Mit Coaching Beispielen aus der Praxis

FBV

Bibliografische Information der Deutschen Nationalbibliothek
Die Deutsche Nationalbibliothek verzeichnet diese Publikation in der Deutschen Nationalbibliografie; detaillierte bibliografische Daten sind im Internet über **https://dnb.de** abrufbar.

Für Fragen und Anregungen:
info@m-vg.de

17. Auflage 2025

ein Imprint der Münchner Verlagsgruppe GmbH
Türkenstraße 89
80799 München
Tel.: 089 651285-0

Redaktion: Sabine Martin
Korrektorat: Leonie Zimmermann
Umschlaggestaltung: Maria Wittek
Umschlagabbildung: unter Verwendung von iStock-Bildern
Satz: Carsten Klein, München
Druck: Florjancic Tisk d.o.o., Slowenien
Printed in the EU

ISBN Print 978-3-89879-700-9
ISBN E-Book (EPUB, Mobi) 978-3-86248-419-5

Weitere Informationen zum Verlag finden Sie unter
www.finanzbuchverlag.de
Beachten Sie auch unsere weiteren Verlage unter www.m-vg.de

Liebe ist eine große Kraft.
Niemand hat sie je gesehen – dennoch ist sie immer da.
Sie hält uns lebendig, lässt uns glauben und hoffen –
an uns, an andere – an den Sinn des Lebens.

Danke, dass es euch gibt und ihr Teil meines Lebens seid –
Sabine, Jens, Christoph.
Ohne euch hätte es dieses Buch nicht gegeben!

Inhalt

Vorwort

Das Wichtigste vorweg: *Die* Tradingpsychologie gibt es nicht, denn es gibt nur die Psychologie! Das menschliche Reaktionsschema funktioniert in bestimmten Situationen zum größten Teil bei allen Menschen ähnlich. Deshalb haben fast alle auch die gleichen Probleme beim Traden. Der Mensch handelt zumeist aufgrund von bewusst und vor allem unbewusst getroffenen Entscheidungen. Ob diese nun im Straßenverkehr vorkommen oder beim Trading, ist letztlich egal. Warum jemand in dem einen Moment so und nicht anders reagiert, hat immer seinen guten Grund: den ganz persönlichen! Denn die individuellen Lebensereignisse und die Veranlagungen prägen den Menschen und verursachen Überzeugungen. Man nennt diese auch die Glaubenssätze. Sie beeinflussen unser gesamtes Denken und Handeln, auch beim Traden.

Das zentrale Thema beim Börsenhandel sind Gefühle, vor allem Ängste. In diesem Buch geht es mir darum, Ihnen zu zeigen, wie diese kraftvollen Gefühlszustände beim Traden entstehen und was Sie wirkungsvoll tun können, um dennoch die richtigen Entscheidungen zu treffen. Wer beim Trading langfristig Erfolg haben möchte, braucht dafür ein gewisses mentales Wissen, das er kontinuierlich anwendet. Der Händler benötigt sozusagen ein Trading-Gehirn. Um das zu entwickeln, muss er konstant an sich arbeiten. Je früher, desto besser! Profis wissen das und trainieren sich die nötigen Voraussetzungen und das Fachwissen an. Der Anfänger vernachlässigt diesen Aspekt des Tradings meist vollkommen. Das führt dazu, dass er bei jedem Trade, manchmal sogar bei jeder kleinen Bewegung des Marktes verunsichert wird. Ständig bangt er dann um sein Geld, seinen Trade und seinen Erfolg. Wer in diesem Gefühlskarussell agiert, hat es sehr schwer, sachliche Entscheidungen zu treffen und seine Trades routiniert umzusetzen. Das ist einer der Hauptgründe, weshalb so viele beim Trading scheitern. Sie handeln ihre Emotionen und nicht ihre Trades.

Ich bin davon überzeugt, dass Trading zu 100 Prozent Psychologie ist. Denn ohne die Psyche und Psychologie wäre niemand in der Lage gewesen, all die anderen wichtigen Faktoren wie etwa Risikomanagement, Moneymanagement, Positionsgrößenberechnung oder die Ausarbeitung eines profitablen Regelwerkes zu kreieren. All diese sehr nützlichen Tools helfen kaum, wenn man nicht in der Lage ist, sie diszipliniert anzuwenden. Und nur wer seine Emotionen beherrscht, der beherrscht auch das Trading. Denn Trader scheitern nicht am Handelssystem – sie scheitern an der Durchführung desselben, sie scheitern an sich! Viele wissenschaftliche Studien haben das eindeutig bewiesen.

Der Mensch wird von seinen Emotionen gesteuert. Wenn Sie es schaffen, Ihr Unterbewusstsein als Verbündeten ins Boot zu holen, dann geht vieles beim Traden sehr viel leichter. Ich möchte fast sagen: wie von selbst! Profis sind beim Traden in der Lage, das Richtige so selbstverständlich zu tun wie atmen. Sie müssen nicht mehr darüber nachdenken, was richtig und was falsch ist. Sie handeln automatisch, basierend auf ihrem Wissen, ihren Erfahrungen und ihren Fähigkeiten. Sie erfinden keine Chancen, sie finden sie und setzen sie dann mithilfe des erlernten Verhaltens um. Sie wissen: Den Rest entscheidet der Zufall. Mehr geht nicht. Deshalb haben sie auch keine Angst vor Verlusten, weil sie verstanden haben, dass sie Teil eines jeden Trades sein können. Immer. Für sie zählt nicht der einzelne Trade, sondern die Summe aller Trades.

Damit auch Sie ein erfolgreicher Trader werden können, gebe ich Ihnen viele Tipps, wirksame Übungen und stelle Ihnen das gezielte Selbstcoaching-Programm vor. All diese Erkenntnisse habe ich in meiner eigenen Trading-Laufbahn schmerzhaft erfahren müssen.

Ich beschreibe also nicht nur, sondern berichte vor allem von dem, was ich selbst mühsam erlernt habe und teuer an der Börse bezahlen musste. Ich hoffe sehr, dass Sie seltener auf die Nase fallen, als ich es tat. Mit diesem Buch haben sie also die Chance, sich viele seelische Blessuren zu ersparen. Von den vielen unnötigen Verlusten mal ganz abgesehen. Wenn Sie die wichtigsten Aspekte meines Buches umsetzen, werden Sie schnell viel Freude beim Trading haben. Mir ist die Lust an diesem Thema trotz der schmerzhaften Erfahrungen nicht abhandengekommen. Im Gegenteil. Trading ist meine Leidenschaft. Von der ich weiß, dass sie manchmal Leiden schafft.

Ich gebe Ihnen aber auch das Wissen weiter, welches mir von professionellen und sehr erfahrenen Tradern in zahlreichen Gesprächen in den letzten Jahren anvertraut wurde.

Hinzu kommen meine Erkenntnisse aus der Coaching-Arbeit mit zahlreichen Klienten. Es sind Trader mit unterschiedlichstem Erfahrungshorizont. Einige waren während unserer Zusammenarbeit Anfänger, andere bereits professionelle Trader.

Mithilfe meines psychologischen Fachwissens erkläre ich Ihnen, was sich hinter dem menschlichen Verhalten verbirgt. Und dass immer alles seinen guten Grund hat, weshalb wir uns so und nicht anders verhalten. In jedem Moment unseres Lebens handeln wir immer, wie wir es für richtig halten. Sonst hätten wir es ja nicht so entschieden. Der Mensch macht also keine Fehler, sondern entscheidet sich stets für die beste Wahl. Das ist außerordentlich spannend. Ich werde Ihnen die psychologischen Zusammenhänge beim Traden so emotional wie möglich schildern, denn Trading bedeutet Emotionen pur. Jedes Kapitel bezieht sich auf die Frage: Warum machen wir beim Trading immer wieder die gleichen Fehler? Und was können Sie tun, um es besser zu machen als ich oder viele andere, die völlig unbedarft an das Trading herangehen?

Erfolgreiche erkennt man am Start – erfolglose auch! Profis haben die Fähigkeit, erfolgreich zu denken und zu handeln. Nur etwa 5 Prozent der Trader sind in diesem Geschäft profitabel, heißt es. Was machen sie anders als die 95 Prozent Verlierer am Markt? Nicht viel, aber das konstant.

Ich möchte Ihnen Mut machen: Auch Sie können sich dieses Basiswissen der Spitzentrader aneignen. Da Trading nicht per se schwer ist, liegt die Entscheidung bei Ihnen: Wenn Sie bereit sind, sich Ihrem inneren Schweinehund zu stellen, und alle Schritte unternehmen, um es zu schaffen, dann werden Sie ein profitabler Trader! Ich sage nicht, dass es leicht ist, aber ich sage: Es ist möglich!

In den nächsten Kapiteln werde ich dieses Profiwissen an sie weitergeben. Ich werde Ihnen aus psychologischer Sicht erklären, wie wir Menschen ticken, wovor wir Angst haben und wie Sie den manchmal sehr steinigen Weg zum Erfolg bewältigen können. Und ich werde Ihnen auch zeigen, was ein Trading-Gehirn braucht, um zur Elite in diesem Business zu gehören. Sie werden erkennen, dass es zwar typische Trading-Probleme gibt, aber die Reaktionen darauf immer individuell sind. So gibt es nicht nur den einen Grund, weswegen jemand eine Depression bekommt, sondern unglaublich viele Gründe. Jeder Mensch hat seine eigene Geschichte und jeder Mensch trägt seine eigenen Lösungen für seine Probleme in sich. Der Mensch muss aber die Antwort auf seine Probleme selbst glauben können. Er muss seine eigenen Lösungen für ein Problem finden und nicht bloß die von anderen übernehmen. Im Trading-Handwerk, wo es z. B. um Signale geht, also um sinnvolle Ein- und Ausstiege, da funktioniert so etwas. In der Tradingpsychologie nicht! Es ist wichtig, dass Sie das zu unterscheiden lernen. Die Lösung muss für Sie stimmig sein. Dieser sehr wichtige Aspekt bestimmt darüber, wie schwer oder leicht es für Sie wird, ans Ziel zu kommen. Das unterschätzen viele. Ich werde Ihnen nicht einzureden versuchen, was für Sie richtig ist, sondern Sie ermutigen, sich selbst auf die Schliche zu kommen. Letztlich werden Sie immer nur sich selbst glauben und nicht mir. Die Antwort muss für Sie stimmig sein, denn Sie kennen ja auch die Hindernisse. Es ist wie bei einer Schraube und einer Mutter: Sie können 100 verschiedene Muttern und die dazugehörigen 100 Schrauben haben. Jedoch wird nur eine zum jeweils anderen Gegenstück passen. Alles andere wird zu einem unbefriedigenden Ergebnis führen! Warum jemand nicht in der Lage ist, seine Gewinne sinnvoll laufen zu lassen, beruht nicht nur auf einem einzigen Grund, sondern auf vielen verschiedenen. Sicher, Angst steht meist im Vordergrund. Aber wovor genau hat jemand Angst? Ich kann niemandem etwas einreden, das er selbst nicht glaubt oder glauben kann. Als Tradingpsychologe sehe ich deshalb meine Aufgabe nicht darin, Ihnen zu sagen, woran es liegt, sondern wie Sie sich selbst helfen können für Ihre Probleme Ihre eigenen Lösungen zu finden. Wir bräuchten keine Therapeuten, wenn es anders wäre. Es würde ein Standardwerk genügen, in dem allgemeingültige Tipps zur Heilung stünden. So ein Buch gibt es nicht. Und das hat seinen Grund. Vor allem Trading-Anfänger wollen immer schnelle Tipps, aber das ist unrealistisch und führt nicht ans Ziel. Wäre es so, dann bräuchte dieses Buch nur eine Seite und auf der stünde: »Seien Sie bei dem, was Sie tun müssen, diszipliniert.« Dass es nicht reicht, sich zu sagen, beim Traden muss ich diszipliniert sein, haben Sie natürlich auch schon bemerkt. Und dafür gibt es eine ganz einfache Antwort, sie befindet sich sozusagen im Aufbau unseres Gehirns. Alles, was Sie erfahren werden, wird Sie weiterbringen und Sie werden viele Aha-Erlebnisse haben, nicht nur zum Thema Trading.

Vielleicht hören Sie irgendwann mit dem Trading wieder auf. Entweder weil Sie genug Geld damit verdient haben oder weil es ihnen keine Freude mehr bereitet. Doch eines verspreche ich Ihnen – Ihre psychologischen Erkenntnisse, die Sie auf dem Weg zum erfolgreichen Trading gewonnen haben, werden Sie weiterhin in Ihrem Leben bereichern. Trading ist Leben und gerade deshalb so schwer, verlockend und spannend zugleich.

Ich empfehle Ihnen daher, dieses Buch Kapitel für Kapitel, sprich chronologisch, zu lesen. Sie bauen teilweise aufeinander auf und Sie werden deshalb leichter verstehen, warum Tradingpsychologie so wichtig ist, um an den Märkten erfolgreich zu sein.

Manche Inhalte wiederholen sich an einigen Stellen, das ist erwünscht. Es handelt sich dann um sehr wichtige Informationen. Menschen behalten von dem, was sie lesen nur etwa 10 Prozent. Von daher kann es sehr nützlich sein, das Buch mehrmals zu lesen. Ich tue das selbst ständig mit Büchern, die mir wichtig sind. Manche Trading-Bücher habe ich sechs Mal gelesen und war erstaunt, wie viel ich immer wieder überlesen habe!

Ich wünsche Ihnen viel Freude mit meinem Buch und einen guten Weg zu ihrem Trading-Erfolg.

Norman Welz

1. Die Basis

1.1 Der Ritt auf dem Wildpferd

Ich handelte seit vielen Jahren mit Aktien. Wahrscheinlich ging es mir so wie den meisten, ich verlor überwiegend mein Geld. Zwar war ich auch mal im Plus, aber da ich keine Ahnung von Risikomanagement und Moneymanagement hatte, endeten die Investments meistens im Minus. Die Verluste fraßen die Gewinne ums Vielfache wieder auf. Meine Strategie war so einfach wie wirkungslos. Jedenfalls für mich: Ich folgte den Tipps von Freunden oder Finanzjournalisten aus den Medien. Am liebsten denen aus einer bekannten TV-Börsensendung eines deutschen Nachrichtensenders. In der saßen hin und wieder »Experten« und gaben ihre Einschätzungen zu den Märkten und zu den speziellen Aktien preis. Sie durften das, denn sie hatten jahrzehntelange Erfahrungen. Dass sie auch ihre eigenen Interessen vertraten, war mir damals noch nicht klar.

Manchmal folgte ich auch den Anlageideen meines Bankberaters. Oder wenn ich las, dass eine Aktie eine Menge Gewinnpotenzial hatte, dann kaufte ich sie. Vor allem dann, wenn die Erklärungen dazu logisch und nachvollziehbar waren. Was sie ja immer sind, da man unbewusst nach solchen Informationen sucht, wie ich heute weiß.

Besonders spannend war die Zeit zu Beginn des Internetbooms. Der Neue Markt mit all seinen Chancen versprach schnell reich zu werden. Es soll welche gegeben haben, die das geschafft haben. Ich gehörte nicht dazu!

Ich erinnere mich noch heute mit Belustigung daran, wie ein sehr bekannter Börsenjournalist des besagten TV-Nachrichtensenders aus New York einen Vortrag über die Chancen des neuen Marktes in Hamburg hielt. Die meisten Gäste waren stark beeindruckt von dem, was sie da hörten. Auch ich! »Es bricht ein ganz neues Zeitalter an. Alles wird jetzt möglich sein. Und das

Unvorstellbare werden wir erleben. Big Companies werden nicht mehr die Rolle spielen, die sie heute spielen. Die Old Economy ist auf dem Weg zum Friedhof – es lebe die New Economy!«

Er versprach uns noch, dass die neue Technik alles bald leichter machen wird. Einkaufen war gestern. Die Kühlschränke der neuen Generationen werden unser Essverhalten abscannen und unsere Lebensmittel werden automatisch via PC an den Online-Supermarkt geschickt. Schon am selben Abend wird die prall gefüllte Lebensmittelkiste vor unserer Haustür stehen!

Meine Augen wurden immer größer. Unglaublich, dachte ich. Und ich Idiot weiß das alles noch gar nicht. Gut, dass ich jetzt hier bin und das schon heute erfahren darf. Ich kann ja gleich morgen die Zukunftsaktien von übermorgen ordern.

Eine zweite Veranstaltung meiner Bank direkt im Anschluss daran machte es mir noch leichter. Sie hatten schon die perfekten Fonds für all diese Wirtschaftswunderfirmen zusammengestellt. Ich musste nur noch mein schönes Geld investieren und abwarten, wie es sich unaufhaltsam vermehren würde.

Am nächsten Tag war ich Teil dieser großen Vision namens Zukunft. In Fonds und Aktien. Ich hatte sogar eine Versicherung dafür noch aufgelöst. Wenn schon reich werden, dann richtig, dachte ich. Nun Sie können sich ja denken, wie das Spiel ausgegangen ist. Sechs Monate später wünschte ich mir, ich wäre nie auf dieser Veranstaltung gewesen und hätte mein Geld damals lieber auf dem Sparbuch gelassen.

Selbst die größten deutschen Aktiengesellschaften verloren 90 Prozent ihres Wertes beim großen Knall des Neuen Marktes. Und ich dachte seinerzeit voller Überzeugung, ich sei schlau, wenn ich meine Versicherungspolice auflösen und mein Geld direkt in diesen Global Player investieren würde. Selbst gut zehn Jahre später haben diese Aktien nie wieder auch nur annähernd ihren damaligen Wert erreicht. Besäße ich sie noch heute, lägen sie immer noch mit fast 75 Prozent im Minus. Nein, ich habe diese und alle anderen Aktien schon lange abgestoßen. Die meisten hatte ich natürlich am Tiefpunkt aus Angst verkauft. Andere Werte lösten sich in Luft auf. Der grandiose Zukunfts-Fonds – »Den muss man heute einfach im Depot haben!« – ist genauso wenig real wie der vollautomatische Einkaufsservice via Internet. Heute steht meine Biokiste vor der Tür, für den Rest stehe ich immer noch an der Supermarktkasse an. Es dauert wohl noch ein bisschen bis zur Konsumrevolution.

Freunden und Bekannten ging es genauso wie mir oder noch schlimmer. Sie hatten sich zum Teil mit den erhofften Gewinnen schon eine Eigentumswohnung oder ein Haus gekauft. Doch anstelle von Reichtum hatten sie nach dem großen Crash große Schuldenberge. Ich hatte glücklicherweise keine Schulden. Aber Geld hatte ich auch nicht mehr.

Noch lange nach diesen sehr enttäuschenden Erlebnissen war ich fest davon überzeugt, alles richtig gemacht zu haben. Ich hatte, wie alle anderen, einfach nur Pech. So kannte ich das Spekulieren mit Aktien: Aktien kaufen, weil man einen Tipp bekam – und dann halten, bis sie genug im Gewinn sind. Wann denn genug ist, wusste ich nicht. Ich wusste auch nicht, dass Aktien sich in Phasen befinden: Aufwärtstrend, Abwärtstrend, Seitwärtsphase. Auch dass man einen Stopp setzen kann, war mir völlig unbekannt. Aktien wurden gekauft, und wenn sie ins Minus liefen, dann wartete man eben, bis sie wieder im Gewinn liegen würden. Dass das Im-Gewinn-Liegen niemals mehr sein würde, war für mich und andere undenkbar. Aktienanlage war doch ganz einfach und auch so logisch. Schließlich machte es mein Bankberater doch genauso. Und er machte es tatsächlich so! Und was noch schlimmer ist – er macht es heute immer noch so. Aber ich wusste damals ebenso wenig, dass ich von einem als Profi verkleideten Laien lernte. Ich war vollkommen davon überzeugt, als er mir erzählte, dass Profis so an der Börse investieren. Ich kam nicht einmal auf die Idee, ein Buch darüber zu lesen. Ich glaubte ja, mit diesem Bankberater einen Profi an meiner Seite zu haben. Wenn ich heute darüber nachdenke, könnte ich vor Wut all die Orders fressen! Mein einziger Trost ist und bleibt die Tatsache, dass ich es eben nicht besser wusste. Ich tat nur, was ich glaubte oder zu wissen glaubte. Nicht mehr und nicht weniger. Punkt!

Einige Jahre später kam ich in dem Sportcenter, in dem ich dreimal wöchentlich trainierte, mit einem jungen Typen ins Gespräch. Er erinnerte mich an einen Türsteher einer schicken Diskothek. Er hatte ein Kreuz wie ein Kleiderschrank und Oberarme, die in etwa dem Umfang meiner Oberschenkel entsprachen. Als Türsteher einer Feudaldisco sah er zu intelligent aus und seine Augen ließen einen ruhigen, sanftmütigen und tiefsinnigen Charakter erkennen. Wir trainierten beide schon lange dort. Aber ich hatte ihn vorher nie wirklich wahrgenommen. Obwohl er mit seinem sehr gut durchtrainierten Körper wahrlich kaum zu übersehen war.

Ich erinnere mich noch, wie ich damals auf dem Fußboden auf einer Gummimatte lag so wie schon die letzten zwanzig Jahre zuvor auch und vergeblich versuchte, mir einen Waschbrettbauch anzutrainieren. Irgendwann hörte ich ihn etwas Fundiertes über den Dax sagen. Mir kam das seltsam vor, weil ich mir nicht vorstellen konnte, dass er sich damit auskannte. Ich verwickelte ihn in ein Gespräch »Hey, ich bin Norman!«, »Hallo, ich heiße Christoph!« – weil ich irgendwie ahnte, dass er mehr zum Thema Börse wusste, als ich vermutete. Wir sprachen sofort über die Märkte und hörten überhaupt nicht mehr auf. Schnell erfuhr ich, dass er privater Futures-Trader war und davon lebte. Er scalpte den Dax meist auf 15-Minuten-Basis. Schnitt sich ein paar Punkte aus einer Bewegung, wie er es nannte. Ich verstand nur Bahnhof und wurde immer neugieriger.

Alles, was er mir erzählte, machte mich neugierig und klang total verlockend. Ich dürstete nach mehr Wissen wie ein trockener Fisch nach Wasser. Am Ende des Gesprächs empfahl er mir mehrere Trading-Bücher, die ihm sehr geholfen hatten, die Märkte besser zu verstehen und auch profitabel zu werden. Dieser Zettel mit den Notizen existiert noch heute. Zwei der Bücher habe ich sechs Mal hintereinander durchgelesen!

Denn das, was ich da las, konnte ich nicht glauben. In diesen Büchern erkannte ich all meine Fehler und alle meine gesamten Börsenerlebnisse wieder – ich konnte nicht glauben, wie dumm ich damals war!

Seit diesem Tage unserer Begegnung haben wir ständig über das Thema Trading gesprochen. Manchmal telefonierten wir dreimal täglich und häufiger. Ich fand in ihm meinen Trading-Lehrer und Ausbilder. In den folgenden zwei Jahren brachte er mir das meiste bei, was ich heute weiß. Und was noch viel wichtiger ist, er gab nie den Glauben an mich auf und zog mich immer wieder aus dem Sumpf meiner Verzweiflung. Dafür werde ich ihm immer dankbar sein. Heute verbindet uns eine tiefe Freundschaft, die weit über das Thema Trading hinausreicht. Und eine neue Liebe fand ich obendrein – das aktive Kurzfrist-Trading!

Nachdem ich die Bücher gelesen oder sollte ich besser sagen studiert hatte, eröffnete ich ein CFD-Demokonto. Kurze Zeit später ein Livekonto. Christoph begleitete mich auf diesem Weg. Leider konnte er es aber auch nicht vermeiden, dass ich ohne Ende »Fehler« machte. Eines Tages sagte er mir: »Ich hatte gehofft, dass du es als Psychologe leichter hast. Und all die Fehler, die ich gemacht habe, nicht auch machen musst!«

Aber Psychologen sind auch nur Menschen! Sie sind vielleicht in psychologischer Hinsicht um vieles wissender, aber deshalb noch lange nicht in der Lage, wichtige Verhaltensstrukturen zu ändern. Und darauf kommt es schließlich beim Trading an!

Tag für Tag, Woche für Woche, Monat für Monat, Jahr für Jahr übte ich das Wunderwerk Trading. Ich erinnere mich noch wie heute an ein Treffen mit Christoph und seiner Freundin Tina in einem Café. Ich war mal wieder völlig verzweifelt. Es war immer das Gleiche, erst konnte ich mein Handelskonto gut in den Gewinn traden, dann war das ganze Geld wieder weg. Es folgten dann meistens aus Wut über mich selbst noch einige unsinnige Trades – und es war mehr Geld von meinem Konto verschwunden als vorher. Ein Fass ohne Boden. Tina sprach mich an: »Na, Norman, wie läuft es mit dem Trading?« Ich sagte: »Ich befürchte, es ist ganz leicht. Aber diesen Dreh habe ich noch nicht raus!«

Ich spürte, dass Trading eigentlich sehr leicht war, aber ich war ständig vollkommen verzweifelt und hatte keine Ahnung, warum es mir so schwerfiel, profitabel zu werden.

Damals arbeitete ich als Therapeut in einem Fachinstitut zur Angstüberwindung und Leistungsoptimierung von Spitzensportlern. Zugleich nahm ich mir die Zeit fürs Trading, denn ich war fest entschlossen, wie Christoph ein erfolgreicher und profitabler Trader zu werden. Im Institut betreute ich ständig etwa vierzig Klienten. Alle hatten unterschiedliche Ängste. Wir arbeiteten dort mit hypnotischen Verfahren, die außergewöhnlich wirkungsvoll waren. In den letzten Jahren habe ich dieses Verfahren noch stark verfeinert und auf Basis der neuesten neurowissenschaftlichen Erkenntnisse und der modernen Hypnotherapie deutlich erweitert. Heute setze ich dieses Verfahren in meinen Coachings mit Angstklienten und beim Trader-Coaching sehr erfolgreich ein.

Während meiner Arbeit als Therapeut stellte ich fest, dass sich das Gefühlsschema beim Traden mit den Ängsten der Klienten deckte. Sie erlebten ähnliche Symptome wie ich beim Traden. Sie, meine Angstpatienten, und ich waren ständig auf der Suche nach Sicherheit. Das fand ich spannend und ich fing an, die Parallelen genauer zu erforschen. Ich begann von da an, mich immer genauer zu beobachten. Studierte meine Glaubenssätze, mein Verhalten, mein Denken, mein Fühlen, meine unlogischen Reaktionen, schaute mir die Verhaltensmuster meiner Eltern und Geschwister an. Schrieb ganze Abhandlungen über Verhalten, Wünsche, Ziele und vieles mehr. Irgendwann fühlte ich mich wie mein eigener Angstklient. Das machte ich über Jahre.

So, wie meine Klienten z.B. Angst an einer Supermarktkasse hatten, genauso hatte ich panische Angst, zum dritten Mal in Folge 100 Euro bei einem Trade zu verlieren. Je mehr ich verglich, desto klarer wurde mir der Grund für meine Erfolglosigkeit: Ich hatte Angst! Angst, zu verlieren. Angst, nicht zu gewinnen. Angst, das falsche System einzusetzen. Angst, nie ans Ziel zu kommen. Angst, zu wenig pro Trade zu riskieren oder zu viel in einem Trade zu riskieren. Oder einfach zu wenig zu traden und wieder zu viel zu traden. Angst, zu wenig Rendite zu erzielen und nicht schnell genug mit Trading reich zu werden. Angst, Angst, Angst ... Ich war ein Gefangener in meiner Angst. Trading war für mich wie ein Ritt auf einem Wildpferd. Mit dem Gefühl, Pferd und Reiter in einer Person zu sein. Es schüttelte mich – vor lauter Angst – unentwegt durch!

Je mehr ich begriff, dass ich ständig fast alles aus Angst machte, desto gezielter konnte ich an mir arbeiten. Denn ich verstand, dass ich zwar über das nötige Wissen verfügte, um erfolgreich zu traden. Aber ich war nicht in der Lage, es auch anzuwenden. Wahr ist: Unsere Fähigkeiten liegen dafür vor allem in unserem unbewussten Verhalten. Und das Verhalten zu ändern ist beim Traden wie im alltäglichen Leben die größte Herausforderung. Erst wenn uns das gelingt, erreichen wir unsere Ziele!

1.2 Das Wichtigste zuerst

Einstiege, Einstiege, Einstiege. Wohin man in der Börsenlandschaft auch guckt – überall sind Einstiegssignale. Schaut man sich die üblichen Internetseiten sowie Zeitschriften, Live-Veranstaltungen und Börsenfernsehsendungen an, so geht es vor allem nur um eins: Wo muss ich jetzt dabei sein? Mindestens einmal in der Woche bekomme ich mit der Hauspost oder per Mail windige Börsenbriefe, die versprechen, dass ich mit ihren Trading-Signalen in den letzten Monaten Hundert Prozent Gewinn gemacht hätte. Hauptsache, man hat ein gutes Signal, dann klappt das schon mit dem Reichtum. Der richtige Einstieg scheint das Wichtigste dabei zu sein. Eine Handvoll Trades und man ist reich genug für ein neues Auto oder die Anzahlung seines neuen Hauses. Laien glauben das. Profis wissen, dass das Unsinn und der Einstieg sogar das Unwichtigste ist! Profis schauen auch nicht auf Turbogewinne, sondern auf das Risiko. Der bekannte amerikanische Trader Larry Williams sagte einmal: »Bei jedem Trade stelle ich mir vor, dass dies mein schlechtester Trade aller Zeiten wird. Und ich überlege mir vorher, wie viel von meinem Geld ich damit verlieren will«.

In Fachkreisen weiß man, dass etwa 90 bis 95 Prozent der Trader kontinuierlich verlieren und die meisten davon ihr Handelskonto nach drei Monaten wieder schließen müssen. Und in den meisten Börsenmedien berichten Trading-Profis, dass etwa 70 bis 80 Prozent des Börsenerfolges von der Psychologie abhängt. Ob es da wohl einen Zusammenhang gibt?

Tatsache ist auch, dass die meisten Trading-Neulinge, die nach drei Monaten ihr Handelskonto auf null getradet haben, den Ruf der Tradingpsychologie gar nicht erst hören. Das Wichtigste kommt für sie zu spät.

Ich glaube, dass die meisten Börsenteilnehmer um die Brisanz dieses Themas nicht wissen. Was nicht unbedingt verwundert. Einerseits steht das Thema in den Börsenmedien nicht sonderlich im Mittelpunkt. Andererseits liegt es sicherlich auch daran, dass Selbstanalyse eine harte Arbeit ist. Selbstveränderung erst recht! Und die eigene Persönlichkeit zu erkunden ist nicht gerade die Lieblingsbeschäftigung des Menschen. Psychologie ist für viele in unserer Gesellschaft immer noch ein gefährliches Terrain, worüber man ungern offen spricht. Und womit man sich nicht auseinandersetzen mag. Sich Hilfe bei einem Psychologen oder Coach zu holen bedeutet für viele immer noch, irgendwie »geistig krank« zu sein. Selbst heutzutage erhalte ich immer noch E-Mails von Leuten, die diesen ganzen »Psychoscheiß« ablehnen. Unglaublich, aber wahr!

Wie oft lesen Sie in den gängigen Börsenmedien strukturiert und fundiert etwas über das Thema Tradingpsychologie? Das Thema ist heute meine Leidenschaft und einer meiner Berufe. Ich schätze mal, dass das Thema Börsenpsychologie maximal 5 Prozent des redaktionellen Teils ausmacht, wenn überhaupt! 5 Prozent für etwas, wovon die Profis überzeugt sind, dass es zu 95 Prozent unseren Erfolg ausmacht! Das wäre so, als würde ich bei einer Kochsendung im Fernsehen zu 5 Prozent nur über die Technik des Backofens, der Töpfe, der Messer reden.

Warum ist das so? Kurz gesagt: weil sich das Thema nicht so profitabel verkaufen lässt. Die meisten Menschen, die sich für das Thema Börse interessieren, wollen den Reiz des schnellen Geldes befriedigen. Oder sie wollen ihre Abenteuerlust ausleben. Es locken Risiko und Reichtum – nicht die Erkenntnis. Klingt doch lässig, wenn man weiß, welche Aktien man gerade wieder haben sollte. Wer will denn schon darüber reden, dass er bei den ständigen Verlusten an der Börse immer wieder seine Verlustängste spürt oder stocksauer wird und deshalb noch mehr verliert. Oder immer dieselben Fehler macht und sich emotional einfach nicht im Griff hat!

Über Geld spricht man ja nicht. Und über die Börsenverluste erst recht nicht. Außer natürlich bei großen Crashs, wo es ja sowieso jeden erwischt hat. Da ist es schon wieder trendy, wenn man auch dabei war und sich gemeinsam die Wunden lecken kann. »Scheiß Lehman Brothers!« Ganz nach dem Motto: »Das Leiden will Gesellschaft haben.« Mit den Gewinnen schmückt man sich jedoch gerne. Allein diese Aspekte beinhalten interessante psychologische Hintergründe. Aber dazu später mehr!

Viel wichtiger sind die ersten Schritte zuvor: die Psychologie der Märkte und die Psychologie der eigenen Absichten beim Traden zu durchschauen. »Warum will ich eigentlich traden?« »Was will ich damit erreichen?« »Weiß ich eigentlich, was ich beim Traden tue?« »Warum bewegt sich ein Chart, wie er sich bewegt?« »Welche Informationen enthält ein Chart?« »Welche Risiken gibt es beim Traden?« »Worauf sollte ich achten, wenn ich trade?« Vor allem die erste Frage »Warum will ich eigentlich traden?« ist die wichtigste Frage, die sich jeder am Anfang seiner Trading-Aktivität stellen sollte. Von Trader-Karriere will ich an dieser Stelle noch gar nicht sprechen. Die Antwort auf diese Frage entscheidet nämlich darüber, ob Sie Trading als Spiel, als Hobby oder als Geschäft betreiben möchten. Und, haben Sie diese Frage schon für sich beantwortet? Wenn nicht – tun Sie es jetzt!

Wer an der Börse das schnelle Glück sucht, braucht keine Psychologie, der braucht nur Glück! Börse bleibt dann ein Glücksspiel. Profis haben auch Glück, aber sie verlassen sich nicht darauf. Sie wissen um das wichtige Thema Tradingpsychologie und schulen sich darin. Manche arbeiten konstant an diesem Thema, während der Laie weiter nach Tipps für Einstiege sucht oder sich an seinem letzten Super-Gewinn-Trade erfreut, der natürlich reines Glück war und nicht nach festem System gehandelt wurde.

Bei den meisten Trading-Anfängern rückt das Thema Tradingpsychologie und Trading-Ängste zu spät in den Vordergrund. Noch bevor sie sich darüber im Klaren sind, warum sie an der Börse ständig verlieren, befindet sich ihr Handelskonto schon auf dem Börsenfriedhof.

Mein Rat deswegen an alle, die sich für Trading interessieren: Das Wichtigste zuerst! Denn die Psyche entscheidet beim Trading über Sieg oder Niederlage, über Profi oder Laie.

1.3 Was bedeutet Trading wirklich?

In der Werbung sieht Trading verlockend einfach aus. Während die sexy Freundin sich für die anstehende Party hübsch macht, hüpft sie schnell noch einmal an den Computer ihres Liebsten und mit einem flotten Klick wird noch rasch ein Trade gemacht. Natürlich erfolgreich. Aber: So traden die Profis – nicht! Die Trading-Werbung hat mit der Realität nicht viel gemeinsam. Dennoch prägen solche lässigen Szenen unsere Vorstellungen und unsere Erwartungen. Letztlich sollen sie unsere Sehnsüchte, Träume und Wünsche wecken. Denn wer fände es nicht verlockend, wenn Geld so einfach zu verdienen wäre. Tatsache ist, dass dauerhaftes Geldverdienen an der Börse einer der schwersten Jobs der Welt ist. Der Grund dafür liegt in unserer Psyche. Der Mensch tut bei Risikogeschäften gern das Gegenteil von dem, was sinnvoll wäre. Das ist auch der Grund, weshalb es auf diesem Gebiet nur so wenig erfolgreiche Akteure gibt. Trading braucht Konzentration und Vorbereitung. Wer es spontan nebenher betreibt, wird vermutlich nicht erfolgreich werden. Denn Sie kämpfen gegen den härtesten Gegner – gegen sich selbst! Was so einfach aussieht, ist am Ende ein komplexer Prozess, der sich aus vielen Komponenten zusammensetzt. Haben Sie diesen begriffen, dann sind Sie auf der Zielgeraden des Erfolges. Vorausgesetzt, Sie haben erfolgreich an Ihrer Psyche gearbeitet. Ohne die geht es nämlich nicht! Jedes Element für sich allein ist nicht unbedingt schwer zu verstehen. Was die Sache beim Trading so schwer macht, ist die richtige Zusammensetzung aller Aspekte. Dafür benötigen Sie entweder die entsprechende Persönlichkeit oder/und einen eisernen Willen.

Profis haben ihn. In Interviews und Büchern können Sie immer wieder lesen, dass Profis oftmals durch die Hölle gegangen sind, um beständig erfolgreich zu werden. Warum sollte es bei Ihnen leichter sein. Es ist zuerst wichtig, dass

Sie realistisch sind. Glauben Sie wirklich das Zeug zum Profi-Trader zu haben? Wollen Sie den mitunter steinharten Weg gehen? Sind Sie bereit, aktiv an Ihrer Persönlichkeit zu arbeiten? Sind Sie bereit, Geld zu verlieren, um Geld zu verdienen? Sind Sie bereit, sich für den Erfolg sehr viele Jahre Zeit zu nehmen? Wenn ja, dann können Sie es schaffen, ein erfolgreicher Trader zu werden. Wenn nicht, dann investieren Sie Ihre Zeit lieber in die Recherche nach einem guten Vermögensverwalter oder zahlen Sie Ihr Geld regelmäßig in einen Sparfonds ein und lernen Sie die wichtigsten Grundkenntnisse der Technischen Analyse. Ein kleines Buch für ein paar Euro reicht. Wenn Sie sich nicht sicher sind, dann buchen Sie eine Coaching-Stunde bei einem guten Trader-Coach und finden Sie es heraus. Das ist sehr gut angelegtes Geld. Letztlich werden Sie so wesentlich mehr Geld sowie Zeit und Nerven sparen.

Das Geheimrezept beim Börsenhandel ist in der Tat die bekannte Börsenweisheit: »Gewinne sinnvoll laufen lassen – Verluste sinnvoll begrenzen.« Jedenfalls bei den meisten Trading-Ansätzen. Doch bis man diese Formel perfekt anwenden kann, braucht es einige Erfahrungen und Wissen. Mit dem alten weisen Satz des bekannten Spekulanten André Kostolany »Aktien kaufen – Schlaftabletten nehmen und nach vielen Jahren aufwachen und reich sein« klappt es nur in absoluten Ausnahmen. Ein aktiver Trader wartet nicht einfach ab, dass sich Gewinne anhäufen, und überbrückt seine Zeit bis dahin auch nicht mit Schlaftabletten. Ein aktiver Trader managt seine Trades aktiv. Er behält sie im Auge und rechnet in jedem Augenblick mit allem, was passieren könnte. Vor allem rechnet er mit dem Schlimmsten! Und schlimm sind beim Trader unübersehbare Verluste. Und genau das unterscheidet den Anfänger vom Profi. Der Trading-Anfänger möchte viele, schnelle, große Gewinne machen. Das wollen Profis natürlich auch. Der Profi achtet jedoch vor allem darauf, wie er sichere Gewinne und wenige Verluste erzielen kann. Was so einfach klingt, ist außerordentlich schwer. Ich erkläre Ihnen noch woran das liegt. Wichtig ist zunächst, dass Sie verstehen, dass Trading nicht vergleichbar ist mit Investing. Der Investor lässt den Markt entscheiden. Der Trader übernimmt selbst die Verantwortung für sein Handeln. Das Konto des Investors ist großen Schwankungen ausgesetzt. Trader akzeptieren nur kleine Schwankungen. Investoren bleiben mit ihren Positionen meist Monate oder Jahre im Markt. Trader stellen die Trades oft schon nach wenigen Minuten oder Stunden glatt. Swingtrader nach wenigen Tagen. Investoren setzen meist auf steigende Märkte. Trader holen sich ihre Gewinne in Short- und Long-Positionen. All diese Komponenten führen dazu, dass die Psyche unterschiedlich stark beansprucht wird. Für Sie ist es zunächst wichtig, zu wissen: Sind Sie ein Investor oder ein Trader? Ein Gespräch mit einem professionellen Trader-Coach kann diesbezüglich Klarheit schaffen

1.4 Warum Trading so schwer ist

Nicht weil es schwer ist, wagen wir es nicht,
sondern weil wir es nicht wagen, ist es schwer.
Lucius Annaeus Seneca

Trading ist einfach: Man sucht sich ein Einstiegssignal mit einer guten Gewinnchance, die einen mehr verdienen lässt, als man verlieren könnte. Das Geldrisiko wird bewusst berechnet, eine Position gekauft, dann setzt man einen Stopp – und nun wird der Trade nur noch verwaltet, bis das Ziel erreicht ist, oder der Markt den Trade ausstoppt – fertig! Herzlichen Glückwunsch – Sie beschäftigen sich gerade mit einem der schwersten Berufe der Welt. Und ein überschaubares 500-Euro-Konto macht es nicht leichter, im Gegenteil! Was in der Theorie so einfach klingt, ist in der Praxis meist extrem schwer umzusetzen. Am Anfang des Tradings spielt man ein bisschen mit den Charts und versucht sein Glück. Dann merkt man, dass es irgendwie nicht so funktioniert, wie man sich das vorgestellt hat. Der Markt scheint immer genau das Gegenteil von dem zu machen, was man wollte: Setzt man auf steigenden Kurs – fällt der Kurs. Setzt man auf fallende Kurse, steigt er. Es folgt der Wunsch, herauszufinden, warum das so ist. Und nun beginnt eine Wissensspirale, die einen immer tiefer in die Materie Trading zieht. Bücher und Zeitschriften werden gelesen, im Internet wird gesurft, Blogs werden besucht und Webinare angesehen oder Seminare gebucht oder andere Trader imitiert. Wie funktioniert der hundertprozentig sichere Trade? Man will wissen, was das Geheimnis für den Trading-Erfolg ist. Plötzlich steht man vor einem Berg Informationen. Doch je mehr Wissen man sich aneignete desto kleiner wird das Handelskonto. »Verdammt! Da scheint doch etwas nicht zu stimmen!«, denkt man. »Ständig lerne ich an allen Ecken und Enden dazu, aber das bringt alles gar nichts!«

Irgendwann bekommt der Trading-Anfänger das Gefühl, die Gesetze der Börse immer weniger zu verstehen. Jeder andere Trader scheint die Lösung schlechthin gefunden zu haben. Nur man selbst ist wohl der einzige Trottel in der Trading-Szene, der es nicht hinbekommt, profitabel zu werden.

Wo doch ständig erfolgreiche Trader Interviews geben, wie toll es bei ihnen funktioniert mit dem Börsenhandel. Passend dazu veröffentlichen sie ihre erfolgreichen Beispiel-Trades – natürlich alles Treffer. Na, super! In dieser Gedankenspirale habe ich mich Jahre befunden. Bis ich wusste, dass ich von den klassischen Marktgesetzen überhaupt nichts verstand. Ich wusste nur eines: »Ich will Geld verdienen!«

Der Fallstrick beim Trading ist die Tatsache, dass es einfach aussieht, aber letztlich doch umfangreicher ist, als es auf den ersten Moment scheint. Man muss sich Fachwissen aneignen und genau selektieren, was man selbst davon für seinen Trading-Stil braucht: Technische Analyse, Markttechnik, Pivot-Punkte, Indikatoren, Oszillatoren etc.

Es gibt unendlich viele Hilfsmittel beim Traden, doch man wird später vielleicht nur ein oder zwei davon benutzen, wenn überhaupt. Man kann es mit einem Puzzle vergleichen. Stellen Sie sich vor, Sie möchten ein Puzzle zusammensetzen. In Ihrem Puzzlekasten befinden sich 55 Puzzleteile. Sie möchten aber nun gerne ein Motiv zusammenmontieren, welches Ihnen gefällt. Sozusagen eines, welches genau zu Ihnen passt. Nun müssen Sie erst mal sortieren. Welche Teile brauche ich? Diese Teile suchen Sie sich zusammen und am Ende werden Sie Ihr ganz persönliches Puzzlebild haben. Ihr Spiel kann losgehen!

Innerhalb dieser Wissenssammlung bekommen Sie vermutlich schon ein Gefühl dafür, welches System profitabel sein könnte. Aber dieser Prozess dauert seine Zeit. Dann machen Sie sich auf die Suche nach Ihrem ganz eigenen Trading-System. Eines, das zu Ihren Persönlichkeitsanteilen passt. Und an der Stelle wird es interessant. Denn wahrscheinlich werden Sie ständig neue Systeme ausprobieren, weil Sie das Gefühl haben, das System passt nicht zu Ihnen, denn es gewinnt ja nicht ständig.

Kann stimmen, muss aber nicht. Ein dauerhafter Test schafft Abhilfe! Aber irgendwann entscheiden Sie sich für ein profitables Handelssystem und konkretisieren es. Dabei werden Sie merken, dass Sie sich immer wieder davon abbringen lassen, Ihr System diszipliniert durchzuhandeln. Das hat seinen Grund: Während dieser Phase der Regelwerk-Findung und der sauberen Umsetzung Ihres Systems sind Sie am intensivsten mit Ihren psychischen Konflikten konfrontiert. Das ist der schwierigste Teil der Trading-Ausbildung.

Dieser Aspekt macht Trading so schwer! Traden zu lernen bedeutet, einen Veränderungsprozess an sich zu durchleben. Denn Trading betrifft den ganzen Menschen und nicht nur das Trading-Handwerk allein! Das macht die Sache so anstrengend und mühevoll und den Lernprozess so langwierig. Die Widerstände, denen Sie in diesem Prozess begegnen, sind die stärksten, die Sie als Mensch erleben können. Sie nehmen es mit der Veränderung Ihres Hormonhaushaltes auf. So wie ein Drogensüchtiger vom Stoff loskommen will, so wollen Sie von alten Verhaltensweisen loskommen und sich neue aneignen. Das ist für Ihren Körper und Ihre Psyche eine enorme Herausforderung. Das ist auch ein Grund, weshalb die Persönlichkeitsveränderung so viel Zeit benötigt. Schließlich bringen wir uns als Mensch voll und ganz ins Traden ein – unsere Gedanken, unsere Lebenserfahrung und – unsere Veranlagung – und werden dabei ständig von den stärksten Gefühlen gesteuert, ohne erst einmal darauf viel Einfluss nehmen zu können.

Ein Beispiel: Sie gehen täglich gedankenlos die Treppen hinunter. Sie putzen sich gedankenlos die Zähne und Sie fahren meist gedankenlos Auto oder Fahrrad. Versuchen Sie, diese Dinge augenblicklich nicht mehr zu können! Obwohl Sie das früher einmal nicht in Ihrem Leben konnten, geht es nicht. Der Grund ist, dass Sie es immer und immer wieder getan haben. Diese wiederholten Abläufe haben sich fest in Ihrem Gehirn verankert. Und so verhält es sich auch mit Gedanken und jeder Fähigkeit. Sie können nicht erfolgreich traden, wenn Sie Ihr Gehirn nicht in die mentalen Mechanismen für das Trading geschult haben. Ihr Gehirn muss das geeignete Denken und neue Handeln fürs Trading erst lernen. Aber wenn ich nicht ausreichend Disziplin oder Geduld mitbringe, dann kann ich sie auch nicht anwenden!

Das zentrale Problem beim Trading sind Gefühle – nämlich Ängste. Ängste, die wir schon seit vielen Hundertausenden von Jahren in uns tragen. Zwar hat der Mensch sich in zahlreichen Bereichen enorm weiterentwickelt. Sein genetisches Programm ist jedoch fast gleich geblieben. Denn die menschliche Genetik verändert sich in 10.000 Jahren nur um 0,1 Prozent. Das bedeutet, dass wir zum größten Teil mit den Anlagen unserer Vorfahren, den Neandertalern, vor der Trading-Plattform sitzen und arbeiten. Es ist natürlich ein Trugschluss, zu glauben, nur weil man ein scheinbar rational denkendes, modernes Wesen mit einem Handy in der Tasche ist, sei man deshalb auch in der Lage, seine selbstaktiven Ängste abzuschalten, um dann unproblematisch traden zu können, wie man es gerade möchte. Das geht ebenso wenig, wie hier und jetzt plötzlich keine Treppen mehr steigen zu wollen. Doch genau dieser Prozess ist es, der das Erlernen des Tradings so mühsam und langwierig macht. Denn Sie müssen zuerst einmal Ihr Gehirn auf die emotionalen Bedürfnisse, die das Trading erfordert, konditionieren. Doch ich kann Sie beruhigen – es geht! Menschen können ein Leben lang lernen. Aber das braucht Engagement, Wille, Zeit und die richtige Lerntechnik.

Es wird kaum in ein paar Monaten zu schaffen sein. Aber überlegen Sie mal, wie lange Sie benötigen würden, um Chinesisch einwandfrei sprechen und schreiben zu können, sodass Sie sagen könnten: »Ich spreche und schreibe perfekt Chinesisch.« Bis Ihr Gehirn diese Sprache durch ständige Wiederholungen der Übungen derart vernetzt hat, dass Sie sie ständig abrufen können wird es seine Zeit brauchen. Und darum geht es: Profitables Trading-Verhalten so zu erlernen und stetig fehlerfrei zu wiederholen, bis ihr Gehirn dieses neue Wissen so verinnerlicht hat, dass es konstant abrufbar und verfügbar ist. So wie tägliches Zähneputzen oder Treppensteigen. In der Psychologie nennt man diese Fähigkeit »unbewusste Kompetenz«. Sie können etwas ausführen, ohne darüber nachdenken zu müssen, weil Ihr Unbewusstes Sie dabei unterstützt. Das zu erreichen erfordert Wille, Geduld und die Bereitschaft, auf die alten Handlungen zu verzichten.

1.5 Ein Gehirn – drei Meinungen

Kein Mensch gleicht einem anderen, jeder Trader trägt seinen eigenen Weg zum Erfolg in sich und braucht seine Zeit, um ans Ziel zu kommen. Trading-Probleme sind nicht bei allen Menschen gleich, sondern immer einzigartig! Das hat auch mit dem Aufbau unseres Gehirns zu tun. Oder, wie Sie gleich sehen werden, mit unseren drei Gehirnen. Denn unser Gehirn besteht aus drei Systemen, die unterschiedlich alt sind und verschiedene Interessen verfolgen. Und diese zumal völlig gegensätzlichen Interessen der drei Gehirnregionen beeinflussen sich ständig gegenseitig. Diese gegensätzlichen Ausrichtungen sind es, die das Trading so schwer machen. Denn im Laufe der Entwicklung des Menschen entstanden parallel immer wieder neue Gehirnteile. Das Gehirn gleicht somit einem Haus, das seit Jahrtausenden von Jahren aus- und umgebaut wurde und in dem einzelne Zimmer miteinander verbunden sind. Es unterscheidet sich von den Gehirnen anderer Lebewesen durch die Fähigkeit, logisch zu denken, mit unseren Mitmenschen zu kommunizieren und aufgrund der Größe des Erinnerungsvermögens. Ursprünglich nahm man an, das Gehirn sei ein einziges zusammenhängendes Gebilde.

Doch der renommierte amerikanische Hirnforscher Paul D. McLean (1913-2007) konnte nachweisen, dass das menschliche Gehirn aus drei Bereichen besteht, die evolutionsgeschichtlich unterschiedlich alt sind und verschiedene Funktionen haben. Es ist eben nicht so, dass unser altes Gehirn erneuert wurde, als wir uns zu einem bewussten Menschen weiterentwickelten. Nein, das neue Gehirn wuchs auf das alte Gehirn oben auf und muss sich nun unaufhörlich mit dem unbewussten älteren Gehirnteil (Reptiliengehirn) auseinandersetzen. Dazwischen bildete sich dann noch das »Emotionale Gehirn« (Limbisches System).

Diese drei divergenten Gehirne müssen dennoch im »drei-einigen Gehirn« zusammenarbeiten und sich miteinander verständigen. Das ist ungefähr so, als würde man drei völlig unterschiedliche Menschen zwingen, gemeinsam in einer Wohnung auf engstem Raum miteinander zu leben. Dabei behält jede dieser Personen ihre ganz spezifischen Eigenschaften bei. Genauso ist die Wirksamkeit des »drei-einigen Gehirns«.

Erst durch die Zusammenarbeit des gefühlsmäßigen-instinktiven Stammhirns, des emotionalen-impulsiven Zwischenhirns und des rational-kühlen Großhirns entsteht menschliches Verhalten. Wobei jeder Mensch durch die genetisch bedingten Anlagen seiner Gehirne stark beeinflusst wird. Man geht davon aus, dass dieses individuelle Zusammenspiel der Gehirnteile maßgeblich unsere Persönlichkeit beeinflusst.

Die Gehirne im Einzelnen:

- **Das Stammhirn** ist das älteste Gehirn, weil es mit seinen Funktionen sich so schon in Reptilien befand. Es speichert Erfahrungen von Jahrmillionen Jahren. Es ist Sitz der Lebensgefühle und Instinkte wie z.B. Angst und Panik. Es wird auch »Reptiliengehirn« genannt.
- **Das Zwischenhirn** ist der mittelalterliche Teil unseres Gehirns. Es gibt ihn seit dem Auftauchen der ersten Säugetiere. Das »emotionale Gehirn« ist die Schaltzentrale der Emotionen und wird auch das Limbische System genannt.
- **Das Großhirn** ist evolutionsgeschichtlich das jüngste Gehirn. Man nennt es auch das »Denkhirn« und es nimmt den meisten Raum ein. Es versetzt uns in die Lage, zu organisieren, zu kommunizieren und kreativ zu sein. Es ist das Gehirn der Rationalität, des planenden Handelns und der Voraussicht.

Je nach gegenseitiger Beeinflussung dieser drei Gehirnanteile entstehen im Menschen gewisse Prägungen, die sich in unterschiedlichen Denk- und Verhaltensweisen ausdrücken. Ein Beispiel: Versuchen Sie, sich spontan einer Gruppe zuzuordnen. Und schauen Sie, welchen Einfluss das auf Ihre Trading-Aktionen haben wird.

Sie werden erkennen, dass sich dieses »Wechselspiel der Gehirne« auf das individuelle Trading-Verhalten und Ihren Trading-Stil auswirken kann!

Die stammhirnorientierte Person strebt nach menschlicher Nähe und ist personenorientiert. Für diesen Typus sind Menschen immer wichtiger als Dinge, weshalb er auch relativ stark um Harmonie bemüht ist. Er vermeidet Streit und hält gegensätzliche Meinungen nicht gut aus. Er ist ein Gewohnheitsmensch – Markentreue, Urlaub immer am selben Ort, gleicher Supermarkt. Sein Denken und Handeln sind eher unflexibel. Dieser Typ von Mensch lebt gedanklich zumeist in der Vergangenheit, liebt Gewohntes und Vertrautes, hat ein starkes Sicherheitsbedürfnis und ihm sind Traditionen sehr wichtig. Ein Mensch mit dieser Prägung muss Dinge selbst erleben und durch Handlungen erfahren, denn er ist praktisch veranlagt. Neinsagen fällt ihm schwer, weil er niemandem wehtun will. Er nimmt sich und seine Bedürfnisse stark zurück und ihm liegen Routineaufgaben.

Dieser Typus handelt bauchorientiert, ist zurückhaltend gegenüber Neuem, hört auf andere und vermeidet radikale Veränderungen.

Ein kurzfristiger Trading-Stil ist bei diesem Persönlichkeitstyp vermutlich nur schwer umsetzbar. Denn viele »NEINs« des Marktes wird er nur schwer ertragen können, weil er ein starkes Sicherheitsbedürfnis hat. Er wird auch nur wenige Märkte handeln können, da er ein Gewohnheitsmensch ist. Und weil er Gewohnheiten liebt, wird es ihm in der richtigen Zeiteinheit leichter fallen, sein System einzuhalten. Doch neigt er dazu, auf andere (Analysten/Börsenbriefe) zu hören, was ihn wiederum schnell von seiner Meinung abbringen könnte. Er fiele dadurch in eine starke Unsicherheit wie: »Was denken die anderen – sollte ich jetzt tun, was die anderen auch machen?« Ein eigener Trading-Stil ist dann nur schwer erreichbar.

Die zwischenhirnorientierte Person ist vom Charakter her dominant, direkt und kommt gezielt auf den Punkt. Dieser Typ von Mensch kann eigene Fehler eingestehen, wirkt auf andere rücksichtslos, unfreundlich und schroff. Für ihn zählt nur der Moment. Er ist ein Macher, handelt impulsiv. Diese Person ist ein Improvisationstalent, erkennt schnell, was machbar ist, agiert flexibel, hält nicht lange an Altem fest.

Dieser Typ ist durchaus für das kurzfristige Trading geeignet. Seine robuste Art hilft ihm, die vielen »NEINs« des Marktes auszuhalten und sich schnell wieder von Trades zu trennen. Er muss jedoch aufpassen, dass er nicht übertradet und den Trading-Erfolg durch zu viele Aktionen und impulsives Handeln erzwingen will. Auch sein »Machenwollen« könnte ihm zum Nachteil gereichen. Er will die Kurs-Geschehnisse »machen«, statt sie auf sich zukommen zu lassen.

Die großhirnorientierte Person ist jemand, der eher verschlossen und distanziert wirkt. Er strebt nach Sicherheitsabstand, ist ein Einzelkämpfer. Dieser Menschentypus löst die Probleme auf der Sachebene, hat wenig Bezug zu seinen Gefühlen und ist rational und prozessorientiert. Er geht systematisch vor, ist zuverlässig, ausdauernd und arbeitet schematisch. Er ist fähig, weiträumig zu abstrahieren, braucht lange, um Entscheidungen zu treffen, und muss unterschiedliche Aspekte vor seiner Entscheidung abwägen, um dann strukturiert vorzugehen. Er weicht nur von seiner Meinung ab, wenn neue, triftige Argumente vorliegen. Im Chaos bewahrt er die Ruhe und behält den Überblick.

Ein Mensch mit dieser Persönlichkeitsstruktur hat sehr gute Trading-Voraussetzungen. Es wird ihm leichtfallen, Trading zu erlernen. Denn seine kontrollierte Emotionalität auf der zwischenmenschlichen Beziehungsebene wird sich auch in seinem Trading wiederfinden. »Ausgestoppt – macht nichts – nächster Trade.« Außerdem wird er das Trading rational und mit einem nüchternen Geist umsetzen. Dieser Typus wird seine Stärken sicher im System-Trading, Swing- und Positions-Trading ausleben können.

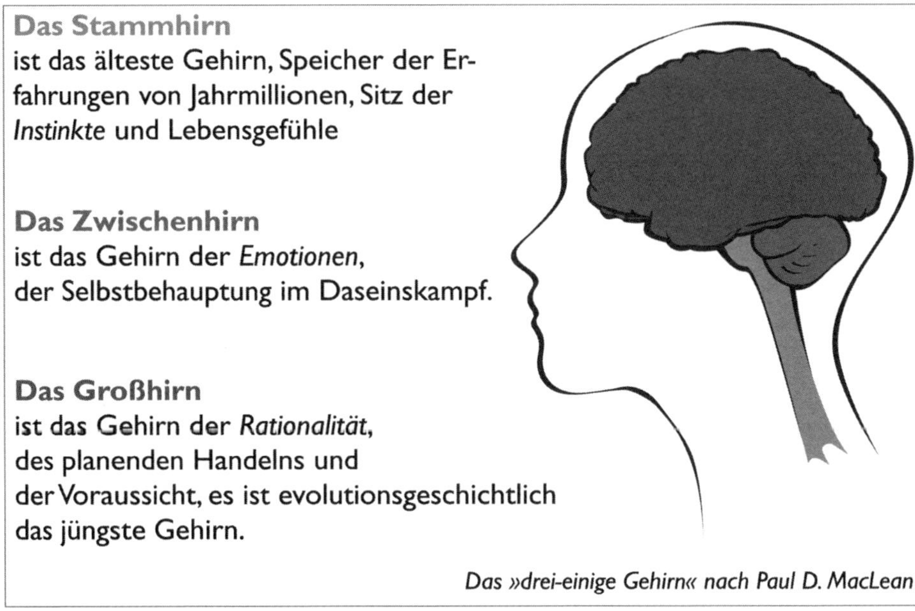

Abb. 1: MacLean-Gehirn

1.6 Haben Sie keinen Erfolg – oder wollen Sie keinen Erfolg haben?

Wenn ich mit Tradern spreche, die mitunter schon seit Jahren versuchen, erfolgreich zu werden, aber letztlich nicht von der Stelle kommen, dann frage ich mich, ob sie wirklich Erfolg wollen? Mein Eindruck ist, dass nicht sehr viele ernsthaft den Trading-Erfolg anstreben. Sie haben die Hoffnung, mit Trading erfolgreich zu werden, ja, aber sie sind nicht bereit, konstant strukturiert und engagiert daran zu arbeiten. Die Handelsabläufe beim Trading können tückisch sein. Alles sieht ganz einfach aus – und ist es eigentlich auch. Das wahrlich komplizierte am Traden ist der Mensch selbst. Genauer gesagt seine wechselhaften, mal mehr oder weniger starken Emotionen, die ihn stets begleiten und leiten. Und ausgerechnet der Mensch als Verursacher seiner Probleme muss sie auch noch allein lösen. Meist ist er dabei ganz auf sich selbst gestellt, was die Sache wirklich nicht leichter macht!

Sie suchen nach Tipps im Internet oder in Büchern. Reicht das? Jein! Wie oben beschrieben sind Sie der Verursacher des Problems. Es alleine zu lösen ist möglich, aber sehr zeitaufwendig. Erstaunlicherweise weigern sich viele,

Geld in eine Ausbildung zum Trader zu investieren, weil sie davon ausgehen, dass Selbsterkenntnis genauso einfach zu finden ist wie gute Einstiegssignale Wäre es so, würden sicher weitaus mehr Trader erfolgreich werden! Anstatt einige Hundert Euro in ein gutes Trader-Coaching zu investieren, lassen sie sich von ihrer Unwissenheit leiten und bezahlen dafür teuer mit Minus-Trades und zermürbenden Erfahrungen. Hätten sie rechtzeitig in ein gutes psychologisches Trader-Coaching investiert, hätten sie auf jeden Fall gewonnen – mehr fachliches Trading-Wissen und wichtige Erkenntnisse über sich selbst. Wertvoller kann eine Investition kaum sein! Viele begnügen sich jedoch mit dem schillernden Drumherum. Wer sich dem Thema Trading widmet, macht per se etwas Besonderes. Trotz des Minikontos befindet man sich ja schließlich im Dunstkreis der großen Geldvermehrer in diesem Geschäft. Ein Hauch von großer weiter Welt schwingt immer mit. Finanzielle Unabhängigkeit, selbstbestimmtes Leben, Freizeit und Freiheit inklusive. Der Mensch braucht Träume. Wenn Sie aber erkennen, dass es Ihnen nur um die schillernde Welt des Tradings geht, nicht aber um die Ernsthaftigkeit, die Trading erfordert, dann haben Sie den Mut und ziehen Sie die Konsequenzen. Überweisen Sie sich jeden Monat eine feste Summe auf Ihr Handelskonto und spielen Sie Trader. Handhaben Sie es wie ein Hobby, zum Beispiel Fitnesstraining. Doch statt des Monatsbeitrags für ein Fitnessstudio, zahlen Sie für Ihr Trading-Hobby. Was ich Ihnen zu verstehen geben möchte, ist: Wer als Trader nicht bereit ist, diszipliniert an sich, seiner Entwicklung und an seinen Zielen zu arbeiten, wird letztlich nur das Niveau eines Hobby-Traders erreichen. Ersparen Sie sich den Stress und die hohen Geldverluste. Wenn Sie nicht bereit sind, den Preis zu zahlen, den es kostet, um ein erfolgreicher Trader zu werden, dann schaffen Sie es nicht. Erfolg ist eine Entscheidung. Misserfolg kommt von allein!

Von den zahlreichen Minus-Tradern in diesem Geschäft verlieren bestimmt 90 Prozent deshalb, weil sie nicht genug Biss haben, sich zu verändern, um das Richtige zu tun. Wahrscheinlich wussten sie gar nicht, gegen welchen starken Gegner sie da eigentlich spielten, als sie es mit dem Trading aufnahmen. Stattdessen verfeuerten sie einen Trade nach dem anderen in die unbekannte Wildnis der Märkte und ernteten statt Reichtum nur Frust, Hoffnungslosigkeit und Leere, auch auf dem Konto. Wer kein Ziel hat kommt dort an, wo ihn der Zufall hinführt. Gäbe es beim Fußball keine Tore, würde niemand ins Stadion gehen und sich das bloße Hin- und Hergerenne ansehen. Ohne Torergebnisse wäre Erfolg im Fußball undenkbar und nicht messbar. Millionen Menschen verlören von jetzt auf gleich ihr Hobby, ihre Leidenschaft, manche sogar ihren Lebenssinn. Auf das Trading übertragen habe ich den Eindruck: Hier spielen die meisten Fußball, nur ohne Tore und ohne Ball. Es geht ihnen um eine verlockende Beschäftigung und um die Hoffnung, dass sich ihr Wunsch erfüllt, der sich hinter dem Trading versteckt, aber nicht um den ernsthaften Willen, in diesem Geschäft erfolgreich zu werden. Fragen Sie sich selbst – welche Intention steckt eigentlich hinter Ihrem Wunsch, zu traden? Wenn Sie auf Dauer nur mit 1000 Euro traden wollen, dann lohnt es nicht, für eine gute Ausbildung viele Tausend Euro zu bezahlen. Haben Sie aber das Ziel, irgendwann einmal vom Trading zu leben oder ein gutes Zusatzeinkommen zu erzielen, dann sollten Sie in eine gute Ausbildung investieren. Sie haben die Wahl, entweder auf der Wandergitarre am Lagerfeuer rumzuklimpern oder auf dem Konservatorium Konzertgitarre zu studieren, um später mit den besten Dirigenten auf Welttournee zu gehen. Beides hat seinen Einsatz – psychisch, physisch und monetär. In einer Studie (von Ericsson), in der das unterschiedliche Leistungsvermögen von Violinisten untersucht wurde, zeigte sich ganz deutlich, dass diejenigen am besten waren, welche die meiste Zeit für ihre Übungen aufbrachten. Die besten Musiker wandten etwa 10.000 Übungsstunden auf. Am wenigsten vollkommen waren diejenigen mit einer Übungszeit von etwa 5000 Stunden. Diese Erkenntnisse können auf andere Disziplinen wie etwa Schach oder Leistungssport übertragen werden. Gehen wir einmal davon aus, dass Sie sich an 200 Tagen im Jahr vier Stunden mit dem Thema Trading beschäftigten, dann würden Sie in 12,5 Jahren Exzellenz erreichen. In meinen zwanzig Berufsjahren als Redakteur und Moderator habe ich sehr viele erfolgreiche Menschen kennen gelernt. Und es zeigte sich deutlich: Wer wirklich etwas erreichen wollte, der holte sich Hilfe von anderen und arbeitete hart dafür. Fragen Sie sich doch einmal: Warum lassen Sie es sich eigentlich von sich selbst gefallen, so erfolglos im Trading zu bleiben?

So denken und handeln die Profis

Sehen Sie Trading so früh wie möglich als ein ernst zu nehmendes Geschäft an und gehen Sie so professionell wie möglich in Ihrer Ausbildung vor, dann werden Sie auch professionell werden. Wer Trading nur als ein abwechslungsreiches Spiel betrachtet, mit dem er seinem Leben etwas Würze verleihen kann, der wird kein profitabler Trader werden. Die professionelle Einstellung bringt Sie ans Ziel. Sie trägt Sie auf diesem oft steinigen Weg zum Erfolg und gibt Ihnen die nötige Kraft und das Durchhaltevermögen, das Sie unbedingt für diesen Job brauchen.

1.7 Mit Selbstcoaching zum Ziel

Wenn man ein dauerhaft erfolgreicher Trader werden möchte, sollte man ständig an seiner Weiterentwicklung arbeiten. Externes Coaching und Selbstcoaching sind hier die Lösung. Wer das nicht praktiziert, wird vermutlich wesentlich länger brauchen, um an seine Ziele zu kommen, oder sie sogar niemals erreichen. Jeder Wettkämpfer, der ein Spitzensportler werden möchte, holt sich Unterstützung von einem Trainer oder Coach. Das hat seinen guten Grund: Bewegungsabläufe, Denk- und Verhaltensmuster können besser von einem Außenstehenden erkannt und beurteilt werden. Ein unabhängiger Beobachter ist emotional nicht verhaftet und kann dadurch mit Abstand zum Geschehen besser erkennen, wo genau es in einer Situation hakt. Hinzu kommt, dass man von den vielfältigen Erfahrungen eines Coach oder Trainers profitiert. Unverzichtbar zum regelmäßigen Training mit einem externen Begleiter gehört das mentale Selbstcoaching. Denn mit Selbstcoaching können gewünschte Ziele Stück für Stück für den täglichen Handelsablauf beim Trading eingeübt werden. Das hilft, um gutes Trading bei jedem Trade anzuwenden. Was schlussendlich zu einem entspannten Handeln und einer Performancesteigerung führt.

Trader scheitern in den meisten Fällen an sich selbst. Die mentalen Herausforderungen beim Trading sind immens groß und werden immer wieder unterschätzt. Beim Trading stehen vor allem psychologische Aspekte im Vordergrund. Sie entscheiden über Erfolg und Misserfolg und weniger die Frage: »Wann muss ich was kaufen?« Was Sie brauchen, ist die Kraft und unerschütterliche Überzeugung, Ihren Trade so auszuführen, wie es sinnvoll ist und wie es Ihrem Trading-Plan entspricht. Bei jedem Trade! Davon lesen Sie natürlich in den meisten Börsenmedien nichts. Ihre mentalen Fähigkeiten werden vorausgesetzt. Desgleichen, dass Sie einen fundierten Trading-Plan haben und sich mit Money- und Risikomanagement auskennen. Empfohlen werden Ihnen bloß Einstiege und die entsprechenden Derivate dazu. Aber das ist eben nicht das Wichtigste am Börsenhandel. Um das Allerwichtigste müssen Sie sich selbst kümmern – mentale Stärke und ein sinnvoller Umgang mit dem Risiko. Schließlich dürfen beim Trading auch die Nebenkosten (Gebühren, Spreads) nicht außer Acht gelassen werden! Sie können ein erfolgreiches System schnell erfolglos machen. Was wiederum zu Frust und Fehlverhalten führt.

Wenn Sie mental nicht vorbereitet oder ausgebildet sind, werden Sie es höchstwahrscheinlich sehr schwer haben, Ihre Tradingziele zu erreichen.

Denn Sie brauchen psychische Stärke und Ausdauer, um einen Trade sauber ausführen zu können. Wieder und wieder, auch wenn Sie schon sechs Mal oder häufiger einen Minus-Trade hintereinander erlebt haben bzw. sich in einer Draw-down-Phase befinden, also eine anhaltende Verlustphase. Ohne mentale Stärke scheitern die meisten Trading-Anfänger. Denn Disziplin und Konzentration stehen im Vordergrund, wenn es darum geht, seinen Trading-Plan präzise einzuhalten. Mit Selbstcoaching können Sie sich alle mentalen Fähigkeiten, die Sie für erfolgreiches Trading benötigen, dauerhaft aneignen und einsetzen.

Top-Performer im Sport wissen es schon lange: Ihre Psyche entscheidet mit über Sieg oder Niederlage. Das gilt auch für das Trading! Und hier gilt es, auch noch ganz andere Mechanismen zu berücksichtigen! Es ist daher nur jedem Trading-Neuling, aber auch jedem erfahrenen Trader zu empfehlen, kontinuierlich an seinen mentalen Stärken zu arbeiten, wenn er sich weiterentwickeln möchte. Je eher, desto besser. Es ist wesentlich schwerer und dauert im Nachhinein viel länger, Fehlverhalten zu korrigieren, als sich von Beginn an das richtige Verhalten anzutrainieren.

Die vielen emotionalen Reize, die Charts auslösen können, lenken immer wieder von gewünschtem Verhalten ab. Stress aktiviert beim Menschen alte Verhaltensmuster. Hinzu kommen zahlreiche Gedanken, die den Trader bei seinen Entscheidungen beeinflussen. Der Schlüssel zum Erfolg von wirkungsvollem Selbstcoaching ist die Regelmäßigkeit. Je häufiger Sie Selbstcoaching praktizieren, desto nachhaltiger wirkt es. Der erste Schritt zum Erfolg ist eine Analyse was Sie genau an Ihrem Verhalten ändern möchten bzw. müssen. Haben Sie das herausgefunden, erstellen Sie sich ein Selbstcoaching-Programm für dieses Thema. Wie genau das funktioniert, erkläre ich in dem Kapitel »Das Selbsthilfe-Programm für Trader«.

So denken und handeln die Profis

Die Qualität des Traders bestimmt die Qualität des Tradings! Man hat nur dann dauerhaft Erfolg in diesem Beruf, wenn man vor allem an sich selbst arbeitet. Dazu zählt die Arbeit an der Psyche ebenso wie die Pflege und der Erhalt eines gesunden Körpers.

Es ist wie mit einem wertvollen Oldtimer: Nur wenn Sie ihn ständig gut warten und pflegen, wird er Ihnen viel Freude bereiten und seinen Wert steigern und steigern.

2. Trader-Ängste – der größte Feind des Traders ist die Angst

Können und wollen sind zwei Paar Schuhe. Auch beim Trading. Wer möchte nicht erfolgreich an der Börse sein? Aber wie viele sind es tatsächlich? Hiesige Broker berichten, dass die Mehrzahl der Trading-Anfänger nach etwa drei Monaten ihr Trading-Konto wieder schließen muss. Bankintern nennt man sie deshalb auch »Quartalskunden«. Genauere Untersuchungen darüber, warum das so ist, sind mir nicht bekannt. Schaue ich mir allerdings mein anfängliches Verhalten und das anderer Trading-Anfänger an, so wird schnell klar, was schieflief: Sie und ich hatten Angst, zu viel »falsch« zu machen. Dass Menschen aber nicht wirklich etwas falsch machen können, erkläre ich später.

Letztlich geht es in der Tiefe immer um das gleiche Problem: Angst! Trader haben Angst vor Verlusten, Angst vor dem Mangel an Disziplin, Angst vor der Angst, Angst, ausgestoppt zu werden oder Gewinne laufen zu lassen, Angst vor dem Risiko und Verluste zu realisieren, Angst vor der Ungewissheit sowie Angst, Gewinne wieder zu verlieren, Angst, nicht genug zu gewinnen und Angst, einen Gewinn zu verpassen, Angst, nicht billig genug wieder in den Trend zu kommen und das falsche System zu haben, Angst, dass man das System nicht präzise umsetzen kann, etc.

Aber was ist Angst eigentlich? Ist die Angst zum Beispiel vor dem Jobverlust die gleiche Angst wie die beim Trading, ausgestoppt zu werden? Oder ist die Angst, bei einem Rendezvous einen Korb zu bekommen, dieselbe, wie in einem Trade zu wenig Gewinne zu machen? Die Antwort lautet: JA!

Angst ist ein Gefühl, welches immer an der gleichen Stelle in unserem Gehirn entsteht – in der Amygdala. Der Auslöser für Angst ist letztlich egal. Doch Angst ist weit mehr als ein Gefühl. Angst erzeugt Gedanken und Reaktionen. Und diese Gedanken und Reaktionen verursachen beim Trading oft ein Verhalten, welches dazu führt, erfolglos zu bleiben. Deshalb ist Angst der größte Erfolgsverhinderer beim Trading.

Der tiefere Sinn von Angstgefühlen ist, in Gefahr für Sicherheit zu sorgen. Sicherheit vor einer möglichen Bedrohung. Denn Angst ist eine Abwehrreaktion, also der automatische Schutzmechanismus des Menschen vor einer Todesgefahr. Er funktioniert selbstaktiv und kann nur eingeschränkt durch den Verstand gesteuert werden. Vermutlich sollen Ängste verhindern, dass der Mensch so schwer zu Schaden kommt, dass es ihm letztlich nicht mehr möglich ist, seine Art zu erhalten.

Dieser Reflex ist seit Hundertausenden von Jahren im Menschen aktiv und wird es vermutlich für eine sehr lange Zeit auch noch so bleiben. Dabei hilft auch das moderne Wissen nicht, dass einige Geschehnisse, wie zum Beispiel Trading an sich nicht lebensgefährlich sind. Der Mechanismus geschieht unbewusst, weshalb er so machtvoll ist und die emotionale Belastung mitunter sehr groß. Beim Trading haben wir es demzufolge mit dem stärksten Gefühl des Menschen zu tun – dem Überlebenstrieb. Diesem ist die Angst als Schutzmechanismus vorgeschaltet. Die Todesangst tradet also immer mit!

Ich möchte Ihnen im Folgenden erklären, wie Fehler und Missgeschicke immer wieder durch Ängste beim Traden entstehen. Vor allem aber sollen Sie lernen, wie Sie Herr der Angst werden können! Das wird Ihr Trading enorm verbessern. Es wird Ihnen die nötige Ruhe und Ausdauer geben, um langfristig entspannt zu handeln und noch erfolgreicher an den Märkten zu werden.

Sie wissen es selbst: Es gibt unzählige Auslöser von Ängsten beim Traden. Und ein Handelssystem, das nicht besteht oder individuell angepasst wurde, basiert letztlich auf Angst. Haben Sie erst einmal ein gewinnbringendes Regelwerk für sich erarbeitet, fällt es wiederum schwer, das Richtige zu tun und die Trades vernünftig zu handeln.

Der Grund dafür sind meistens sinnlose Ängste. Ich werde Ihnen den Unterschied zwischen sinnvollen und sinnlosen Ängsten gleich genauer erklären. Außerdem erfahren Sie alles über Denkstrukturen, die beim Traden nicht hilfreich sind. Die meisten davon sind in unserem Unterbewusstsein verankert. Wissen und logisches Denken helfen leider häufig nicht, das eigene Verhalten zu ändern, weil das Unterbewusstsein eigenen Mechanismen folgt. Es will Sie vor Schaden schützen. Wie wenig hilfreich Ihnen das auch beim Traden erscheinen mag. Außerdem werden Sie erfahren, dass es ein falsches Verhalten in dem Sinne nicht gibt. Alles hat seinen Sinn!

Nun sagen Sie vielleicht: »Und was ist mit Gier? Wenn man zu schnell zu viel will? Wenn man nicht genug bekommen kann? Es heißt zwar, Gier ist der Trading-Feind Nummer eins, aber Gier ist doch keine Angst?« Ist sie doch! Wer viel zu viel will, hat meist Angst, zu wenig zu bekommen. Und wer etwas zu schnell will, hat vielleicht Angst, irgendwann nicht mehr dabei sein zu können, eben Angst, den Zug zu verpassen.

Das oben genannte Beispiel zeigt, dass die wahren Gründe für Ängste, Begierden oder Sehnsüchte oftmals tiefer liegen, als wir anfangs vermuten. Und genau da liegt das Gold beim Coaching und dem Selbstcoaching!

So denken und handeln die Profis

Wir Trader haben vor allem Angst, nicht recht zu haben. Nicht recht zu haben bedeutet, etwas nicht richtig zu machen, die eigenen Fähigkeiten nicht sinnvoll anwenden zu können, keinen Wert zu erfahren bei dem, was man tut. Es ist gleichbedeutend mit: der Angst zu unterliegen. In letzter Konsequenz ist es die Ur-Angst, nicht zu überleben. Wenn Sie herausfinden, wovor sie beim Traden genau Angst haben, dann können Sie sich überlegen, wie Sie die Angst so klein halten, dass sie für Sie auszuhalten ist. Ist das Gefühl der Angst unter Kontrolle, gehen Sie in kleinen Schritten in die gewünschte Richtung weiter. Denn jede Angst ist immer nur so weit überwindbar, wie Sie es sich erlauben!

2.1 Die Angst unter der Angst

Immer wieder erlebe ich während meiner Arbeit als Coach, dass Klienten die Antwort auf ihre Probleme schon zu kennen glauben. Eines Tages betrat ein Klient meine Praxis mit den Worten: »Ich mache keine Gewinne, weil ich ständig Angst vor Verlusten habe!« Am Ende der gemeinsamen Arbeit stellte sich schließlich heraus, dass seiner Angst vor Verlusten letztlich die Angst zugrunde lag, wie sein Großvater zu enden. Denn dieser hatte vor Jahrzehnten die Familie durch sein Kartenspielen in schwere existenzielle Nöte gebracht und Haus und Hof verspielt. Neben den finanziellen Verlusten hatte zudem das Ansehen der Großfamilie stark gelitten. Seine Mutter warnte ihren Sohn immer wieder mit den Worten: »Mache uns nicht so eine Schande wie Opa!« Für meinen Klienten war unbewusst der Gedanke entstanden: »Wenn ich verliere, dann endet das in einer schweren finanziellen und familiären Krise«. Es ging also nicht nur um den jeweils möglichen Verlust-Trade, sondern bei jedem Verlust-Trade um die Gefahr, damit die gesamte Familie in ein Desaster zu treiben.

Oft zeigen sich Ängste sehr versteckt und erst in der Tiefe finden sich die wahren Gründe und Antworten für ihr Dasein. Deshalb spricht man von der Angst unter der Angst. Nur wenn man diese erfasst, kann man das Problem nachhaltig lösen.

Wenn ich als Trader also unbewusst denke, dass ich mit jedem einzelnen Trade gleich Haus und Hof verlieren könnte, dann ist das weder hilfreich noch angemessen!

Folgende Einstellungen und Überlegungen zeigen sich immer wieder bei der unter der Angst liegenden Angst:

- Die Opferhaltung: »Andere sind schuld an meinem Leid!«
- Die Angst vor der eigenen Größe: »Ich darf kein Gewinner sein!«
- Die Angst vor Erfolg: »Bin ich dem überhaupt gewachsen?!«
- Die Angst vor Veränderung: »Dann ist nichts mehr wie vorher!«
- Die negative Einstellung gegenüber Geld: »Geld verdirbt den Charakter!«
- Den Erfolg als etwas Schlechtes anzusehen: »Die da oben!«
- Die fehlende Anpassungsbereitschaft: »Ich bin etwas Besonderes!«
- Der Glaube, ein Versager zu sein: »Ich habe nie Glück!«
- Die Ablehnung von Strukturen: »Ich bin flexibel und liebe das Chaos!«
- Die Ablehnung von Disziplin: »Disziplin ist spießig!«
- Die Angst, ein erfolgreicher Trader zu werden: »Das ist doch kein Beruf!«
- Die Angst, Verantwortung zu übernehmen: »Dann bin ich ja in der Pflicht!«
- Die Angst, das Falsche zu tun: »Lieber keine Fehler machen!«
- Die Angst, geduldig zu sein: »Von nix kommt nix!«
- Die Angst, etwas zu verpassen: »Dabei sein ist alles!«
- Die Angst, dass Trading leicht verdientes Geld sei: »Für Geld muss man schwer arbeiten!«

So denken und handeln die Profis

Der Trader handelt, wie er denkt, er kann gar nicht anders. Und sein Denken wird immer von unbewussten Glaubenssätzen und Gefühlen beeinflusst. Deshalb der Tipp: Wer mit seinem Trading-Erfolg nicht zufrieden ist, der sollte den Mut haben, zu überprüfen, ob die Gründe dafür nicht in seinen Gedankenmustern oder Überzeugungen zu finden sind. Schreiben Sie zu jedem Ihrer nächsten hundert Trades auf, welche Gedanken Sie vor, während und nach einem Trade hatten.

Je besser Sie sich und Ihre Denkweisen kennen, desto gezielter können Sie an den Lösungen Ihrer Trading-Probleme arbeiten.

2.2 Sinnvolle Ängste

Angst ist die älteste Schutzfunktion des Menschen. Sie wird in bedrohlichen Situationen als ein Gefühl von Besorgnis und Gefahr empfunden. Ohne den schnellen und sensiblen Angstmechanismus wäre der Mensch in der Evolution wohl nicht dahin gekommen, wo er heute ist. Der Angstmechanismus ist ein Reflex, der vor Lebensgefahr warnen soll. Besonders die objektbezogene Angst (ein bissiger Hund läuft auf mich zu) löst einen körperlichen Reflex aus in Form von Kampf, Flucht oder Erstarrung. Da das Angstzentrum sehr sensibel reagiert, kommt es häufig zum sogenannten »Fehlalarm«.

Sinnvolle Ängste sind Ängste, die den Menschen vor lebensgefährlichen Situationen schützen sollen. Kurz gesagt: bei allen Ereignissen, in denen ganz offensichtlich Leib und Leben eines Menschen in Gefahr sind. Da sie über Tausenden von Generationen lang ein wesentlicher Bestandteil unseres Körpers wurden, kann man auch von genetischen Ängsten sprechen. Sie haben den Sinn, das menschliche Leben vor dem Tod zu schützen, damit die Art erhalten werden kann.

Ängste entstehen im Angst- und Panikzentrum, der schon erwähnten Amygdala. Sie befindet sich im ältesten Teil unseres Gehirns, dem Stammhirn, auch Reptiliengehirn genannt. Sie entziehen sich unserer bewussten Kontrolle, was beim Trading immer wieder zu zahlreichen Problemen führt. Der neurologische Ablauf verläuft in der Regel so: Wir sehen etwas, diese Information trifft auf die Netzhaut unserer Augen. In unzähligen Nervenimpulsen verschlüsselt rasen diese Daten über den Sehnerv. Sie erreichen nach 50 Millisekunden die Nervenzellen des Thalamus, eine Art Prüfabteilung unseres Bewusstseins. Droht Gefahr, funkt der Thalamus das Bild zur Sehrinde in den Hinterkopf und parallel zur Amygdala - der Panikschalter in unserem Kopf. Die Amygdala löst sofort die Schreckmotorik aus, das heißt, bei Angst beginnen wir uns nach nur 150 Millisekunden zu bewegen, ohne zu wissen, warum. Denn das Bild in unserem Kopf wird jetzt noch zusätzlich vom Unterbewusstsein in seine einzelnen Bestandteile und die entsprechenden Informationen zerlegt. Diese Ergebnisse gelangen zur sogenannten Datenbank unserer Erfahrungen und veranlassen uns zu den dazu abgespeicherten und passenden Denk- und Verhaltensmustern.

2.3 Sinnlose Ängste

Oftmals werden zahlreiche Lebensbereiche eines Menschen durch sinnlose Ängste eingeschränkt. Das passiert am häufigsten durch eigene Erfahrungen, die gemacht werden (Konditionierung) und/oder durch Beobachtungen anderer (lernen am Modell). Sieht ein Kind etwa, wie die Mutter immer wieder übertrieben große Angst vor Spinnen hat, wird das Kind diese Spinnenangst mit großer Wahrscheinlichkeit von der Mutter übernehmen (erlernte Angst). Da man vor Spinnen in der Regel keine Angst haben muss, ist diese Angst sinnlos.

Fasst ein Kind auf eine heiße Herdplatte und verbrennt sich dabei die Finger, wird es vermutlich künftig Angst vor Herdplatten haben (Konditionierung). Geht man jedoch sorgsam mit heißen Herdplatten um, braucht man keine Angst vor Herdplatten zu haben. Diese Angst ist also eine sinnlose Angst, weil Herdplatten an sich nicht gefährlich sind und somit auch keine Angst verursachen müssen.

Auf das Thema Trading übertragen bedeutet dies, dass ein Trader eigentlich keine Angst vor Verlusten haben müsste. Zumal dann nicht, wenn das Geldrisiko sinnvoll gewählt ist. Dennoch führen Geldverluste immer wieder zu Ängsten und damit verbunden zu Fehlverhalten. Folglich kann sich rasch eine Negativspirale entwickeln, die zu noch größeren Verwerfungen beim Trading führen. Ein Beispiel: Sie traden ein gutes Einstiegssignal. Die Chance Gewinn zu Verlust liegt bei 5:1. Sie könnten also das Fünffache von dem gewinnen, was Sie verlieren könnten. Sie werden bei dem Trade ausgestoppt, steigen aber erneut wieder ein, weil das Signal noch Sinn macht. Was richtig ist, da die Chancen ja die gleichen geblieben sind. Dann werden Sie ein zweites Mal ausgestoppt. Nun verlässt Sie der Mut, ein drittes Mal das Signal aufzunehmen, und ignorieren das Setup. Ihr Gedanke hierzu ist: »Ach, das wird sowieso nichts! Ich will hier ja nicht einen Minus-Trade nach dem nächsten machen. Da habe ich ja bald kein Geld mehr auf dem Konto!« Bei diesem Gedanken spüren Sie eine unbestimmte Angst. Dieses Gefühl bestätigt Sie unbewusst darin, das Richtige zu tun. Sie ignorieren das Setup und Ihre Angst löst sich auf. Einige Zeit später sind Sie neugierig und wollen wissen, was aus Ihrem Einstiegssignal geworden ist. Zu Ihrer Überraschung stellen Sie fest, dass der dritte Trade etwas geworden wäre. Sie hätten tatsächlich das Fünffache mit diesem Trade verdienen können. Sie ärgern sich und riskieren bei Ihrem nächsten Trade das Doppelte, um so Ihre entgangenen Gewinne unbewusst wieder zurückzuholen. Denn der Mensch neigt in unsicheren Situationen dazu, irgendetwas tun zu wollen, und sei es noch so unsinnig. Dadurch fühlt er sich besser, denn Handlungsunfähigkeit ist für ihn kaum auszuhalten.

Ich habe viele Jahre als Therapeut in einem Fachinstitut zur Angstüberwindung gearbeitet. Die meisten Menschen, die ich therapeutisch begleitete, litten unter sinnlosen Ängsten. Eines zeigte sich dabei ganz deutlich: Alle hatten nicht wirklich Angst vor den Situationen oder Gegebenheiten, mit denen sie im Institut vorstellig wurden. Sie kamen z. B. wegen Flugangst, Brückenangst, Angst vor Tiefe, Angst vor Höhe, Angst, mit dem Auto zu fahren, oder Angst, sich in Menschenmengen zu begeben. Viele hatten auch Angst vor den Aufenthalten in Einkaufszentren oder Supermärkten. Andere wiederum davor, Präsentationen und öffentliche Reden zu halten. Auch Angst vor schweren Krankheiten oder Angst, Entscheidungen treffen zu müssen, war oft die erste Diagnose. Tatsächlich aber ist der wahre Angstauslöser fast immer der Sicherheitsverlust in der jeweiligen Situation. Mit anderen Worten: Nicht die Angst selbst, sondern der Verlust von Sicherheit bei Ängsten ist der zentrale Punkt!

2.4 Trading-Ängste sind sinnlose Ängste

Niemand wird gezwungen, an der Börse zu spekulieren und sich den starken emotionalen Belastungen einer Trader-Karriere auszusetzen. Dennoch nimmt die Begeisterung für das Trading stetig zu. Die reizvolle Aussicht, das große Geld zu verdienen und endlich sein eigener Chef zu sein, ist immens. Die Gefahr, finanzielle Verluste zu erleiden, scheint dagegen eher gering – gemessen an den vielversprechenden Chancen des Reichtums und Trader-Ruhms.

Schon bald nach den ersten ernüchternden Erfahrungen münden Gefühle wie Verzweiflung, Wut und Ärger in das übergeordnete Gefühl Angst. Und die Ängste sind vielfältig:

Angst, nun doch keine Trading-Karriere zu schaffen. Angst, zu dumm für dieses scheinbar einfache Geschäft zu sein. Angst, sein ganzes Geld zu verlieren. Und Angst, zu verzweifeln bei der Suche nach der scheinbar geheimen Formel des Trading-Erfolges.

All diese Ängste, die Sie auf dem steinigen Weg des Tradings begleiten, sind sinnlose Ängste! Das Schlimme dabei ist, dass sie im selben Areal des Gehirns verursacht werden, in dem auch die sinnvollen Ängste entstehen. Das lässt Sie die Gefühle entsprechend stark erleben. Aber ich kann Sie beruhigen: Die Chance, von diesen sinnlosen Ängsten wieder loszukommen, ist bedeutend größer, als man meint! Und das ist entscheidend. Denn sinnvolle Ängste sind so stark im Menschen verankert, dass sie kaum beeinflussbar sind. Sie beherrschen uns nämlich schon seit gut 200.000 Jahren. Da reichen ein paar Generationen moderne Neurowissenschaften und Psychologie leider nicht aus, dieses manifeste Konstrukt zu verändern.

In den nächsten Kapiteln werde ich genauer auf die einzelnen Aspekte der sinnlosen Ängste beim Trading eingehen. Sie werden auch erfahren, wodurch diese Angstfallen ausgelöst werden. Vor allem aber werden Sie lernen, wie Sie diese Ängste nachhaltig überwinden können.

2.5 Jeder hat seine individuelle Angstgrenze

Oft glauben die Menschen, dass alle Menschen gleich sind. Dies ist natürlich nicht der Fall. Wir sehen nicht nur unterschiedlich aus, sondern jeder macht auch seine ganz eigenen Erfahrungen und hat seine ganz eigenen Erlebnisse. Die beginnen manchmal schon vor der Geburt. Uns Menschen werden nicht nur Nase, Ohren und Haarfarbe unserer Eltern oder Großeltern vererbt, sondern auch emotionale Prägungen. Manch einer neigt zu Depressionen oder Schwermut, wie die Oma. Ein anderer hat die unermüdliche Zuversicht und Freude am Leben, so wie der Opa oder die Mutter. Das betrifft auch das Thema Ängste. Der eine ist mutiger und furchtloser, während ein anderer lieber den sicheren Weg im Leben bevorzugt. Solche Eigenschaften entstehen meist durch die Prägungen der Eltern. Das Kind schaut sich das Verhalten bei der Mutter oder dem Vater ab und gelangt zu der festen Überzeugung: »Das ist normal, so muss ich auch sein.« Und natürlich hat jeder Mensch seine prägenden Erlebnisse. Manche sind sogar traumatisch.

Es ist wichtig, um die Beeinflussung durch die vielfältigen Ängste beim Traden zu wissen. Denn oft genügt es schon, sich bei seinem Trading-Verhalten innerhalb seiner eigenen Familie, bei den Eltern oder den Geschwistern umzuschauen. Stellen Sie sich vor, Ihre Eltern würden traden. Was meinen Sie, würden diese sich auch so verhalten wie Sie? Dann wissen Sie jetzt, warum Sie vielleicht so ängstlich reagieren, wenn es darum geht, Gewinne laufen zu lassen.

Um sich über diesen bedeutenden Zusammenhang klar zu werden, ist es hilfreich, sich einen emotionalen Steckbrief von den Eltern, Großeltern, aber auch von den Geschwistern zu machen. Schreiben Sie einmal detailliert auf, welche Charaktereigenschaften Ihre Eltern und Geschwister haben. Dann vergleichen Sie diese mit Ihren eigenen. Eine weitere sehr klärende Übung ist die »Typische Zeichenaufgabe«. Malen Sie einmal von dem Elternteil, der Ihnen näher war, eine sehr typische Eigenschaft. Nun geben Sie dieses Bild einer anderen Person und diese soll beschreiben, was sie auf dem Bild sieht. Sie werden erstaunt sein, wie viel dies mit Ihnen und Ihren Trading-Ängsten zu tun hat! Viele glauben, man müsse über Ängste nur ein wenig Bescheid wissen, genauso wie über sinnvolle Einstiegssignale, dann könne man das Thema schon in den Griff bekommen. Doch das ist ein Irrtum. Eine emotionslose Handlung auszuführen ist wesentlich leichter als eine stark emotionsbesetzte. Sie kennen sicherlich das Beispiel vom Überqueren eines langen Holzbretts. Anfangs liegt es flach auf dem Boden. Sie gehen ganz entspannt darüber. Nun stellen Sie sich dasselbe Brett vor, wie es zwei Häuser miteinander verbindet. Während Sie über das Brett laufen, blicken Sie in einen 20 Meter tiefen Abgrund. Es ist immer noch dasselbe Brett, aber Ihre Art, über das Brett zu gehen, wird eine völlig neue sein. Trading ist immer eine Mischung aus rationalem (Einstiege, Stopps, Trennlinien zeichnen etc.) und emotionalem Handeln (ausgestoppt werden, Wiedereinstiege wagen, Stopps unberührt lassen etc.). Die Herausforderung beim Trading liegt auf der emotionalen Ebene!

2.6 Habe ich verloren – oder bin ich ein Verlierer?

Christian kommt zum Trader-Coaching in meine Praxis. Er tradet seit eineinhalb Jahren vorwiegend den Dax im kurzfristigen fünf-Minuten-Chart. Er schafft es immer wieder über viele Tage, manchmal sogar Wochen, diszipliniert sein Trading-System umzusetzen. Während dieser Zeit gibt es zwar Aufs und Abs, aber er weiß, dass das normal ist, denn nicht jeder Trade kann auf seinem Konto ein Gewinner sein.

Es gibt Phasen, in denen es einfach perfekt zu laufen scheint. Ein Gewinn-Trade folgt dem nächsten. Er merkt in solchen Momenten, dass er leicht in Versuchung gerät, seine Positionsgröße drastisch zu erhöhen. Doch er schafft es, diesem Drang zu widerstehen.

Anders verlaufen die Verlustsituationen. Reißen seine Gewinnphasen plötzlich ab und es folgt ein Minus-Trade nach dem anderen, dann beginnt er förmlich mit dem Markt zu kämpfen. Er will nur noch eines – er will vom Markt sein Geld zurück.

Je häufiger er ausgestoppt wird, desto mehr Gewinne will er erzwingen. Christian beginnt in dem Fall, seine Verluste mit höherem Einsetzen ausgleichen zu wollen. Er riskiert künftig pro Trade nicht mehr, wie ursprünglich geplant, 1 Prozent seines Tradingkontos, sondern 2, 5 oder gar 10 Prozent. Von seinen Gefühlen scheint er bisweilen wie abgeschnitten zu sein. »Ich denke dann – jetzt muss es doch klappen!« Christian bemerkt dann oft selbst nicht mehr, wie es dazu kommt. »Es ist, als würde ich in eine Spirale gezogen werden.« Im Coaching zeigt sich, dass er seinen Fokus beim Traden nur noch auf einen Gedanken ausgerichtet hat: »Ich will mein Geld zurück!« Wir arbeiten weiter an dem Thema. Irgendwann erzählt Christian: »Ich habe das Gefühl, der Markt ist dann gegen mich. Er will mir Böses, er lehnt mich ab. Und das kann ich nicht ertragen. Ich weiß, dass das Blödsinn ist. Der Markt meint ja nicht mich persönlich, aber trotzdem fühle ich es so. Ich bin dann wie ferngesteuert. Und am Ende solcher Phasen sind durch mein blödes Verhalten schließlich all die Gewinne weg, die ich über Wochen und manchmal Monate mühsam ertradet habe, schrecklich ist das. Ich fühle mich dann wie ein kleines Kind, das alles verloren hat. Ich kann mir einfach nicht erklären, woran das liegt und was ich dagegen tun kann.«

Dieses Kämpfen mit dem Markt passiert immer wieder. Auch Profis sind davor nicht geschützt. Dahinter verbergen sich meist tiefgreifende Kindheitserlebnisse.

Die Kindheit ist eine sehr prägende Zeit unseres Lebens. Die Wissenschaft geht davon aus, dass die ersten drei Lebensjahre vor allem von nahen Bezugspersonen zu etwa 70 bis 80 Prozent beeinflusst werden. Das bedeutet, dass sämtliche Handlungen in der Gegenwart von den frühesten Erlebnissen geprägt sind. Diese Kindheitsprägungen durch Mutter, Vater oder andere nahe Bezugspersonen wirken sich auf unsere spätere Gesundheit, Beziehungsfähigkeit und Stressresistenz aus. Nur wer in den ersten drei Lebensjahren eine gute und sichere Bindung an wichtige Bezugspersonen erlebt, kann in späteren Zeiten die so lebenswichtige psychische Sicherheit entwickeln.

Im Coaching mit Christian zeigte sich hernach, dass er bei aufeinanderfolgenden Trading-Verlusten nicht mehr dachte »Ich habe verloren«, sondern:

»Ich bin ein Verlierer!« Der Unterschied ist gravierend. Denn Christian hatte das Gefühl, dass er als Mensch ein Verlierer ist und seine gesamte Person abgelehnt wird.

Dies ist in der Gefühlswelt eines Menschen gleichzusetzen mit: »Du bist nicht liebenswert« oder auch »Du wirst in diesem Leben nicht gebraucht. Du bist wertlos«.

Es ist verständlich, dass niemand so etwas empfinden möchte, und dann entsprechend emotional darauf reagiert.

Im folgenden Gespräch stellte sich heraus, dass Christians Vater ihn immer wieder als »dumm«, »eigensinnig«, »blöd« oder als »Versager« beschimpft hatte. Als Kind und Jugendlicher verletzte ihn das immer zutiefst. Seine Reaktion darauf waren Wut und Ärger, Emotionen, die er meistens an seiner jüngeren Schwester auslebte. Manchmal machte er auch anderer Leute Sachen mutwillig kaputt. Hinterher fühlte er sich zwar irgendwie befreit, aber auch schlechter. Denn durch sein Verhalten bestätigte er ja indirekt die Beschuldigungen seines Vaters.

Da Christian dieses Thema nie bearbeitet hatte, löste es bei ihm auch heute, als Erwachsener, unbewusst immer wieder die gleiche Reaktion aus. Kritik erlebte er nicht als Sachkritik, sondern als Zurückweisung seiner Persönlichkeit im Ganzen. Es ist wichtig, solche Gefühls- und Verhaltensmuster aufzulösen, um künftiges Trading nicht davon beeinflussen zu lassen.

Die Lösung:
Zunächst ist es wichtig, sich das missliche Verhalten klar vor Augen zu führen und bewusst zu machen. Auf diese Weise ist es möglich zu erkennen, was genau der »gute Grund« oder der Grund hinter der Angst für solche Handlungen beim Trading ist. Andernfalls besteht die Gefahr, dass dieses unbewusste Reaktionsmuster immer wieder die Führung in Tradingsituationen übernimmt.

Als Nächstes ist es sehr wichtig, zu verinnerlichen, dass Äußerungen von anderen Personen, insbesondere von Familienmitgliedern, nur deren eigene persönliche Meinung widerspiegeln. Es handelt sich nicht um DIE Wahrheit, sondern nur um die Wahrheit dieser einzelnen Person! Um diesen Realitätsbezug herzustellen, ist es äußerst hilfreich, sich einmal aufzuschreiben, wer alles anderer Meinung war bzw. sie anders wahrgenommen hat. Man wird erkennen, dass solche Personen überwiegen.

Hat man, wie Christian, einen blockierenden Kernsatz herausgefunden, wie »Du bist dumm ... blöd ... eigensinnig ... ein Versager«, so kann man ihn im nächsten Schritt in einen positiven, motivierenden Satz umändern. Hier böte sich zum Beispiel der Satz an: »So wie ich bin, bin ich gut und liebenswert. Was andere über mich denken, interessiert mich nicht. Ich gehe meinen eigenen Weg weiter!«

Sie können diesen Satz hervorragend in Selbsthypnose verwenden, um ihn sich einzuprägen. Oder bedienen Sie sich folgender Mittel, um diesen Satz sich immer wieder bewusst zu machen: Kleben Sie Notizzettel an Ihren Computer, ins Portemonnaie oder an den Spiegel und sagen Sie ihn sich stumm in der Warteschlange an der Supermarktkasse. Sorgen Sie dafür, dass dieser Satz Ihnen so oft wie möglich präsent ist. Je präsenter, desto stärker werden Sie die positive Absicht, die er beinhaltet, verinnerlichen. Arbeiten Sie damit über einige Monate. Sie können auch ein Bild dazu malen oder ein Foto aus einem Online-Fotoarchiv heraussuchen und dieses Foto dort aufhängen, wo Sie es ständig vor Augen haben. Sie werden erleben, was dies alles Schönes in Ihnen auslösen wird! Besonders förderlich ist es, so einen Motivationssatz in einem persönlichen Hypnose-Coaching-Programm einzuarbeiten und das entsprechende Bild unterstützend zu visualisieren. Worauf es bei solchen Motivationssätzen genau ankommt, das verrate ich Ihnen später.

So denken und handeln die Profis

Wir tragen im Leben immer einen Rucksack mit unserer Vergangenheit mit uns herum, auch beim Traden. Der Inhalt dieses Gepäckstücks beeinflusst ständig unsere Arbeit. Es ist deshalb sehr wichtig und nützlich, so viel wie möglich über die Zusammenstellung dieses Rucksacks zu wissen. Fragen Sie Ihre Familie nach wichtigen Ereignissen oder begeben Sie sich auf eine innere Reise in Ihre Vergangenheit. Oft findet man hier die Gründe und sogleich die Lösungen für hartnäckige Trading-Probleme.

2.7 Wie uns die ersten Lebensjahre prägen

Alles Wichtige geschieht in der Kindheit.
Was danach kommt, ist nur eine Wiederholung
Georg Groddeck (Arzt, Wegbereiter der Psychosomatik)

Es ist ein Irrtum, zu glauben, dass man als Erwachsener unvoreingenommen an das Trading herangeht. Genau das Gegenteil ist der Fall. Je älter wir sind, desto mehr Überzeugungen haben wir gebildet, aus denen heraus wir das Trading umsetzen. Denn die Zeit der Prägungen beginnt in unserem Leben frühzeitig. Bereits vor der Geburt ist der Fötus für die Einflüsse anderer aufnahmefähig. Die Neurowissenschaften haben verdeutlicht, dass das Gehirn in den ersten Lebensmonaten und -jahren am meisten damit beschäftigt ist, Verknüpfungen der Gehirnzellen herzustellen. Das bedeutet, dass Geschehnisse der frühen Kindheit zu jedem Zeitpunkt unseres Lebens auch Auswirkungen auf unser Trading-Verhalten haben können.

In der Kindheit formatiert man quasi den Computer »Gehirn«. Eine spätere Einflussnahme ist nur noch schwer möglich, da die Grundverdrahtungsprozesse bereits in der frühen Kindheit angelegt wurden. Wird das Gehirn in der Kindheit nicht gefördert, ist es auch in späteren Jahren wenig aktiv. Jeder Mensch ist also durch seine Vergangenheit beeinflusst, er wird aber nicht vollständig von ihr bestimmt. Es sind auch weniger die Ereignisse der Vergangenheit, die am stärksten unser Leben bestimmen, viel bedeutsamer als die Ereignisse selbst ist unsere Haltung diesen Erlebnissen gegenüber. Entscheidend für eine gesunde Entwicklung und Persönlichkeit eines Kindes in den ersten Lebensjahren ist daher die Beziehung zu den Eltern. Haben diese in der Erziehung versäumt, eine stabile, verlässliche und enge Bindung aufzubauen, so kann das bei dem späteren Erwachsenen unter anderem zu Selbstwertproblemen führen. »Ich kann nichts« »Andere sind besser« »Ich bin dumm« »Ich bin nichts wert« »Ich habe Angst, Verantwortung zu übernehmen« usw. Wer ein geringes Selbstwertgefühl hat, der könnte durchaus versucht sein, diesen Selbstwertmangel über das Trading ausgleichen zu wollen. Der Ungeduld und Disziplinlosigkeit sind dann Tür und Tor geöffnet. Denn hat man in Kindheitstagen die leidige Erfahrung gemacht, dass die Eltern einem nichts zutrauen, ist man mit hoher Wahrscheinlichkeit auch heute als Trader stark verunsichert und auf Anerkennung beim Trading angewiesen. Mehrmaliges Ausgestopptwerden kann dann schnell als »Ich kann nichts – ich bin nichts wert« interpretiert werden. Der Händler wird also unbewusst versuchen, seinen inneren Konflikt über die Märkte auszutragen. Und oft zeigt sich dabei, dass der Trader mit seiner Position versucht, recht zu behalten im Sinne von: »*Na, dem Markt werde ich es jetzt aber mal zeigen!*« Das kann schnell zu undisziplinierten Handlungen und schmerzvollen Trading-Erfahrungen führen. Deshalb mein Rat: Unterziehen Sie sich als Trader immer wieder regelmäßig genauen Verhaltensbeobachtungen. Taucht ein Fehler immer wieder auf, so kann der Grund dafür durchaus seine Wurzeln in der Kindheit haben.

So denken und handeln die Profis

Das innere Kind, also unser innerer (kindlicher) Seelenanteil, der sich in Sehnsüchten, Wünschen und Träumen sowie in Verwundbarkeit, alten Verletzungen und Ängsten zeigt, dieser Anteil in uns tradet immer mit. Das ist auch okay, solange es nicht die Führung übernimmt. Wenn es aber dominiert, dann kann dies beim Traden zu Problemen führen. Dem inneren Kind geht es nämlich nicht um Trading-Resultate, sondern um seelischen Ausgleich von Verletzungen, Enttäuschungen, Trauer – und um Wiedergutmachung. Wer wissen möchte, ob er aus seinem inneren verletzten Kind heraus tradet, der sollte prüfen, ob er sich beim Traden wie ein »kleines Kind« verhält. Ist dem so, dann wäre professionelle Hilfe und Unterstützung angesagt.

3. Wissen ist Macht

Viele glauben im Anfangsstadium, dass vor allem umfangreiches Wissen beim Trading der Schlüssel zum Erfolg ist. Klar, ohne Fachwissen über die Finanzmärkte geht es nicht. Tatsache ist aber auch, dass nicht unbedingt derjenige am erfolgreichsten tradet, der die meisten Systeme kennt. Scheinbar nimmt mit Anstieg des Wissens das Kontoguthaben in gleicher Größe ab. Der Grund dafür ist, dass das viele Wissen eher für Verwirrungen sorgt und man dem Trugschluss aufsitzt, es würde einen immer weiterbringen, was nicht unbedingt der Fall ist. Lassen Sie mich die Zusammenhänge genauer erklären: Unsere Gesellschaft in der westlichen Welt ist vom Glauben an das Wissen geprägt. Die Menschen meinen: Wer viel weiß, ist viel wert. Oft drückt sich dieser Wert auch in einer höheren Bezahlung aus. Menschen mit einer großen Wissensansammlung sind hoch angesehen und erfahren oft eine entsprechende Wertschätzung.

Dennoch treffe ich in meiner Praxis immer wieder Menschen an, die das Gefühl haben, zu wenig zu wissen. Sie fühlen sich minderwertig oder entwickeln einen Drang zum Wissensperfektionismus. Geschürt wird dieser Druck durch die schier unüberschaubare Vielzahl an Medien. Hunderte von Zeitungen und Zeitschriften, Radio und TV-Sender sind voller Informationen. Wir plaudern mit anderen über Gott und die Welt, wissen, welcher Star gerade mit wem sein Bett teilt. Mit Wissens-Talkshows oder Spiel-Wetten polieren wir unser Halbwissen auf und lassen andere unsere Meinung vorformulieren, damit wir auch ja mitreden können. Die Menschen haben sich daran gewöhnt, zu glauben, dass es erstrebenswert ist, möglichst alles zu wissen. Dank Smartphone können selbst die Ampelrotphasen genutzt werden, um sich für die Wissens-Spielshows fit zu machen. So kommt es, dass jeder von uns ca. 80.000 Informationen täglich aufnimmt, aber nur fünf bis zehn davon wirklich wichtig für unser tägliches Überleben sind! Unser Gehirn ist ergo völlig überfordert. 99 Prozent dessen, was wir am Tag an Informationen aufnehmen, ist am Abend wieder weg. Was bleibt, sind jene Informationen, bei denen unser Gehirn einen Zusammenhang aufgrund von bereits Vorhandenem herstellen konnte und es dementsprechend als wichtig bewertet. Die großartige Chance, die zu jedem Zeitpunkt jeder hat, besteht darin, selbst entscheiden zu können, was für ihn wichtig ist, und sich folglich nur darauf zu konzentrieren.

Auch ich glaubte anfangs, alles wissen zu müssen über das Thema Trading. Stundenlang recherchierte ich im Internet, las in Foren, besuchte Vorträge und schaute Webinare. Ich verschlang ein Buch nach dem anderen, so andächtig, als würde ich meine Doktorarbeit in Medizin vorbereiten. Permanent erfuhr ich etwas Neues, verpackt in den verschiedenartigsten Trading-Systemen. Der eine hatte Erfolg mit diesem Indikator, der andere mit jenem. Mal waren es gleitende Durchschnitte, dann wieder Fibonacci-Retracements oder der RSI. Ein Dritter benutzte alles auf einmal. Jeder hatte seine Sicht der Dinge und alle erschienen mir richtig. Kaum gelesen, setzte ich das neue Wissen auch gleich um. Und ehe ich mich versah, tradete ich schon wieder ein anderes System. Ich sprang in den Zeiteinheiten umher, dass es einem schwindlig wurde. Vom Stunden-Chart wechselte ich zum Tages-Chart, um mich wenige Tage darauf im Minuten-Chart wiederzufinden. Ich wollte doch bloß so erfolgreich sein wie die Profi-Trader. Was ich nicht bemerkte: Ich gab keinem System eine reelle Chance. Es schien, als würde ich nach den ersten erfolgreichen Schwimmzügen eines Anfängers das Wasser aus dem Swimmingpool wieder ablaufen lassen. Noch ehe ich profitabel werden konnte, befand ich mich schon wieder auf neuen Trading-Pfaden. Das tat letztlich weder mir noch meinem Handelskonto gut.

Dass ich mit all der Wissensanhäufung ständig mein Gehirn überforderte, blendete ich dabei völlig aus. Und je intensiver ich das tat, desto schwerer wurde es, dieses Wissen mir wieder abzugewöhnen!

Heute weiß ich, dass Profis durchaus an Neuem interessiert sind. Allerdings betrifft dies die Vertiefungen ihres Handelssystems. Es macht ja schließlich keinen Sinn, ständig nach neuen Regelwerken Ausschau zu halten, wenn die bestehenden profitabel und gut umsetzbar sind.

Profis reflektieren sich und ihr Handelssystem wie ein akribischer Uhrmacher. Sie justieren die einzelnen Rädchen, versuchen, den Lauf geschmeidiger zu machen, passen ruhig und sicher alles den Anforderungen an. Der Anfänger schaut bloß auf das Ziffernblatt: Erkennt er, dass die beiden Zeiger sich drehen, glaubt er schon am Ziel seiner Kunst angekommen zu sein. Wer so denkt, für den schlägt die Stunde des Erfolges meist sehr viel später.

Trading-Wissen ist vor allem dann von Nutzen, wenn es unserem System hilft! Blicke ich heute zurück, sehe ich mich zwar mit all der Literatur von einem Trading-Room zum nächsten flitzen, doch für mein tägliches Handeln setze ich heute davon nur etwa 1 Prozent um.

Das Trading-Wissen erinnert oft an Zauberer: Sie sind effektvoll, schillernd und ziehen eine Überraschung nach der nächsten aus dem Hut. Man selbst steht mit großen Augen da, um am Ende doch nur zu sagen: »Bei mir funktioniert es nicht.«

Was also tun? Denken Sie immer daran, dass dieses Sich-Überinformieren normal ist. Wir sind eben gefangen in der Schleife: »Wer viel weiß, kann viel.« Die magische Frage sollte dabei aber lauten: Hilft es meinem Handelssystem?

Viel Wissen kann auch für viel Verwirrung sorgen. Außerdem trainieren Sie ihrem Gehirn Wissen an, welches es dann vielleicht auch unbewusst und reflexartig umsetzen will. Das kann der Umsetzung eines reibungslosen Tradings massiv schaden.

Wenn Sie den Dax im kurzfristigen Bereich traden, dann brauchen Sie kein Seminar zum Thema Aktien-Trading auf Tagesbasis zu besuchen oder ein Buch darüber zu lesen. Wenn Sie dem Prinzip folgen »Dient es meinem Ziel?«, werden Sie merken, wie viel Zeit Sie plötzlich für andere Dinge haben. Und das ist wichtig. Auch wird es Ihre Erkenntnis fördern, wie einfach Trading letztlich ist. Warum zehn Systeme mit zehn Konten traden, wenn Sie auch mit ein oder zwei Systemen profitabel sind?

Wer immer wieder neues Wissen erlangt, will dieses früher oder später auch umsetzen. Es kann sogar dazu verleiten, es während des Tradings umsetzen zu wollen. Ehe man sich's versieht, tradet man binnen kürzester Zeit zwei, drei Handelsansätze. Sie erkennen dann blitzschnell Chancen, von denen Sie wissen, dass die profitabel sein könnten. »Oh, Trader A hat gesagt eine Hammerkerze ist ein Zeichen dafür, dass der Markt gleich steigt, also rein in den Markt – zack.« »Der Kurs prallt vom gleitenden Durschnitt 50 ab – Trader B sagt, das ist immer eine gute Chance. Ich kaufe – zack long« »Trader C meint, ein 50-Prozent-Retracement im Abwärtstrend ist seine Goldader-Strategie – jetzt geht's bestimmt wieder abwärts, ich verkaufe – zack.«

Das kann kurzfristig durchaus funktionieren. Auf lange Sicht gesehen sollten Sie aber wissen, dass Sie dabei nur beliebige Chancen traden und kein beständiges System. Sie können sicher sein, dass das weder nützlich ist noch Ihrem Konto guttut!

Weniger ist mehr und vor allem qualitativ besser. Man muss nicht alles wissen, sondern nur das Wichtigste. Und was das ist, entscheiden Sie!

So denken und handeln die Profis

Wissen darf beim Traden nie überbewertet werden. Es geht nicht darum, viel zu wissen, sondern das Richtige. Die Märkte funktionieren oft erstaunlich einfach. Der Mensch mit seinen Emotionen ist da komplizierter. Versuchen Sie einmal, vier Wochen lang ohne Informationen und Einflüsse anderer zu traden. Sie werden erstaunt sein, was das mit ihnen macht. Schreiben Sie Ihre Eindrücke und Erkenntnisse jeden Tag genau auf und schauen Sie auf Ihre Trading-Ergebnisse. Sie können sicher sein, dass Sie dieses Experiment weiter bringen wird als das nächste Buch, das Sie zum Trading lesen!

3.1 Jeder lebt in seiner Welt

Wir sehen die Welt nicht, wie sie ist, sondern so, wie wir sind!

Menschen neigen dazu, sich mit anderen zu vergleichen. Dahinter verbirgt sich der Wunsch nach Zugehörigkeit und sich seiner bewusst zu werden: Wer bin ich und wo stehe ich in der Gruppe? Schließlich sind wir soziale Wesen und eine Gemeinschaft gibt uns Halt und Sicherheit. Es ist auch eine Überprüfung der Rangordnung: Ist jemand besser als ich, können andere mehr, sind andere mehr wert?

Es ist daher nur allzu natürlich, dass auch Trader sich vergleichen. Ich habe das anfangs auch oft gemacht: »Mensch, der Trader holt 70 Prozent Rendite pro Jahr aus dem Markt, das muss ich doch auch schaffen!« »Der macht ja nur tolle Prognosen mit seinem System, so trade ich jetzt auch, so werde ich bestimmt erfolgreich!« »Er sagt immer, dass er mit 1000 Euro pro Trade handelt, mit meinem Minikonto schaffe ich das doch nie, ich muss sofort mehr riskieren, sonst werde ich ja niemals so erfolgreich wie der!«

Wie sehr wir uns auch bemühen – wir werden nie wie der andere sein können. Der Grund dafür ist ganz einfach: Wir sind wir! Jeder hat seine eigenen Lebenserfahrungen gemacht, seine eigenen Ereignisse erlebt und kommt aus einem individuellen Lebensumfeld: Eltern, Geschwister, Verwandte, Freunde, Lehrer. Wenn ich Sie fragen würde »Wer sind Sie?«, was würden Sie darauf antworten? Überlegen Sie und beantworten Sie sich diese Frage bitte jetzt sofort, bevor Sie gleich weiterlesen ...

Die Antwort ist die Summe aller Gedanken, die Sie bisher gedacht haben! Mit anderen Worten, Sie können Ihre Persönlichkeit nur aus dem entwickeln, was Sie denken Und genau das ist heute Ihr Leben. Ihre Gedanken schaffen Ihre Realität.

Und weil Sie so denken, wie Sie denken, handeln Sie auch entsprechend und denken vermutlich in ähnliche Richtungen weiter.

Tatsache ist, dass Sie heute ein anderer Mensch wären, wenn Sie in der Familie Ihres Nachbarn geboren worden wären. Und wenn Sie Geschwister haben, dann würde es schon ausreichen, an einer anderen Stelle innerhalb Ihres Familiensystems geboren worden zu sein, um anders zu sein.

Es gibt nicht *die* Realität, es gibt nur Ihre ganz persönliche Sicht auf die Dinge. Sie können das gut in Talkshows beobachten. Dort sitzen unterschiedlichste Menschen mit verschiedensten Meinungen. Jeder von diesen Gästen ist davon überzeugt, recht zu haben. Und jeder hat auch recht. Denn es gibt nicht die eine, alleinige Wahrheit. Es gibt nur unsere eigene Wahrheit. Was für den einen richtig ist, kann für einen anderen vollkommen falsch sein.

Auf das Trading übertragen bedeutet dies, dass z.B. die einen behaupten, mit Kurzfrist-Trading kann man kein Geld verdienen, während andere beteuern, niemanden zu kennen, der mit Aktien-Trading reich geworden ist. Na und? Nur weil andere das behaupten, muss es nicht stimmen. Es stimmt nur für diese beiden Menschen. Punkt.

Dass jeder Einzelne in seiner ausnahmslos eigenen Welt lebt, ist ganz entscheidend für das Gestalten eines persönlichen Handelssystems. Allzu oft versuchen gerade Anfänger, das System eines anderen 1:1 nachzutraden, aber es gelingt ihnen nicht. Auch ich habe das viele Male ausprobiert und bin immer wieder daran gescheitert. Ich fand das unerklärlich. Da investierte ich einen Haufen Geld, um am Ende genauso schlau zu sein wie vorher! Wieder war ich nicht an mein Ziel gekommen: ein profitables System zu traden. Also buchte ich ein anderes Seminar – in der Annahme, dass der vorhergehende Referent mich beschummelt hatte. Sicher hatte der mit seinen Trades nur Glück.

Ich habe irgendwann dann erkannt, dass schon kleinste Veränderungen an einem System ausreichten, damit es bei mir nicht mehr profitabel funktionierte. Die Logik des Systems an sich war richtig, es passte aber nicht zu meiner Persönlichkeit. Ich war nicht wie der Seminarleiter in der Lage, Hunderte Euro Gewinn wieder abzugeben, um noch mehr Gewinn einholen zu wollen, und stellte so die Trades immer zu früh glatt. Aber ich hätte es so machen müssen wie er. Weil nur so sein System profitabel war.

Regelwerke von anderen Tradern nachzuhandeln, das ist, als würde mein Freund an meiner Stelle zum Maßschneider gehen, alle Maße für meinen Anzug an seinem Körper nehmen lassen und den Maßanzug dann in Auftrag geben, damit ich ihn abhole und anziehe. Er wird nicht passen!

Warum das auf das Trading anwendbar ist? Weil jeder in seiner Welt lebt, die er sich im Laufe des Lebens erschaffen hat. Der eine wird schnell nervös, wenn die Gewinne wieder verloren gehen. Einen anderen erschrecken schnelle Bewegungen im Kurzfrist-Trading. Der Nächste kann emotional nicht drei Mal am Tag Minus-Trades verkraften. Der Nächste glaubt nicht an die Wirkung der gleitenden Durchschnitte. Ich könnte das ganze Buch mit unterschiedlichen Persönlichkeitsmerkmalen füllen. Wichtig ist, dass Sie verstehen, dass jeder Mensch anders ist und anders handelt. Manche sind sich zwar ähnlicher als vermutet, aber zwei sind nie absolut gleich. Selbst Klone nicht.

Vergleiche sind unsinnig. Dennoch leben wir in einer Welt, in der wir ständig alles mit allem vergleichen. Somit folgen wir allzu oft den Ideen anderer. Und wundern uns, warum wir nicht bei uns bleiben! Aber gerade der eigene Stil lässt den Trader erfolgreich werden.

SO DENKEN UND HANDELN DIE PROFIS

Wollen Sie eine Kopie sein, oder lieber das Original? Wer sich als Trader mit den Leistungen eines anderen Traders vergleicht, tradet nicht seine Überzeugungen, sondern die des anderen. Wer so arbeitet, der sorgt nur für Verwirrung und möchte keine Verantwortung übernehmen. Der Vergleich mit einem anderen Trader ist immer ein Zeichen dafür, dass man Angst hat, nicht gut genug zu sein oder zu genügen. Konzentrieren Sie sich auf sich selbst. Trader brauchen Selbstbewusstsein. Streben Sie besser an, dass andere sich mit Ihnen vergleichen. Dann haben Sie wenigstens einen Konkurrenten weniger am Markt!

3.2 Der Coach in uns – das Trading-Journal

Trading ist spannend und macht Spaß. Manches am Trading-Alltag ist jedoch auch eine Herausforderung, zu der man sich zwingen muss. Aber auch dies gehört nun mal zum Weg, um zukünftig erfolgreich zu traden. Für viele ist zum Beispiel das Aufschreiben der gehandelten Transaktionen eine lästige Aufgabe. Man ist schon beschäftigt genug mit der Selbstmotivation, der Analyse des Marktes, dem Verdauen der Minus-Trades, den vielen emotionalen Erschütterungen, dem Frust über das eigene Fehlverhalten. Und da soll man sich auch noch am schwer verdienten Feierabend mit Tagesaufzeichnungen seiner Trading-Geschäfte befassen? Da fragt sich natürlich so mancher, worin denn hier der Reiz liegen soll.

Genau dieser fehlende Reiz ist der Grund dafür, warum viele eben keine Aufzeichnungen ihrer Trades machen. Es fehlt die Einsicht, der monetäre Nutzen, der Sinn dieser Aufgabe. Das ist aber auch mit ein Grund dafür, weshalb viele länger brauchen, um profitabel zu werden.

Beim Trading selbst lockt immer der mögliche Gewinn. Die Hoffnung, irgendwann am Ziel seiner Träume anzukommen. Wer tradet, bewegt etwas, man spürt sich und kommt über das Trading mit seinen Gefühlen in Kontakt. Bei den Trading-Hausaufgaben kommt man meistens nur mit seiner inneren Abneigung ihnen gegenüber in Kontakt.

Schon in der Schule haben die meisten von uns Hausaufgaben gehasst. Wir empfanden sie als bloße Zeitverschwendung. Viel lieber wollte man spielen, mit seinen Freunden unterwegs sein oder ausruhen. Und nun soll man sich selbst die Hausaufgabe auferlegen, ein Trading-Tagebuch zu führen? Das grenzt ja an Bestrafung!

Auch für mich war das Aufschreiben meiner Trades eine unliebsame Verpflichtung, die ich gerne vermied. Zumal ich teilweise beim vielen Traden den Überblick verlor. Zwar produzierte ich von meinen Charts Screenshots und fotografierte die Trading-Setups sowie meine Einstiegssignale, doch urplötzlich stellte ich einen Trade aus irgendeinem Grund schnell wieder glatt, nur um kurze Zeit später mit einem neuen Trade im Spiel zu sein.

Allein dieses Verhaltensmuster hätte ich mit meinen Aufzeichnungen gut entlarven können. Ich wollte aber viel lieber Trades erleben und nicht Trades statistisch verwalten! Selbst mein Ausbilder programmierte noch extra eine Excel-Tabelle für mich zur Auswertung meiner Trades. Die ersten Stunden trug ich meine Trades auch ein, dann wurde ich schnell nachlässig und ließ es letztlich ganz.

Unbewusst ahnte ich, dass ich etwas gravierend falsch machte. Aber bewusst fehlte mir der Mut zur Konfrontation mit der Wahrheit. Ich hätte mir ja eingestehen müssen, dass ich gar kein bestehendes Handelssystem habe, sondern bloß einen Trade nach dem anderen abfeuere. Und ich hätte mich folglich mit der Frustration darüber, dass ich keinem Regelwerk folgte, auseinandersetzen müssen. Autsch! Und da mein Trading lange Zeit keiner profitablen Logik folgte, wollte ich mich damit nicht konfrontieren. Der Mensch will sich ja in erster Linie vor Schmerzen schützen. Das ist oberstes Prinzip des Überlebensplans, auch bei diesem Thema. Meine Trades aufzuschreiben hätte ja bedeutet, mir eingestehen zu müssen, dass ich gar nicht professionell trade! Und das hätte mir Schmerzen in Form von Gefühlen wie Scham, Peinlichkeit und vieles mehr verursacht. Also erfand ich einen guten Grund, um keine Trading-Aufzeichnungen zu erstellen und keine Schmerzen spüren zu müssen. Eine sehr beliebte Ausrede war bei mir: »Keine Zeit.«

Wie bei allen wichtigen Dingen hat auch das Schreiben von Trading-Aufzeichnungen mit Disziplin zu tun. Und jeder hat seine guten Gründe, warum er es nicht macht. Deshalb kann das Verfassen eines solchen Journals schon eine wichtige Übung sein, um eine Verhaltensänderung herbeizuführen Der Weg zum Trading ist eine Aneinanderreihung von Verhaltensveränderungen. Finden Sie heraus, was Sie davon abhält, Ihre Trades zu notieren. Sagen Sie nicht: »Ich habe keine Zeit!« Denn das ist eine Lüge. Wenn Sie frisch verliebt sind, haben Sie ja auch Zeit, Ihre neue Liebe zu treffen. Beim Verwirklichen von Zielen geht es immer darum, wie wichtig es einem ist. Hinter »keine Zeit« verbirgt sich etwas anderes! Stellen Sie sich dieser Realität, dann kommen

Sie weiter. Haben Sie Angst, sich einzugestehen, dass Sie Ihren Trading-Plan nicht einhalten? Hassen Sie vielleicht Aufzeichnungen, weil es Sie an die Pflichten der Schulzeit erinnert? Liegt es an der Struktur, wann und wie Sie es machen? Oder fehlt Ihnen der Reiz, mit sich in Kontakt zu kommen, wenn sie solche Dinge erledigen müssen? Ist es eine lästige Pflicht, die Sie nicht als ergänzende Trading-Arbeit ansehen?

Bei mir war es auch die Fülle der Informationen. Ich verlor einfach den Überblick. Es war, als hätte ich eine endlos lange Schnur mit festen Knoten und müsste einen nach dem anderen geduldig öffnen. Ich war außerdem so aufgerieben von all den Trading-Erlebnissen, dass ich abends einfach keine Lust mehr hatte auf die Buchhaltung. Naja, und ich hatte, ehrlich gesagt, auch keine Motivation mehr, meine Aufzeichnungen zu erledigen und alle Daten herauszusuchen, wenn ich einen schlechten Trading-Tag hinter mir hatte. Da wollte ich mich lieber von meinem miesen Tageswerk erholen, anstatt mich stundenlang mit meinen Fehlern zu beschäftigen!

Heute schreibe ich, nachdem ich einen Trade eingegangen bin, sofort alles auf, was mir wichtig ist. Ich mache ein Foto vom Chart und lege es meinem Text bei. Dann beschreibe ich das genaue Setup und notiere alle wichtigen Informationen zum Trade. Meinen Einstiegsgrund, wo der Stopp liegt, die Positionsgröße und Zielvorstellung, wie ich mich bei diesem Trade fühle. Weshalb ich ihn einging. Und während der Trade läuft, notiere ich manchmal auch spontane Empfindungen: »Ich liege nun schon so weit im Gewinn und spüre Nervosität. Gedanken tauchen auf wie: Soll ich nicht doch besser glattstellen und den Gewinn mitnehmen?! Nein, ich weiß, es ist jetzt schwer für mich, aber ich vertraue auf meinen Trading-Plan.«

Am Ende der Trade-Beschreibung folgt ein Screenshot vom Abschluss-Chart. Ich will sehen, wie ich den Trade beendet habe. Dazu schreibe ich eine Einschätzung: Handelte ich den Trade 100 Prozent nach meinem Trading-Plan? Hätte ich etwas besser machen können?

Welches waren meine Hauptemotionen bei diesem Trade? Ich lasse auf meinem Computerbildschirm immer Platz für mein Word-Dokument mit den Trading-Aufzeichnungen. So habe ich es immer im Blick und es dient mir als Kontrolle. Dadurch dass ich es ständig sehe, erinnert es mich an mein Vorhaben, warum ich die Position einging und wie ich sie managen will. Das Blatt ist sozusagen mein Controller während des Tradings.

Beim Trading sind die meisten auf sich allein gestellt. Sie sitzen zu Hause vor ihrem Computer und müssen alle Entscheidungen selbst treffen. Keiner kontrolliert sie. Das ist für viele eine große Belastung. Auch die zahlreichen emotionalen Achterbahnfahrten erleben sie in Einsamkeit mit sich und dem Chart. Ein Trading-Tagebuch kann da als Tagesbegleiter sehr hilfreich sein. Heute sehe ich mein Trading-Journal als Coach. Es motiviert mich, mich korrekt zu verhalten, zeigt mir, wo ich etwas besser machen kann, und ich habe etwas, das mich zwingt, meine Trades und mein Trading-Verhalten zu überwachen. Ich benutze es außerdem, um mich von Frust zu befreien. Denn es ist sehr wichtig, seinem Ärger Luft zu machen!

So denken und handeln die Profis

Am Trading-Tagebuch erkennen Sie die Qualität eines Traders! Ein guter Trader hat ein gut geführtes Trading-Journal. Wenn Sie nur unregelmäßig Trading-Aufzeichnungen machen oder gar keine, dann finden Sie heraus, welches Ihre guten Gründe dafür sind, damit Sie zukünftig motivierter sind, regelmäßig ihre Trading-Aufzeichnungen zu machen. Letztlich gibt es immer einen guten Grund, warum wir etwas nicht tun. An Ihrem Trading-Journal können Sie auch erkennen, ob Sie zu viel traden. Hat man nämlich keine Lust mehr, all seine Trades aufzuschreiben, dann macht man meist zu viele Trades.

3.3 Die positive Absicht

In meiner täglichen Praxisarbeit zeigt sich immer wieder, dass bei jedem Menschen hinter jedem Verhalten eine positive Absicht steckt. Dies ist auch eine These des NLP (Neurolinguistische Programmierung). NLP befasst sich mit dem Thema menschliche Kommunikation und geht davon aus, dass durch Analyse des alten Verhaltens und Programmieren von neuen Reaktionen das eigene Verhalten veränderbar ist.

Die wirklichen Gründe für ein Fehlverhalten beim Trading liegen immer tiefer, als der Trader im ersten Moment erkennen kann. Aus diesem Wissen heraus gibt es auch keine Fehl-Trades, sondern nur Minus-Trades. Ich bin davon überzeugt, dass Menschen nie Fehler machen. Jeder trifft die beste Entscheidung, die ihm im gegenwärtigen Moment zur Verfügung steht. Sie ist sozusagen die beste Wahl. Hätte man eine andere Entscheidung treffen können, die man in dieser Situation für besser hielte, so hätte man sich für diese entschieden.

Ein Beispiel dazu aus der Praxis:
Thema: *Ich kann keine Gewinne sinnvoll laufen lassen.*

Marcel ist Swing-Trader. Er tradet Aktien für einige Tage, manchmal Wochen. Er sucht meine Hilfe auf, weil er einfach nicht dauerhaft in die Gewinnzone kommt. Sein Ziel ist es, in der Lage zu sein, Gewinne sinnvoll laufen zu lassen. Er erlaubt mir, dass ich seine Persönlichkeit analysieren darf. Dafür lasse ich ihn einen 50-seitigen Fragenkatalog ausfüllen und mache mit ihm eine Coaching-Sitzung zur Vertiefung seiner Antworten aus dem Fragenkatalog.

Sein Trading-Plan ist gut ausformuliert und sein System nachweislich profitabel. Bei der Auswertung seiner Aufzeichnungen zeigt sich aber, dass er immer wieder die Gewinne zu früh mitnimmt. Dadurch sind unterm Strich die Verluste größer als seine erwirtschafteten Gewinne. Manchmal ist er in der Lage, seinem Plan zu folgen. Dann ist er nachweislich profitabel. An einem gewissen Punkt dreht sich die Kompassnadel seines Erfolges wieder nach unten gen Süden, was auch nichts mit einem Draw-down zu tun hat. also dem natürlichen Verlust durch eine veränderte Marktsituation. Marcel verliert mehr, als er gewinnt. Er scheint einer inneren Verweigerung zum Gewinnen zu folgen.

Anschließend arbeite ich mit ihm in Hypnose und mache eine innere Wanderung in sein Unbewusstes (Imagination). Dazu lasse ich ihn eine innere Gestalt, ein inneres Bild kommen – den »Verbündeten«. Denn der Verbündete steht für das innere Potenzial, das jeder von uns in sich trägt, die bedingungslose Selbstannahme. Er soll Marcel nun zum Ort seines Erfolges führen.

Die beiden starten ihre innere Fantasiewanderung auf einer weiten, freien Wiese. Auf dem Weg zum Ort des Erfolges führt der Verbündete ihn durch eine schöne Landschaft. Es fühlt sich frei und sicher für Marcel an (Einhaltung des Trading-Plans). Zwar gibt es kleine Unebenheiten (kleine Minus-Trades), die den Weg beeinträchtigen, aber sie sind nicht von übergroßer Bedeutung für Marcel. Je weiter der Verbündete diesen Weg mit ihm geht, desto wohler fühlt sich Marcel (anlaufende Gewinne). Es stellt sich das Gefühl ein, dass es immer so weitergehen könnte (Erfolgssträhne). Das Gefühl von Sicherheit und Erhabenheit nimmt deutlich Raum in ihm ein. Dann gehen Marcel und der Verbündete an einem langen Flusslauf entlang. Je länger sie an diesem Flusslauf entlangspazieren, desto unruhiger wird das Wasser (Wasser steht bei der Imaginationsarbeit für Emotionen). Am Ende des Flusslaufes wartet ein dichter Dschungel (Verwirrung) auf sie. Alles ist verästelt, voller Gestrüpp und undurchdringlich. Sie werden förmlich in diesen Dschungel hineingezogen (Loslösung vom eigenen Willen).

Der Verbündete geht unnachgiebig weiter voran, schlägt sich durch den undurchsichtigen Urwald. Marcel fühlt Angst und Unsicherheit, möchte am liebsten die Wildnis verlassen. Plötzlich bleibt der Verbündete stehen. Auch er weiß nun nicht mehr, wo der Weg sich befindet (Stress, Erstarrung). Ich lasse Marcel durch die Augen seines Verbündeten schauen. Vielleicht sieht er dann den Weg klarer. Nach einer kurzen Zeit entdeckt er in dem Dickicht einen Weg mit kleinen bunten Blumen, der ihn anzieht. Sie gehen darauf zu und es öffnet sich ein fruchtbares Feld, auf dem ein riesengroßer Glaskubus steht. Er beinhaltet viele kostbare Gegenstände: Gold, Diamanten, Geld in Hülle und Fülle, das Buch des Glücks. Marcel spürt, dass dieser Glaskubus der Ort des Erfolges ist. Ich (der Coacher) bitte ihn, den Glaskubus einmal anzufassen. Marcel spürt mit seinen Händen, dass der Kubus nicht aus Glas, sondern aus Eis ist. »Es ist gefrorener Angstschweiß«, sagt Marcel.

Ganz oben auf diesem »gläsernen Reichtum« thront ein Herz. Es ist zerbrochen.

Erneut bitte ich Marcel, durch die Augen seines Verbündeten zu schauen. Diesmal auf das zerbrochene Herz. Und nach einer geraumen Weile sieht Marcel brennendes Geld, während im Hintergrund ein Haus (seine ehemalige Werbeagentur) zusammenfällt.

Im Gespräch danach interpretiert Marcel die Eindrücke dieser inneren Wanderung.

Es verbarg sich hinter diesen Bildern ein tatsächliches, reales Ereignis, welches er vor zwölf Jahren erlebte. Auf dem Höhepunkt seines beruflichen Erfolges verlor er als Inhaber einer Werbeagentur seinen wichtigsten Kunden. Dieser kündigte ihm einen Millionenauftrag, den er zum größten Teil schon in die Erweiterung seiner Firma investiert hatte. Die Konsequenz daraus war, dass er seine gesamte Existenz verlor. An ein Leben in finanzieller Unabhängigkeit gewöhnt, war er von einem auf den nächsten Tag vollkommen pleite bzw. mittellos. Alles, was ihm blieb, war eine Matratze und ein kleiner tragbarer Fernseher und viele Schulden. Er zog sogar wieder in sein altes Kinderzimmer im Haus seiner Eltern ein, weil ihm das Geld für eine eigene Wohnung fehlte.

Dieses Trauma zeigte seine Wirkung nun auch beim Trading. Sobald er erfolgreich wurde und gutes Geld mit dem Trading verdiente, zog sein Unbewusstes die Notbremse, um Schlimmeres zu verhindern – den Totalverlust.

Die positive Absicht, keinen dauerhaften Gewinn mit dem Trading zu machen, war bei Marcel der unbewusste Selbstschutz vor einem erneuten Totalverlust. Oberflächlich betrachtet sah es nur nach einem Angstgefühl aus wie »Ich kann keine Gewinne laufen lassen«. Das Unbewusste hatte aber eine stärkere Absicht: Marcel vor zu großem Schaden zu schützen. Deshalb kappte es kurzerhand die Erfolgssträhne. Denn unbewusst ist das traumatische Erlebnis »Auf Erfolg folgt ein Totalverlust« noch zu stark in ihm verankert. Marcel machte also beim Trading keine sogenannten »Fehler«, weil er seine Gewinne nicht laufen lassen konnte, sondern sein Unbewusstes steuerte das Trading und hatte eine positive Absicht – ihn vor dem Totalverlust und dessen Folgen zu schützen.

Die Lösung:
Wir strukturierten Marcels Handelssystem an der Börse neu, dass er frei von emotionalen Einflüssen traden konnte. Der Markt bestimmte künftig, wann seine Position beendet sein würde, nicht Marcel. Dadurch war die Stabilität seines Systems wesentlich höher und sein Regelwerk wurde nicht mehr so stark von seinem Trauma beeinflusst, da er nicht mehr direkt aus dem Chart heraus tradete.

Als Nächstes entwickelte ich mit Marcel einen positiven Leitsatz, der ihn künftig bei seinem Trading unterstützen sollte und sein Verlusttrauma entschärfte. Ich nahm diesen Satz auch in einem speziellen Audio-Coaching-Programm mit auf, das ich für ihn erstellte. Dieses Audio-Programm hilft, erwünschte Fähigkeiten mit dem Unbewussten zu unterstützen. Marcels positiver Coaching-Satz war: »Ich bin dauerhaft erfolgreich, weil ich mein Risiko so niedrig wie nötig halte!«.

Da ein Motivationsbild diesen Prozess deutlich unterstützt, suchte Marcel noch ein Bild aus, das sein Unbewusstes gut annehmen konnte. Marcel entschied sich für einen Baum, der weiträumig fest im Boden verwurzelt ist. Diese Wurzeln zogen den Erfolg so selbstverständlich aus der Erde wie Regenwasser. Dieser natürliche Prozess sorgte für Äste, Zweige, Blätter, also stabile finanzielle Erträge.

Fazit:
Dauerhafter Erfolg war für Marcel unbewusst mit dem Risiko des Totalverlustes verknüpft. Deshalb durfte er keinen Erfolg haben und konnte nach einer bestimmten Zeit keine Gewinne laufen lassen.

Gut zu erkennen ist an dem Beispiel von Marcel, dass ein Problem immer individuelle Hintergründe hat. Jeder hat seine positive Absicht, weshalb er etwas nicht tun, entscheiden oder umsetzen kann. Marcels positive Absicht, keine Gewinne laufen zu lassen, gründete auf dem Wunsch seines Unterbewusstseins, ihn vor dem finanziellen Ruin zu schützen.

3.4 Lernen Sie, zu versagen

Stellen Sie sich vor, Sie bewerben sich in einer Firma um einen Job. Im Gespräch sagt Ihnen der Chef: »Damit wir in dieser Firma erfolgreich sind, werden Sie ca. 40 Prozent Ihrer Arbeit damit verbringen müssen, mein Geld zu verlieren!«

Was in herkömmlichen Berufen vollkommen absurd zu sein scheint, gehört beim Trading zum Alltag. Schon daran können Sie erkennen, dass Trading völlig anders funktioniert, als die meisten es aus ihrem Berufsleben her kennen.

Und genau das ist einer der Hauptgründe warum Anfänger beim Trading scheitern! Sie übertragen unbewusst ihre Vorstellungen von bekannten Verhaltenssituationen der Arbeitswelt auf das Trading. Deshalb versuchen sie mit größtem Engagement, Verluste zu verhindern. Sie interpretieren Verluste als Fehler oder Versagen. Ihnen ist klar: Würde man sich in einer Firma unentwegt fehlerhaft verhalten, verlöre man zwangsläufig seinen Job, wäre ohne Einkommen und hätte keine gesicherte finanzielle Existenz mehr. Geld ist in der kapitalistischen Gesellschaft besonders stark mit der Existenz verknüpft. »Ohne Moos nix los.« »Haste was, biste was!« Man könnte fast meinen, nicht die Menschen verfügen über das Geld, sondern das Geld verfügt über Menschen!

Wohl jedem ist klar: Wem hin und wieder in seinem Job ein Missgeschick passiert, der wird vermutlich nicht deshalb gleich seine Anstellung verlieren. Aber etwa 40 Prozent seiner Arbeitszeit nur Verluste für eine Firma zu erwirtschaften, ohne dass spürbare Konsequenzen für den Mitarbeiter folgen werden, ist schwer vorstellbar. Es wäre wohl eher für Sie und den Chef eine Katastrophe!

Arbeit muss erfolgreich sein und zum Ziel führen. Möglichst bei jeder Tätigkeit. Dies ist der Normalzustand, den die Menschen in der kapitalistischen Welt anstreben. Schon während der Schulzeit liegt der Fokus vor allem darauf, was Schüler in Klassenarbeiten falsch machen. Da werden Fehler rot angestrichen und führen zu einer schlechteren Benotung. Das ist das klassische Benotungssystem.

Fehler zu vermeiden und nutzbringend innerhalb der Gesellschaft zu agieren, das hat Spuren in unseren Gehirnen hinterlassen, die unsere Handlungen tagtäglich prägen. Und so ist es nur allzu selbstverständlich, zu glauben, dass wir nur dann alles richtig beim Trading machen, wenn wir keine Verluste erwirtschaften. Und der Hinweis, es beim Traden doch mal anders zu praktizieren reicht eben nicht allein aus, es auch anders anwenden zu können! Die neuronalen Verknüpfungen in unserem Gehirn bewirken, dass wir uns bevorzugt so verhalten, wie wir es seit Jahren und Jahrzehnten gelernt haben: Fehler vermeiden, sonst folgt Bestrafung. Und Bestrafung bedeutet Schmerz und Schmerz muss vermieden werden, denn Schmerz bedeutet Lebensgefahr!

Wer also beim Trading beabsichtigt, dauerhaft Geld zu erwirtschaften, der muss erkennen, dass er eine völlig neue Einstellung benötigt zu Themen wie Misserfolg und Versagen, Fehler und Verluste machen,

Geldverluste sind in diesem Geschäft so selbstverständlich wie Wellen auf dem Meer, wie der Gezeitenwechsel von Ebbe und Flut. Man befindet sich beim Trading in einem ständigen Bewegungsprozess von Gewinn und Verlust. Und der Grund dafür ist die Unberechenbarkeit der Börse. Niemand weiß, wohin der nächste Tick eines Kurses geht. Wichtig ist natürlich, dass letztendlich die Gewinne größer sind als die Verluste. Aber Verluste zu vermeiden, das ist unmöglich! Nicht unmöglich ist jedoch die annähernde Berechenbarkeit der Verluste. Nicht immer, aber meistens.

Dennoch nimmt der Wunsch, Verluste zu unterbinden, vermutlich die meiste Zeit von Trading-Einsteigern in Anspruch. Sie suchen nach einem perfekten Handelssystem ohne Verluste. Ich habe etwa eineinhalb Jahre danach Ausschau gehalten. Ich kann Ihnen versichern: Es gibt keines. Aber suchen Sie gerne weiter, vielleicht sind sie der Erste, der es findet. Sein Sie aber nicht frustriert, wenn Sie auf dem Weg dorthin verzweifeln und vielleicht die gesamte Lust am Trading verlieren. Selbstverständlich dürfen Sie es sich auch leicht machen und die Tatsache annehmen, dass es das perfekte System nicht gibt. Tatsachen anzunehmen kann für einen Menschen sehr entlastend sein. Beim Trading ist es eines der Allheilmittel schlechthin!

Verluste beim Trading führen zu den absurdesten Verhaltensweisen. Interessant ist, das scheinbar alle Trading-Anfänger (mich eingeschlossen) auf die gleichen Ideen kommen, was sie diesbezüglich falsch machen. Verluste zu akzeptieren ist enorm schwer. Einen maßgeblichen Grund dafür habe ich Ihnen soeben beschrieben. Ich werde später noch weitere nennen. Sind erst einmal Verluste angefallen, dann kommen die wenigsten auf die Idee, diese zu realisieren. Sprich, die Position aufzulösen, um den angefallenen Verlust klein zu halten. Stattdessen ist die Scham, als Verlierer dazustehen, und die Angst, den Schmerz auszuhalten, weitaus größer als der Trost des kleinen Verlustes. Nein, das nächste Ziel ist dann, trickreich zu sein um keine weiteren Verluste zu erleben. Man sagt sich eben: »Tja, ganz einfach, ich kaufe einfach immer mehr Positionen dazu, je billiger der Kurs wird. Und wenn der Wert dann wieder steigt, gewinne ich umso mehr!« So etwas kann durchaus gutgehen, das weiß ich aus eigener Erfahrung. Ich weiß aber auch aus eigener Erfahrung, dass man ebenso gut auch mal eine E-Mail vom Broker bekommt, der einem mitteilt, dass die Position leider liquidiert werden musste: »Ihr Kontostand beträgt nun 21 Euro«. Ach ja, der Kurs steigt meist danach wieder in die gewünschte Richtung, ist ja klar!

Der wohl größte Nachteil bei diesem Nachkauf-Verhalten ist die Gefahr, vor allem je öfter dieses Verhalten gut geht, dass es zu dauerhaftem Fehlverhalten führt. Denn Sie trainieren Ihrem Gehirn Verhaltensabläufe an, welches das Unterbewusstsein künftig leicht selbstständig vollziehen kann. Es ist dann sehr schwer, sich diesen Trick wieder abzugewöhnen.

Eine andere Blitzidee von Tradern ist, Verluste dadurch zurückholen zu wollen, indem einfach die Positionsgrößen bei den nächsten Trades erhöht werden. Frei nach dem Motto: »Viel hilft viel!« Leider hilft es vor allem, das Handelskonto zu zerstören. Das Prinzip ist einfach: Hatte der Trader z.B. drei Trades in Folge von je 100 Euro Risiko verloren, riskiert er beim vierten Trade 300 Euro mit der Idee: »Wenn das jetzt gut geht, dann habe ich ja alle Verluste auf einen Schlag wieder drin!« Das ist in etwa so sinnvoll, als würden Mechaniker in einen Formel-1-Rennwagen die Bremsen eines Trabbis einbauen, und dies nur, weil diese leichter sind als die Profi-Bremsen, um sich damit ins Finale der Weltmeisterschaft zu begeben!

Manchmal geht so etwas gut, manchmal nicht. Das Wichtigste bei diesem Verhalten ist, zu erkennen, was den einen dazu bringt, so zu traden. Die Konsequenz ist, dass damit ein unprofessionelles Trading antrainiert wird! Meistens ist der Grund für diese dummen Trades einfach der, keine Verluste akzeptieren zu können. Wenn Verlustsituationen zu solchen desaströsen Aktionen führen, befindet man sich mit dem Markt gemeinsam in der Kampfarena mit dem Ziel: Der Stärkere soll gewinnen. Schon jetzt kann ich Ihnen verraten, der Stärkere wird schließlich immer der Markt sein! Wenn man sich in solchen Momenten seine Stärke beweisen muss, dann am besten die, solch riskantes Verhalten zu unterlassen und Minus-Trades in Folge emotionslos zu akzeptieren. Es ist wichtig, konsequent an den richtigen Entscheidungen beim Trading zu feilen, auch wenn es schwer fällt. Denn jede einzelne Chance ist eine Chance zur positiven Veränderung. Und es ist wichtig, nicht zu vergessen: Die Wiederholung von professionellem Verhalten führt zum Ziel. Was vor allem der Trading-Anfänger tief verinnerlichen sollte, ist, zu lernen, beim Trading auch falsch liegen zu dürfen. Nicht der einzelne Trade entscheidet über Sieg oder Niederlage, sondern die Summe aller Trades! Und alle Trades bedeuten, den Trading-Erfolg in einem großen Zeitraum zu betrachten: 100 Trades, 1000 Trades oder mehr über das Jahr gesehen.

Gehen Sie bitte selbstverständlich davon aus, dass Sie von 100 Trades etwa 30 Verlierer-Trades in voller Höhe haben werden, 30 Trades, die Ihnen Ihre Verluste in selber Größe wieder reinholen werden, 20 Trades, die plus/minus null ausgehen, und dann haben Sie noch 10 Trades, die Ihnen ganz gute Gewinne erwirtschaften, und ca. 10 Trades, bei denen Sie richtig gut abkassieren werden. So in etwa sieht die Trading-Realität aus. Natürlich nur dann, wenn Sie einem festen System folgen, welches auch nachweisbar profitabel ist!

Ist ein Mensch von seinen Emotionen vollkommen vereinnahmt, gerät er schnell in einen Stressmodus. Bei akutem negativem Stress stellt unser Gehirn auf Autopilot. Schmerzen sollen vermieden werden, das Leben bewahrt werden. Im Körper wird dann alles für eine Kampf- oder Fluchtreaktion vorbereitet. Viele entscheiden sich in solchen Situationen beim Trading unbewusst für den Kampfmodus oder kindliche Verhaltensweisen. Beim Kampfmodus geht es vor allem darum, recht zu behalten. Und recht hat beim Trading der, der kein Geld verliert. Das kann schnell zu einer gefährlichen Abwärtsspirale führen!

Da der Mensch überwiegend von seinem Unterbewusstsein gesteuert wird, werden bei negativen Stressauslösern selbstaktive Programme gestartet. Hierbei handelt es sich meistens um Strategien, die wir in der Kindheit erlernt und angewendet haben, weil sie sich schon damals bewährten. Das ist auch der Grund, weshalb solch ein selbstaktiviertes Trading-Verhalten im Nachhinein oft kindisch wirkt. Es hat die Qualität von einem Trotzkopf – von »Kopf in den Sand stecken«, »Wie du mir – so ich dir!« bis »Ich bin jetzt bockig« oder »Ich spiele nicht mehr mit dir, wenn du so böse zu mir bist«. Erst wenn die Assoziationskette des auslösenden Reizes unterbrochen wird, kehrt emotionale Stille ein und ermächtigt den Trader zu logischem Handeln. Er hat sozusagen die Zügel seines Verstandes wieder fest in den Händen.

Wer sein neues Verhalten stetig trainieren will, sollte sein altes und destruktives Verhalten radikal und bewusst unterbrechen!

Am Anfang wird es ungewohnt sein und es können gefühlsähnliche Entzugserscheinungen entstehen. Lenken Sie sich dann so viel wie möglich von diesem Entzugsdruck ab.

Verlieren wird in unserer Gesellschaft gemeinhin mit Versagen gleichgesetzt und ist nicht gerade als menschliche Stärke angesehen. Meist werden Versager negativ bewertet oder gar bestraft. Versagen gilt als menschlicher Fehler, wie bei einer Maschine. Dazu ist es hilfreich, zu verstehen, wie solch ein Denken entstanden ist. Das 20. Jahrhundert war das Maschinenzeitalter und die Menschen waren geradezu technikbegeistert: Dampfmaschinen, Eisenbahnen, Flugzeuge, Autos, Telefone, Motoren aller Art usw. Im Zuge der industriellen Revolution wurde der Mensch der Maschine zwangsläufig untergeordnet. Er musste funktionieren, sich wie ein weiteres Rädchen in Produktionsabläufe einfügen. Und so übernahm man diesen Grundgedanken des technisch-mechanischen Versagens auch beim Menschen. Genauso in der Humanmedizin, auch hier wurde der Mensch wie eine Maschine betrachtet: Gelenke wurden geschmiert, das Herz-Kreislauf-System eingestellt, die Pumpe wieder funktionstüchtig gemacht. Und noch heute ist der schulmedizinische Ansatz, den Menschen eher als Maschine statt als ganzheitliches Wesen zu betrachten, das vorherrschende Grundprinzip unserer Gesellschaft. Alternative Heilmethoden sowie Heilung durch Selbstorganisation des Körpers sind eher die Ausnahme als die Regel. Anwendungen wie geistiges Heilen, Handauflegen, Hypnose und der Einsatz von mentaler Stärke, z.B. durch Visualisierung, gilt bei den meisten Medizinern als Hokuspokus. Wobei längst die Wirkung dieser Methoden in zahlreichen Studien wissenschaftlich bewiesen wurde. Sie können sich aus emotionalen Fallen also auch mithilfe von gezielter Vorstellungskraft und der Arbeit am Unbewussten auf Dauer unterstützen.

Wer langfristig erfolgreich werden will, der muss dem Versagen und Verlieren beim Trading eine ganz neue Bedeutung geben. Trader müssen sich das Verlieren als vollkommen normale Ursachenwirkung des Tradings antrainieren, ohne die Erfolg an der Börse unmöglich ist. Beim Trading sind nur gute Verlierer auch gute Gewinner. Oder anders ausgedrückt: Nur wer verlieren kann, wird gewinnen können! Beim Trading bedeutet zu verlieren nicht: »Ich habe versagt«, sondern: »Die Idee war gut – der Markt verlief aber anders als erhofft.« Mehr ist realistisch gesehen nicht geschehen. Regelmäßiges Arbeiten an negativen unbewussten Glaubenssätzen kann helfen, eine positive Einstellung zum Verlieren beim Börsenhandel zu entwickeln. Denn unbewusste Gedanken steuern die Entscheidungen und die wichtigsten Verhaltensmuster. Es kann sehr hilfreich sein, Verluste beim Traden als den Normalzustand für diese Arbeit anzusehen.

So denken und handeln die Profis

Wenn Sie merken, dass Sie Schwierigkeiten haben, ihre Verluste zu akzeptieren, oder sogar den Reiz verspüren, mit dem Markt kämpfen zu wollen, um so die Verluste wettzumachen, dann ist es sinnvoll, die Situation radikal zu unterbrechen. Schließen Sie in solchen Momenten am besten sofort Ihre Trading-Plattform. Legen Sie eine Kaffeepause ein, gehen Sie eine Runde mit dem Hund spazieren oder erledigen Sie Büroarbeiten. In solchen Momenten hilft vor allem physischer Abstand von der Trading-Plattform, um mental die nötige Ausgeglichenheit zurückzugewinnen, die Sie brauchen, um die nächsten Schritte gehen zu können. Denn physischer Abstand reduziert die Gefühle und Gedanken, die mit dem negativen Auslöser gekoppelt sind. Ganz nach dem Motto: »*Was ich nicht weiß, macht mich nicht heiß!*« Anschließend prüfen Sie, ob das Risiko, welches Sie eingehen, noch Ihren Absichten beim Trading entspricht. Wenn nicht, dann ändern Sie es so, dass Sie mit Ihrem Trade wieder in Ihre Sicherheitszone kommen. Das ist oberstes Prinzip, sonst sind Ihren negativen Emotionen Tür und Tor geöffnet und veranlasst Sie dazu, unnötige Fehler zu machen.

3.5 Denn wir wissen nicht, was wir tun

Ob Sie Ihre Handelsaktivitäten auswerten oder nicht, ich bin sicher, die meisten Börsenhändler fragen sich bei dem einen oder anderen Trade: »Warum habe ich das bloß nur wieder gemacht – gegen den Trend gehandelt? Das wollte ich doch nicht!« »Auf dem Höhepunkt der Bewegung eingestiegen, mein alter Trading-Fehler. Wie oft wird mir das noch passieren?« »Im Verlust nachgekauft, ich kann es einfach nicht lassen!« »Nicht nach Regelwerk gehandelt, nur weil es nach einer Chance aussah, ich wollte doch diszipliniert sein!« »Wieder getradet – bloß um dabei zu sein.«

Meistens passieren uns die gleichen dummen Missgeschicke immer wieder. Hinterher ärgern wir uns über unser Verhalten, sind manchmal demotivierter als vorher oder agieren im schlechtesten Fall unseren Frust gleich über das Trading wieder aus, frei nach der Devise: »Jetzt zeige ich es aber dem Markt!«

Eigentlich wissen wir genau, was wir in solchen Situationen tun sollten, um dauerhaft profitabel zu sein, trotzdem können wir es nicht konstant umsetzen. Warum nicht? Weil nicht unser Verstand, der diesen Gedanken denkt, unser Verhalten maßgeblich steuert, sondern es unsere Gedanken und vor allem unser Unbewusstes sind. Man könnte auch sagen: Wir handeln nicht, was wir wollen, sondern was wir denken müssen! Lassen Sie mich diese Macht des Unbewussten an einem Coaching-Beispiel erklären.

Die Coaching-Stunde:
Thema: *Gegen den Trend handeln.*

In meine Coaching-Stunde kommt Peter. Er ist finanziell unabhängig und tradet seit fünf Jahren. Neben seinem Beruf hatte Peter sich eine eigene Firma aufgebaut, die ihm ein ordentliches Zusatzeinkommen einbrachte. Nach zehn Jahren verkaufte er das Geschäft und beschloss, nun vom Trading zu leben.

Peter erzählt mir, dass er viele Bücher über das Trading gelesen hat und außerdem eine Menge Seminare besucht. In unserer Zusammenarbeit zeigt sich schnell, dass er sehr erfahren im Trading ist.

Doch letztendlich gelang es Peter nicht, dauerhaft profitabel zu sein. Einer der Gründe dafür ist, dass er immer wieder die gleichen Fehler macht. Peter steigt oft an markanten Höhepunkten im Chart ein. Danach ändert sich der Markt und Peters Trade wird meistens mit einem Minus ausgestoppt. Von der Logik her ist ihm klar, dass er sich diesbezüglich unsinnig verhält. Dennoch passiert ihm das immer wieder. Der Grund dafür scheint also vermutlich nicht der zu sein, dass Peter nicht versteht, was er falsch macht, sondern er kann nicht handeln, was er weiß.

Im Gespräch analysiere ich die Situation:

Coach: *Welche Gedanken hast du, wenn du in den Trade einsteigst?*
Peter: *Der Markt kann nicht mehr weiter steigen.*
Coach: *Was würde passieren, wenn er es dennoch täte?*
Peter: *Dann ärgere ich mich.*
Coach: *Und was machst du dann?*
Peter: *Also mal angenommen, der Markt steigt im nächsten Schwung noch weiter an, dann gehe ich wie auf Automatik geschaltet noch einmal gegen den Trend in den Markt. Manchmal setze ich sogar keinen Stopp mehr, weil ich nicht noch einmal verlieren will. Einmal habe ich damit eine Menge Geld verloren. Ich kaufte sogar im Verlust noch weitere Positionen. Weil ich die große negative Belastung meines Verlustes irgendwann nicht mehr ertragen konnte, verkaufte ich alles. Das war bitter! Und trotzdem passiert es mir immer wieder.*
Coach: *Nicht trotzdem, sondern gerade deshalb passiert es dir immer wieder. Du hast dir dieses unnütze Verhalten regelrecht antrainiert und dafür gibt es sicher einen guten Grund.*

Nun wollte ich Peters guten Grund oder gute Absicht für dieses Verhalten herausfinden.

Coach: *Weshalb tradest du scheinbar bewusst gegen den Trend?*
Peter: *Weil ich glaube, dass der Markt nicht weiter steigen kann.*
Coach: *Nicht weiter steigen kann oder nicht weiter steigen darf?*

Aus meiner täglichen Praxisarbeit wusste ich, dass nur der Klient die richtige Antwort auf seine Fragen kennt. Für mich sind Probleme immer individuell zu verstehen. Jeder hat einen guten Grund, weshalb er sich so und nicht anders verhält. Und dass jeder Mensch aus seiner Sicht in jeder Situation richtig und niemals falsch handelt. Nämlich nur so, wie er es in dem Augenblick für richtig hält. Er entscheidet sich also immer aus einem guten Grund, auch wenn dieser gute Grund für andere oder für einen selbst vollkommen unlogisch zu sein scheint. Diese guten Absichten werden meist unbewusst ausgelöst. Die häufigste »gute Absicht« des Unbewussten ist Schutz vor Schmerz! Denn Schmerz ist für unser Gehirn gleichzusetzen mit Gefahr für Leib und Leben. Und somit eine Bedrohung, dass die Art nicht erhalten werden kann. Die Art zu erhalten ist für das menschliche Dasein oberstes Prinzip. Es steht über allem! Was war nun Peters »guter Grund«, immer wieder gegen den Trend zu handeln?

Ich ging mit ihm seine gesamten wichtigen Lebensereignisse durch. Ein Zusammenhang zu seinem Trading-Problem war hier nicht zu erkennen. Dann sprachen wir intensiv über seine Trading-Erlebnisse. Er erzählte von einem »Monster-Trade«. Geradezu über Nacht verlor er gleich zu Beginn seiner Trading-Laufbahn »unendlich viel Geld«, wie er mir sagte. Eigentlich hatte er sich geschworen nie mehr darüber zu reden.

Peter: *Das habe ich irgendwann aus meinem Leben ausgeblendet, so schlimm war das für mich.*

Erst als er sich ein Jahr später nach diesem Ereignis näher mit den Prinzipien der Markttechnik beschäftigte, erkannte er die ganzen Zusammenhänge seines Verhaltens.

Es waren damals deutliche Anzeichen für eine Trendumkehr im Markt zu erkennen, der übergeordnete Aufwärtstrend war bereits gebrochen worden. Trotzdem hielt Peter an seinen Long-Positionen fest. Seine Verluste waren zu diesem Zeitpunkt noch nicht sehr groß, aber Peter hatte nicht die Kraft, seine Trades mit Verlust glattzustellen, da sie sich bereits im Verlust befanden. Je länger er auf eine Besserung der Situation hoffte, desto mehr verloren seine Positionen an Wert.

Ich stellte ihm zu diesem Ereignis vertiefende Fragen. Seine Antworten dazu waren unter anderem: »Ich hatte mir damals geschworen, ich werde nie mehr der Letzte sein, der aus einer Bewegung aussteigt.« Oder: »Wäre ich doch bloß short gegangen, dann wäre es mir nach diesen Erfahrungen nicht so schlecht ergangen.« Peter hatte nämlich monatelang seelisch wie körperlich stark unter diesen immensen Verlusten gelitten. Also besorgte ich mir die Charts von der damaligen Marktsituation noch einmal und zeigte sie Peter. Ich fragte ihn daraufhin, was sie in ihm auslösen.

Peter: *Ganz klar. Ich sehe jetzt wieder, was ich falsch gemacht habe. Ich hätte statt auf steigende Märkte auf fallende Märkte setzen müssen. Ich hätte gegen den Trend handeln müssen, dann hätte ich eine Menge Geld verdient!*

Wir schauten dann auf die Charts seiner letzten Minus-Trades in seinem Trading-Journal. Ich sagte zu ihm: »Schaue konzentriert auf diese Charts.« Dann las ich ihm noch einmal seine Sätze vor, die er mir eben sagte: »Ich hatte mir damals geschworen, ich werde nie mehr der Letzte sein, der aus einer Bewegung aussteigt.« Und: »Hätte ich doch bloß gegen den Trend gehandelt, dann wäre es mir nach diesen Erfahrungen nicht so schlecht ergangen.«

Coach: *Peter, siehst du, was du tust?*

Peter hörte, wie ich seine Sätze wiederholte, er schaute nachdenklich auf die Charts. Dann atmete er tief ein, schüttelte verständnislos den Kopf und antwortete mit leichter Bitternis in der Stimme: *Jetzt gehe ich short, ich gehe gegen den Trend. Aber jetzt ist es zu spät.*

Coach: *Und was, Peter, ist wohl dein guter Grund, das zu tun?*

Er wartete einen Moment auf seine Erkenntnis, dann sagte er:

Ich will alles wiedergutmachen, was ich damals falsch gemacht habe. Als würde ich diesen sogenannten Monster-Trade von damals nachholen und nun alles richtig machen wollen, indem ich short gehe. Ich will die Gewinne von damals nachholen. Es ist eigentlich immer derselbe Chartverlauf wie damals, als alles schiefging. Nur will ich heute das Richtige tun.

Coach: *Ja, Peter, du tradest jetzt mit den Charts von heute, aber noch immer mit den gleichen Gefühlen von damals.*

Peter unterlag sozusagen einem »Irrtum der Zeit«. Er wollte die Geschehnisse von damals wiedergutmachen. Er war davon überzeugt, dass er sich von seiner Schuld und seinen erlebten Schmerzen befreit, wenn er heute, natürlich unbewusst, bei seinen Trades das tut, was damals das Richtige gewesen wäre – gegen den Trend zu gehen. Peter wollte sein Fehlverhalten in Bezug auf seinen »Monster-Trade« in der Vergangenheit wiedergutmachen. Das war seine positive Absicht, wenn er heute gegen die vorherrschende Marktrichtung handelte. Es war vollkommen unlogisch, aber das interessierte Peters Unterbewusstsein nicht. Es wollte ihn nur vor erneuten Schmerzen schützen, die ausgelöst werden könnten, wenn er in steigende Märkte in Richtung Trend handelte. Denn genau das glaubte Peter damals getan zu haben, wodurch er eine riesige Summe Geld verlor. Sein scheinbar unlogisches Verhalten sollte ihn vor erneuten Schmerzen schützen. Sein Unterbewusstsein erkannte dasselbe Chartmuster von einst und zwang ihn zu einer Handlung, die er eigentlich nicht wollte. Vollkommen automatisch.

Die Lösung:
Wir erarbeiteten gemeinsam, inwiefern er diese Situation sinnvoll loslassen konnte und welches neue Verhalten er sich für sein zukünftiges Trading wünschte.

Eine Unterstützung war für Peter ein heilender, positiver Glaubenssatz. Ein Satz, von dem er selbst überzeugt war und den er glauben konnte – der vollkommen stimmig mit seinen Trading-Zielen war. Ich überprüfte mit ihm immer wieder die Glaubwürdigkeit seines Motivierungssatzes. Es musste ein Satz sein, den Peters Unterbewusstsein bedingungslos annehmen konnte. Ein allgemeiner motivierender Satz im Sinne von »Ich trade jetzt nur noch mit dem Trend« war für Peters Situation vollkommen ungeeignet. Denn dieser Satz stimmte nicht mit Peters innerer Haltung gegenüber dem Traden überein. Das zeigten seine Gefühle ganz deutlich. Viele meinen, es würde einfach ausreichen, sich positive Sätze zu sagen, und alles wird gut. Doch unser Gehirn funktioniert anders. Es ist, als würde ein Depressiver in einer ausweglosen Situation sich Mut zusprechen und ständig wiederholen: »Alles ist gut, alles ist gut!« Dieser Mensch erlebt seine Wirklichkeit aber höchst wahrscheinlich vollkommen anders und sein Unterbewusstsein wird diesen Hilfeversuch vermutlich so interpretieren: »Der redet sich was ein, das nichts mit der Realität zu tun. Es ist nicht alles gut!«

Peters Motivierungssatz war: »Ich erlaube mir, mich von der Schuld zu befreien. Vergangenes ist vergangen. Ich bin vollkommen sicher – Trade für Trade nach meinem Plan.«

Diese Aussagen entsprachen Peters Realität. Von nun an durfte er sich erlauben, seine Schuld – damals verantwortungslos gehandelt zu haben – loszulassen. Und Vergangenes ist in der Tat vergangen; die Trades sind aufgelöst, das Geld verloren. Sein Ziel »Trade für Trade nach meinem Plan« entsprach einem sinnvollen Ziel: Nicht zu groß, nicht zu klein, sondern absolut realisierbar!

Nun brauchten wir noch ein inneres Bild für Peter, das diesen Satz visuell repräsentierte. Denn das Unbewusste speichert Aussagen und Gedanken am besten gekoppelt mit inneren Bildern ab. Auch hier testeten wir gemeinsam immer wieder die Glaubwürdigkeit dieser motivierenden Darstellung. Dann hatte Peter sie gefunden: Eine Raupe, die ihren Kokon abwirft und nun als Schmetterling leicht und unbeschwert ihren Zielen entgegenfliegt. Sicher getragen in den Weiten der Lüfte.

Das Abwerfen des Kokons stand für das Loslassen von Vergangenem und Schuld. Der leichte, unbeschwerte Flug des Schmetterlings symbolisierte für Peter die routinierte Abfolge seiner Trades. Und das Gleichnis der Flügelschläge stand für die konstante Ausführung seiner Trades nach der immer gleichen Abfolge, so wie er es in seinem Trading-Plan festgehalten hatte. Das Getragenwerden in den Weiten der Lüfte war für Peter ein annehmbares Bild und bedeutete ihm unendliche Sicherheit. Für ihn war das Bild Ausdruck von »Sicherheit, die im Überfluss immer um mich herum vorhanden ist. Ich muss sie nur so optimal wie möglich nutzen.«

Dass es so vielen Menschen schwerfällt, an die Macht des Unbewussten zu glauben, liegt auch an der starken Durchsetzungskraft unseres Verstandes. Denn unser Verstand will sich die Dinge so folgerichtig erklären, wie es nur geht. Gut, dafür ist er da, das ist seine Aufgabe. Und das ist ja auch der Grund, weshalb die meisten glauben, sie können den Trading-Erfolg rein auf rationaler Ebene erreichen.

Das Unbewusste kann man nicht sehen, sehr wohl aber seine Handlungen verfolgen, die unbewusst ausgeführt werden. Aber dann ist es meist zu spät für Korrekturen. Da der Mensch überwiegend unbewusst agiert und nicht immer mitbekommt, wieso er sich gerade so und nicht anders verhält, versucht er, sich seine Handlungen im Nachhinein zu erklären. Das ist aber so, als würde man nach der Ziehung der Lottozahlen sich sagen: »Hätte ich bei jeder Zahl die nächsthöhere angekreuzt, hätte ich jetzt sechs Richtige im Lotto und wäre Millionär.« Das klingt zwar logisch, geht an der Realität aber vollkommen vorbei.

Der Mensch will sich und die Zusammenhänge seiner Welt, wie er sie wahrnimmt, begreifen. Deshalb versucht er, Probleme auf Verstandesebene zu lösen. Da das Unbewusste aber ein selbstaktiver Prozess ist, kann man hier mit Logik nichts bewirken! Denn wir handeln zu mehr als 95 Prozent unbewusst. Wir sind förmlich wie auf Autopilot eingestellt. Unser Gehirn verarbeitet ununterbrochen Reize. Und wenn es keine gibt, dann produziert es selber welche. Das Fatale daran ist, dass unser Gehirn selbst entscheidet, was richtig und was falsch ist – ohne uns.

Alles, was wir wahrnehmen, geht über eine Kommandozentrale in unser Gehirn: in das Angst- und Panikzentrum. Dieses liegt im Mandelkern (Amygdala). Und über ihre Gegenspieler in die Glücks- und Belohnungszentren. Beide können wir nicht bewusst kontrollieren. Nimmt der Mensch in seinem Umfeld Signale wahr, gelangen diese Informationen zunächst in die emotionale Kommandozentrale des Gehirns. Hier werden sie analysiert auf Gefahr oder Freude hin. Noch bevor uns die Bedeutung bewusst wird, werden diese Eindrücke als Gefühl verpackt und veranlassen uns zu Handlungen. Entsteht ein Gefühl von Angst und Bedrohung, bekommen wir den Impuls für Kampf, Flucht oder Erstarrung.

Im Trading drückt sich dieses Gefühl der Bedrohung z.B. in Form von Aktionsverweigerung aus. Wir stellen die Verlustposition nicht glatt, sondern verharren im Nichtstun. Befindet sich unsere Position im Gewinn, verliert aber zunehmend, weil der Markt sich geändert hat, dann verkaufen wir unser Investment leichtfertig aus Angst, noch mehr zu verlieren. Im Gehirn entsteht also folgender Prozess: Sie nehmen wahr, dass die Gewinne Ihres Trades kleiner werden. Weil Sie diese Informationen wahrnehmen, gelangen sie zur emotionalen Kommandozentrale. Von hier aus gehen die Informationen, noch bevor es Ihnen bewusst wird, zum Angst- und Panikzentrum sowie zum Lust- und Freudezentrum. Da Geldverlust für den heutigen Menschen in der Regel Gefahr bedeutet, nämlich Existenzverlust, wird das Angst- und Panikzentrum aktiviert. Nun werden entsprechende Reaktionsmuster aktiviert, Kampf, Flucht, Erstarrung, und die dazu passenden Gefühle erzeugt, die Sie zu einer Handlung animieren: Sie verkaufen Ihre Position mit kleinem Gewinn, weil Sie Angst hatten, alle Gewinne zu verlieren bzw. wieder Verluste zu machen. Der gesamte Ablauf geschieht unbewusst, etwa 230 Millisekunden lang, bevor Ihnen all das bewusst wird. Die Wissenschaft hat zudem herausgefunden, dass unser Gehirn in manchen Situationen bereits sieben Sekunden vor der Ausführung einer Handlung schon entschieden hat, wie wir im nächsten Moment handeln werden. Der Professor für Verhaltensphysiologie Gerhardt Roth bringt es auf den Punkt: »Wir sind eine Marionette in den Händen unseres Unbewussten. Und wir bekommen nur dann andere Gedanken, wenn das Unbewusste meint, dass wir jetzt mal andere Gedanken bekommen müssen. Und auch die werden uns eingegeben.«

Keiner von uns weiß, warum wir tun, was wir tun. Sicher ist, der Verstand agiert in die Zukunft, das Unbewusste aus der Vergangenheit. Wir kreieren uns also ständig eine Zukunft mit den Einflüssen aus der Vergangenheit. Vieles davon wurde in der Kindheit geprägt. Angeeignete Denk- und Verhaltensmuster, Erlebnisse, Erfahrungen und die zahlreichen Glaubenssätze stammen meist ebenso aus der Vergangenheit. Es reicht also nicht aus, sich zu sagen: »Ich kann nur erfolgreich werden, wenn ich diszipliniert trade, also tue ich das jetzt mal!« Oder: »Ich habe keine Angst mehr, ausgestoppt zu werden, das gehört doch zum Trading dazu!« Denken hilft zwar zu verstehen, aber verstehen alleine nützt nichts. Der Verstand zieht meist den Kürzeren gegenüber unserem Unterbewusstsein.

Der Grund dafür ist, dass unser Gehirn es sich so einfach wie möglich macht. Schalten, kuppeln, bremsen und gleichzeitig den Blinker wie beim Autofahren auf einmal zu betätigen ist für unser Unbewusstes kein Problem. Müssten wir über all diese Handlungsabläufe nachdenken, würden wahrscheinlich nur sehr wenige das Auto benutzen. Denn nachdenken strengt unser Gehirn enorm an und verbraucht Unmengen an Energie. Es wird deshalb auf wenige Zentren, die sich in der Großhirnrinde befinden, begrenzt. Es ist eine ein Millimeter dünne Schicht, die unser Gehirn scheinbar wie eine faltige Badekappe umschließt. Im vorderen Teil des Stirnbereichs dieser Kappe sitzt unsere Intelligenz. Dieses Zentrum ist mit der gleichzeitigen Verarbeitung von fünf bis sieben Informationseinheiten vollkommen ausgelastet. Sie können das selbst ganz einfach prüfen. Lesen Sie sich einen dieser Textblöcke durch und schreiben Sie ihn dann wortwörtlich aus Ihrer Erinnerung auf. Sie werden feststellen, dass Sie sich vermutlich nur fünf bis sieben Worte eines Satzes merken können.

US-Psychologen haben herausgefunden, dass das menschliche Gehirn elf Millionen Informationen gleichzeitig aufnehmen könnte. Nur etwa 40 davon werden uns bewusst, alle anderen werden über Wahrnehmungsfilter aussortiert und gelangen ins Unbewusste.

Dennoch sind wir so egozentrisch veranlagt, dass wir glauben, unser Verstand regiere die ganze Zeit über die Welt oder er hätte absolute Willensfreiheit.

Nur weil die Mehrzahl der Eindrücke unbewusst aufgenommen wird, bedeutet das nicht, dass sie nicht wieder aktiviert werden können. Das Unbewusste ist vergleichbar mit einer Perlenkette. Jeder Sinneseindruck, jedes Erlebnis wird Perle für Perle aufgezogen. Und je stärker eine Perle, also ein Sinneseindruck, mit einer Emotion behaftet ist, desto leichter wird sie aktiviert. Ängste und Glücksmomente sind die intensivsten Gefühle. Das erleben Sie vermutlich immer wieder, wenn Sie bei einem Trade viel gewonnen haben oder häufig ausgestoppt werden.

Unbewusste Handlungen vereinfachen unsere täglichen routinierten Abläufe enorm. Ohne sie wäre unser Alltag nicht zu bewältigen. Deshalb ist Trading am Anfang auch so schwer, praktisch alle Entscheidungen und Handlungsabläufe sind beim Trading für unser Gehirn Neuland. Es gibt sozusagen noch keinen Autopiloten fürs Trading, der selbstaktiv und unbewusst die nötigen Tätigkeiten wie von selbst abspult. So, wie wir es etwa beim Autofahren erleben. Zudem mischt sich bei unbekannten Gefahren immer unser Verstand ein. Damit sind den Trading-Fehlern Tür und Tor weit geöffnet.

Viele Prozesse im Gehirn verlaufen unglaublich schnell und praktisch unkontrollierbar.

Dennoch sind die Resultate, die unser Unbewusstes hervorbringt, sehr zuverlässig. Wir wären sehr zufrieden, gelänge uns das Gleiche mit unserem bewussten Denken. Es ist fast absurd, aber bevor der Mensch bewusst über etwas nachdenkt, hat das Gehirn auch schon entschieden, was richtig oder was falsch ist. Das hat zur Folge, dass wir ständig in der Vergangenheit leben. Denn das, was der Verstand wahrnimmt, ist schon eine Drittelsekunde alt.

Eine weitere Einschränkung ist, dass das wichtigste Sinnesorgan bei unserer Wahrnehmung unsere Augen sind. Wir sehen zu 99 Prozent das, was in unserem Gedächtnis bereits vorhanden ist. Und etwa nur 1 Prozent kommt aktuell über die Sinnesorgane hinzu. Unser Gehirn ist also in der Lage, Bilder zu manipulieren! Ein Beispiel: Hat ein Trader etwa überwiegend eine pessimistische Einstellung zu den Märkten, wird er öfter dazu tendieren, gegen den Trend zu handeln, weil seine Handlungsentscheidungen auf einem negativ geprägten Gedächtnis-Reservoir basieren. Unser Gehirn fälscht also die Abbildungen. Zwar sehen wir einen Aufwärtstrend, aber unsere pessimistische Einstellung überschreibt sozusagen diese positive Wirklichkeit, damit sie auf uns wirkt, wie unser Gehirn sie sich denkt und wie sie aussehen müsste. Das ist machtvoll!

Gerade zu Beginn des Tradings ist das sehr oft der Fall. Trader sehen dann Chancen im Chart, wo gar keine sind, weil sie sich einen bestimmten Kursverlauf wünschen und durch die zahlreichen negativen Bilder aus dem Reservoir unbewusst selbst manipulieren. Es erfolgt nach dem Prinzip: Negatives zieht Negatives an, um Negatives zu erleben.

Unser Gehirn ist darauf programmiert, Zusammenhänge herzustellen, selbst wenn es keine gibt! Wir sahen das vorhin auch am Beispiel von Peter. Er war davon überzeugt, dass der Grund, auf dem Hoch einer Bewegung einzusteigen der war, dass »der Markt nicht höher steigen könne«. Tatsächlich aber ging es ihm darum, dass er sich von seinen Schuldgefühlen befreien wollte, weil er damals diesen hohen Minus-Trade verursachte. Er wollte die Geschehnisse von einst wieder »reparieren«.

Sie sehen, auch wenn die meisten Prozesse in unserem Gehirn schnell und präzise ablaufen, so macht es dennoch Fehler. Unbewusste Fehler sind allerdings für uns schwer mitzubekommen. Sie beeinflussen uns, auch wenn wir es nicht bemerken. Zwar führen wir eine Reaktion aus, doch da uns der wahre gedankliche Auslöser dieser Reaktion nicht bewusst ist, erklären wir ihn uns logischerweise mit unserem Verstand. Wir erhalten so Antworten, aber eben falsche Antworten auf unsere drängenden Fragen wie zu Beispiel: »Warum passiert mir das immer wieder?!«

Auch beim Trading fällt es uns schwer, festgefahrene Denk- und Verhaltensmuster zu korrigieren. Zwar bekommen wir mit, dass wir zum Beispiel immer wieder auf Schwierigkeiten stoßen wie: »Ich muss die Gewinne sinnvoll laufen lassen«, jedoch sind wir nicht in der in der Lage, diese Absichten dann auch wirklich umzusetzen.

So denken und handeln die Profis

Wenn wir nicht wissen, wer wir sind, dann können wir auch nicht wissen, warum wir etwas nur auf diese eine Art und Weise und nicht anders tun. Manchmal liegt der wahre Grund für unser unerwünschtes Verhalten eben tiefer, als unser Bewusstsein uns glauben lassen will. Wenn Sie den wahren Grund für Ihr unerwünschtes Verhalten finden, dann finden Sie auch die Lösung, um Ihre Verhaltensweise zu ändern. Es hilft außerordentlich, seine unbewussten Gedanken ans Tageslicht des Bewusstseins zu holen. Eine gute Einstiegsübung hierzu ist das Erkennen Ihrer wahren Glaubenssätze. Schreiben Sie jeden Tag circa 30 Minuten lang alle inneren Überzeugungen oder Glaubenssätze auf, die Ihnen zu Ihrer Person und dem Trading einfallen. Wiederholen Sie diese Übung einige Tage. Schauen sie sich dann Ihre Liste an und überprüfen Sie sie mit Ihren Resultaten beim Traden oder Ihren Trading-Fehlern.

3.6 Erfolgsbremse Verstand

Ich habe den Verstand nicht verloren –
ihn fortzugeben war meine Entscheidung.

Unser Verstand will verstehen. Mit ihm erklären wir uns die Zusammenhänge der Welt und sagen uns, dass es vorteilhaft ist, beim Trading Gewinne sinnvoll laufen zu lassen, Stopps zu setzen, bei diesem oder jenem Einstiegssignal einzusteigen oder nicht usw. Aber der Verstand alleine sorgt nicht dafür, Veränderungen herbeizuführen. Wäre es so, bräuchten wir nicht Hunderte von Diätbüchern und mit dem Rauchen aufzuhören wäre eine Sekundenentscheidung. Einer der größten Erfolgsverhinderer beim Trading ist das Ego. Denn mit ihm wollen die meisten Akteure ihre mentalen Probleme lösen. Und genau das funktioniert nicht! Die Wissenschaft hat bewiesen, dass vor allem unbewusste Handlungsmuster die Zügel unseres Verhaltens in der Hand halten.

Warum also graben beim Trading so viele das Gold an der falschen Stelle aus? Schauen wir uns dazu einmal ein alltägliches Problem an – ein tropfender Wasserhahn. In so einem Fall rufen wir einen Klempner zu Hilfe. Der erkennt, dass zahlreiche Gummidichtungen defekt sind, und tauscht sie gegen neue aus. Problem gelöst. Der Handwerker stellt eine Rechnung aus und der Kunde überweist den Betrag. Starke Gefühle oder gar Ängste sind in diesem Zusammenhang eher weniger im Spiel. Stattdessen wurde ein Problem erkannt, ein Auftrag erteilt und die Lösung rasch herbeigeführt. Der eine hat, was der andere braucht. Man einigt sich auf eine Summe und das Geschäft ist besiegelt. So funktioniert in der Regel auch unser Geldfluss.

Beim Trading funktioniert der Geldfluss ganz anders. Da passiert es, dass Sie ein Geschäft tätigen und am Ende des Tages haben Sie Geld verloren, weil Ihre Trades nicht den Gewinn erzielt haben, wie Sie es ursprünglich geplant hatten. Sie haben absolut keine Gewissheit über das Ergebnis. Und das ist keine Ausnahme, sondern die Regel. Ein gängiges Handelssystem verliert etwa 45 bis 50 von 100 Trades. Es gibt Trendfolgesysteme, bei denen die Anzahl der Verlust-Trades noch weit höher liegt. Manche Händler sind trotz einer Trefferquote von nur 30 Prozent dennoch sehr erfolgreich und verdienen ein Vermögen.

Auch ich habe am Anfang meiner Trading-Karriere versucht, die Probleme wie einen tropfenden Wasserhahn zu lösen. Immer wieder probierte ich neue Regelwerke aus. Ich suchte ständig nach Ansätzen, wie ich Verluste vermeiden konnte. Andauernd war ich ängstlich, in einen Trade einzusteigen, weil ich nicht jedes Mal wieder ausgestoppt werden wollte. Denn das schien mir eine Bestätigung dafür, dass ich nicht traden konnte. Professionell zu traden bedeutete für mich nur Gewinne, aber keine Verluste zu machen. Ich ging davon aus, dass Profis so traden können, nur ich nicht. Mein üblicher Glaubenssatz basierte auf der Theorie: Wenn mein Handwerker mir einen neuen

Wasserhahn anschließt, funktioniert der ja auch einwandfrei. Einwandfrei zu traden bedeutete also für mich, hierbei keine Verluste entstehen zu lassen.

Nun muss man wissen, dass das menschliche Gehirn immer im Vergleich zu vorhandenen Erfahrungen agiert. Wenn ich also als Kind in der Schule lernte, dass Fehler in Klausuren mit Zensuren bewertet werden, dann prägt es mein Verhalten. Es gibt zahlreiche Einflüsse dieser Art auf unser Leben: Als Kleinkind soll ich keine Sachen kaputtmachen und mich wie erwartet verhalten, andernfalls droht Strafe, manchmal sogar körperliche. Im Berufsleben wird Zuverlässigkeit und Disziplin erwartet, sonst bin ich gefeuert. Im Straßenverkehr darf ich nicht zu schnell fahren, nicht falsch parken und vieles mehr, sonst bekomme ich einen Strafzettel. Der Mensch ist heutzutage überall konfrontiert mit Regeln, die er einhalten muss. Ansonsten erfährt er schwere Nachteile: Liebesentzug oder gesellschaftliche Ausgrenzung, kein Gehalt, Geld und Strafgelder oder in weitaus schlimmeren Fällen körperliche Schmerzen und vieles mehr. Wir sind eingesperrt in einer Welt unserer selbst geschaffenen Konditionierungen.

Diese Maßregelungen verursachen Denk- und Verhaltensmuster, nach denen wir unbewusst leben. Wir sind stets bemüht, die täglichen Aufgaben so perfekt wie möglich zu erledigen, denn sonst drohen mögliche Gefahren wie oben ausgeführt. In unseren Köpfen herrscht eine ständige unterschwellige Angst, bestraft zu werden. Und diese Kontrollinstanz lässt uns so agieren, dass wir Fehler möglichst zu vermeiden versuchen. Beim Traden sehen wir Verluste als Fehler an, was sie aber definitiv nicht sind, sondern sie sind Teil des Geschäftes und unumgänglich!

Mit diesen unbewussten Erwartungen handeln wir auch beim Trading. Der Trader will alles richtig machen, sonst droht Bestrafung, oder er fühlt sich als Versager, weil er sich für unfähig hält, fehlerfrei zu arbeiten. Die Menschen beunruhigt nicht, was passiert, sondern das, was sie von den Geschehnissen denken oder besser: befürchten. Und je weniger ein Trader an sein Ziel kommt, profitabel zu traden, desto verzweifelter und hoffnungsloser wird er sich fühlen. Diese Hoffnungslosigkeit veranlasst ihn dazu, sich unklug beim Trading zu verhalten. Er macht zu viele Trades, verzichtet auf Stopps, riskiert mehr Kapital, als es sinnvoll ist usw. Das Wollen treibt ihn nun an, weil der Schmerz darüber, vielleicht ein Versager zu sein, zu groß sein würde. Er ist also bemüht den Status quo wiederherzustellen. Jene Ausgangssituation, als noch alles gut war. Mit solchen Gefühlen ist ein diszipliniertes Trading nicht mehr möglich. Zu diesem Zeitpunkt haben längst die Gefühle die Führung übernommen. Und die agieren nicht logisch und zu unserem Vorteil, sondern nach unbewussten Verhaltensmustern. Meist sind es simple Schutzmechanismen der Kindheit. Zwar wurde der Verstand längst außer Kraft gesetzt, aber er glaubt immer noch, die Zügel in der Hand zu halten. Dem Trader fällt daher eine schlechte Idee nach der anderen ein, ohne die Bedeutung seines unsinnigen Handelns wirklich zu verstehen. Er ist nicht mehr in der Lage, Ereignis und Erlebnis auseinanderzuhalten. Denn emotionsgetriebenes Trading ist unbewusstes Trading. In so einem Moment traden wir nicht, sondern wir werden getragen – von unseren Überlebensstrategien! Unsere Denkmaschine ist nämlich nicht in der Lage, zwischen einer tatsächlichen Bedrohung und einer bloß scheinbaren Gefahr zu unterscheiden. Außerdem gaukelt uns dieser nahezu perfekte Denkapparat vor, wir seien unser Verstand und würden die ganze Zeit über im vollen Besitz unserer geistigen Kräfte sein. Tja, wir »haben« zwar einen Verstand, der natürlich in vielen Situationen unseres Lebens auch sehr nützlich ist, aber wir sind nicht unser Verstand. Es gibt weitaus größere Kräfte wie das Unbewusste, das uns bei unserem Denken und Handeln beeinflusst. Und weil unsere unbekannten Glaubenssätze uns nicht bewusst sind, erleben wir auch beim Trading immer wieder dieselben Probleme. Nicht »Bauchmenschen«, sondern sogenannte »Kopfmenschen« mit einem starken Ego haben es deshalb auch anfangs besonders schwer, an den Märkten erfolgreich zu sein. Ihr Verstand steht ihnen ständig im Weg. Sie wollen den Markt mit ihrem Denken und Handeln gefügig machen, statt mit den Marktverläufen zu gehen und der Realität ins Auge zu blicken. Stattdessen scheinen sie den Kampf mit einem Gegner aufzunehmen, den es in Wirklichkeit gar nicht gibt! Man kann auch sagen: Je größer das Ego, desto größer die Probleme beim Trading.

Trader, die zugleich von ihrem kindischen Gebaren und ihrem Verstand geführt werden, müssen diese Tatsache erst einmal in ihrer Tiefe verstehen, um gezielt daran zu arbeiten ihr Ego-betontes Verhalten loszulassen. Erst dann gibt es einen fruchtbaren Boden dafür, das zu handeln, was man sieht, was wirklich an den Märkten und im Chart passiert, und nicht was man denkt, das passiert oder passieren müsste oder sollte.

Trading beinhaltet immer zwei Ebenen: Bewusstsein und Emotionen. Mit unserem Bewusstsein erkennen wir Chartmuster oder wie hoch die Nachfrage im Orderbuch der Börse ist. Wir können anhand von Indikatoren erkennen, ob ein gleitender Durchschnitt einen anderen geschnitten hat oder ob der Markt scheinbar überkauft ist. Alle diese Interpretationen bereiten den meisten Tradern keine Probleme. Die Hindernisse fangen erst an, sobald ein Trade eröffnet wurde. Denn dann kommen unerwartete Gefühle wie Angst, Hoffnung und Schmerz hinzu.

Trader versuchen sehr häufig, die Probleme auf der Verstandesebene zu lösen, also mit handlungsauslösendem Gedanken: »Ja, man muss Gewinne sinnvoll laufen lassen.« Oder: »Ich muss einen Stopp setzen.« Oder: »Ich kann auch mehrfach ausgestoppt werden, das ist normal und gehört zum Trading dazu.« Ja, wissen tun Sie das als Trader, aber Sie sind nicht in der Lage, entsprechend zu handeln! Das bewusste Denken hilft nicht, weil der Hauptauslöser für Trading-Probleme Gefühle wie eben Ängste sind. Ängste werden unbewusst aktiviert und zugleich verdrängt. Sie entstehen in Schaltkreisen, deren Reize automatisch ausgelöst werden. Und solche Reize sind z.B. »Die Angst, ausgestoppt zu werden«, »Gewinne, die sich wieder reduzieren«, »Verluste in Folge«. In dem Moment, wenn ein Trader wahrnimmt, dass ihm solche oder ähnliche Situationen widerfahren, wird im Gehirn eine Kopie dieser Information an die Schaltzentrale »Angst« gesendet. Noch bevor es Ihnen bewusst wird. Diese Kopie löst blitzschnell ein Gefühl aus, welches Sie als Trader zu entsprechenden Handlungen zwingt: Sie lösen Positionen zu früh auf, lassen Gewinne nicht laufen, nehmen Stopps wieder aus dem System usw. Sie tun das, weil Sie sich unbewusst vor diesem Schmerz schützen wollen. Haben Sie sich mit Ihrer Handlung und dem Auflösen des Trades außer Gefahr gebracht, fühlen Sie sich danach wohler und Ihr Verstand bestätigt Sie sofort mit diesem Gefühl. Sie fühlen sich erleichtert und gleichzeitig bestätigt, das Richtige getan zu haben. Es gibt Situationen beim Trading, da ist ein radikaler Befreiungsschlag von einer Position wohltuender als den anhaltenden Schmerz einer Verlustposition zu ertragen.

Meist erfinden Sie gute Gründe mit Ihrem Verstand, warum diese Entscheidungen und Aktionen die richtigen waren. »Der Kurs läuft wieder zurück, gut, dass ich ausgestiegen bin! Oh Gott, jetzt steigt der Dax ja erst richtig!« »Ich steige lieber aus der Position aus, ich werde sowieso gleich ausgestoppt – verdammt, jetzt wo ich draußen bin, dreht der Markt wieder!« »Nun bin ich dreimal an der Stelle ausgestoppt worden, noch einmal gehe ich da nicht mehr rein. Oh Mann, jetzt hätte es beim vierten Mal geklappt und alle meine Verluste wären wieder drin gewesen!«

Wer beim Trading Erfolg haben möchte, muss sich vor allem ein Bewusstsein für seine unbewussten Angstauslöser aneignen! Die Emotionen sind es, die

Probleme beim Trading verursachen. Nicht das Verstehen der Abläufe oder die Einstiegsignale.

Ein typisches Problem, welches durch Denken verursacht wird, sind sogenannte »*Trading-Halluzinationen*«. Trader interpretieren dann die aktuellen Situationen nach ihren Überzeugungen: »Der Markt kann nicht weiter steigen.« »Da geht der nie hin.« »Der Kurs muss jetzt in die andere Richtung drehen.« Das alles hat mit professionellem Trading nichts zu tun. Wer auf diesem Niveau tradet, der folgt meist keinem ausgearbeiteten System. Und der wird auch nie dauerhaft erfolgreich werden. Solche Mutmaßungen sind nutzlose Versuche zu glauben, der Markt funktioniert nach Logik. Das tut er aber nicht. Und das ist der Unterschied zwischen einem kaputten Wasserhahn und der Börse. Es ist sinnvoll, einen kaputten Wasserhahn auszutauschen. Und wenn man ihn ausgetauscht hat, hat man ein positives Ergebnis. Die Börse funktioniert hingegen anders. Beim Trading gibt es keinen vorhersehbaren, immer sinnvollen Verlauf eines Kurses. Fakt ist: Man kann sich auf nichts verlassen. Manchmal geht ein Kurs zu einer bestimmten Zielmarke, manchmal nicht. Punkt. Wäre die Börse der Wasserhahn, dann müssten Sie davon ausgehen, dass er manchmal funktioniert und manchmal nicht. Und Sie wüssten auch nicht, wie viel Wasser er Ihnen bei jedem Öffnen gibt. Und es wäre Ihre Aufgabe, mit diesem Wissen zuverlässig Ihren täglichen Wasserbedarf zu decken.

Ob der Kurs einer Aktie bis zu einem bestimmten Ziel läuft oder nicht, bleibt immer fraglich. Denn nichts an der Börse ist so unsicher wie der Verlauf eines Kurses! Manchmal folgt man den Vorhersagen eines Börsenbriefes. Es kann sein, dass ein Trader zehn Mal hintereinander mit seinen Vorhersagen recht hat und große Gewinne einfährt. Damit hat er aber nicht mehr Wissen oder Können als Sie, sondern er hat sein System eingehalten und Glück gehabt. In solchen Momenten prägt sich im Gehirn des Börsenbrieflesers ein Wahrnehmungsglaube ein. Der Leser gewöhnt sich an diese Erfolgsserie und denkt sich: »Wenn der so zuverlässig ist, dann sollte ich beim nächsten Trade mehr Geld riskieren.« Oft reißt genau in solchen Momenten die Erfolgsserie des Traders ab und man verliert große Summen.

Zu überlegen, wohin ein Kurs gehen könnte, macht nur Sinn, wenn dies auf festgelegten Parametern basiert. Etwa nach Berechnungen von Kursprojektionen, Fibonacci-Verhältnissen oder aufgrund wichtiger Unterstützungen und Widerstände. Wichtig ist aber, sich daran zu erinnern, dass auch diese keine hundertprozentige Sicherheit geben. Marktanalysen aufgrund von Vermutungen sind nichts wert – lassen Sie das! Traden Sie, was Sie sehen, und nicht, das, wovon Sie glauben, das es passieren könnte. Passieren kann immer alles und auch das Gegenteil.

Je stupider Sie Ihr System handeln und je seltener die emotionalen Auslöser sind, desto erfolgreicher werden Sie beim Traden. Kreieren Sie ein System, bei dem Sie so wenig wie möglich denken müssen. Das sind meist die ganz einfachen Systeme. Es gibt diesen schönen Satz: »*Denken hilft zwar – nützt aber nichts.*« Auf das Trading trifft er hundertprozentig zu. Als Trader müssen Sie sich das Interpretieren von Kursverläufen geradezu abgewöhnen. Sie müssen sich tief einprägen, dass Ihr Geist Sie ununterbrochen beschäftigen möchte. Deswegen macht er Ihnen Gedanken. Und Menschen glauben, dass diese Gedanken die Realität sind. Sind sie aber nicht. Es sind bloß Gedanken, denen wir die Macht geben, unsere Realität zu kreieren. Die Betonung liegt hier auf »unsere«! Man muss nicht jeden Gedanken, den man denkt, glauben! Aber vielleicht mögen Sie sich jetzt einen kleinen Moment Zeit nehmen, um für sich einmal die Frage zu beantworten: »Was genau ist ein Gedanke?«

So denken und handeln die Profis

Hören Sie auf, Wahrsager der Märkte zu sein! Gewöhnen Sie sich an, zu handeln, was Sie sehen, und nicht was Sie meinen zu sehen oder annehmen. Professionelle Trader raten keine Marktverläufe, sondern entdecken Top-Chancen. Niemand würde einem Vermögensverwalter sein Geld anvertrauen, der die Marktverläufe errät. Aber die meisten Trading-Einsteiger agieren exakt so. Ein Profi prüft, ob der Markt ihm ein handelbares Signal liefert, das seinem System entspricht. Ist das der Fall, macht er einen Trade. Macht der Markt es nicht, sucht er sich einen anderen Markt oder wartet geduldig auf eine Chance.

Handeln Sie Ihr System und nicht Ihr Konto. Verdecken Sie dafür Ihren Kontostand. Führen Sie die nächsten 10 Trades mit dem immer selben Geldrisiko aus. Wenn sie nicht dramatisch verloren haben, dann wiederholen Sie diese Aufgabe ein weiteres Mal für die nächsten 20 Trades.

Gewöhnen Sie sich an, Verluste oder Gewinne als Punkte oder Pips zu zählen – und nicht als gewonnene oder verlorene Geldbeträge. So schaffen Sie einen Abstand zum Geld, das beim Trading immer eine große emotionale Wirkung auf uns ausübt. Schließlich verursachen vor allem finanzielle Verluste Ängste beim Traden. Je schneller Sie sich von dieser Anhaftung am Geld lösen, umso positiver wirkt sich das beim Traden aus, desto ausgeglichener werden Sie. Anfangs mag sich die Entfremdung von den Geldbeträgen ungewohnt und unsicher für Sie anfühlen. Haben Sie den Mut, durch diese Lernphase zu gehen. Es wird Ihnen sehr helfen, mehr Ruhe und Gelassenheit in Ihr Trading zu bringen.

Handeln Sie die Märkte immer in dem Bewusstsein, dass diese im nächsten Moment in eine ganz andere Richtung gehen können. Und sie dort vielleicht auch eine ganz lange Zeit bleiben. Der berühmte amerikanische Trader Larry Williams drückte es einmal so aus: »Bei jedem Trade gehe ich davon aus, dass das der schlechteste Trade meiner Karriere werden kann.«

3.7 Vermeiden Sie Fremdanalysen

»Er hat gesagt, wenn ich 200 Euro verdient habe, dann muss ich Gewinne auch mal mitnehmen«. Diesen Satz sagte letztens einer meiner Trading-Klienten. Er nahm verzweifelt Kontakt zu mir auf, weil ein bekannter Trader ihm obigen Tipp in seinem Webinar gab. Mein Klient befolgte seinen Rat mit dem Resultat, dass er sich mit diesem Verhalten ständig um gute Gewinne brachte, weil er sie zu früh mitnahm. Nun war er irritiert, weil der Profi es ja schließlich wissen müsse, wie man es richtig macht.

Dazu kann ich nur sagen: Richtig ist, was zu Ihrem Handelsstil passt. Punkt. Ein anderer Profi wird wiederum andere gute Tipps auf Lager haben, wie man Gewinne sinnvoll mitnimmt. Die Ratschläge der Profis muss man nicht als in Stein gemeißelte Gesetze betrachten, sondern als eine Möglichkeit, die für Sie infrage kommen könnte – oder auch nicht. Ihr eigener Körper ist dafür der beste Seismograph. Fragen Sie sich bei jedem Trade: »Wie fühle ich mich mit meiner Entscheidung?«

Die grenzenlose Sicherheit, mit der Experten ihre Analysen präsentieren, verursacht vor allem bei ungeübten Tradern Verunsicherungen. Äußerungen wie »Der Dax wird jetzt in den nächsten beiden Tagen definitiv fallen«, kann bei instabilen Tradern zu starken Irritationen führen. Manche werden sogar dadurch handlungsunfähig. Andere wiederum lassen sich von solchen Vorhersagen so stark beeinflussen, dass sie nach Trading-Chancen suchen, die in die vom Experten prophezeite Richtung gehen. Obwohl sie selbst eine ganz andere Meinung vertreten. Sicherheit schafft das nicht!

Woran liegt es, dass man sich so leicht beeinflussen lässt? Die Medien verkaufen uns ständig neue Behauptungen und täglich hören und lesen wir aufs neue, was jetzt angeblich mit uns und der Welt passiert. Schlagzeilen wollen uns mit absoluten Beteuerungen verführen, den Artikel weiter zu lesen und die Zeitschrift, oder was auch immer, zu kaufen. Das klingt dann in etwa so: *»So bleiben Sie ein ganzes Leben lang fit.« »Nie mehr rauchen – so schaffen sie es wirklich!« »So wird ihr Kind Kita-fit!« »Ihre Traumfrau – daran erkennen Sie diese wirklich!« »Worauf Sie bei der Urlaubsplanung jetzt unbedingt achten müssen!«* Ich kann diese Sätze unendlich weiterführen. Achten Sie mal darauf, wie häufig Ihnen solche absoluten Versprechen in der Medienwelt begegnen. Die Welt scheint voller Experten zu sein, welche die absolute Wahrheit für uns parat haben. Tatsache ist, es handelt sich nur um die Wahrheit dieses einen Autors. Lassen Sie es nicht zu, dass diese Menschen Sie maßgeblich beeinflussen. Es gibt zahlreiche Beispiele in der Geschichte der Menschheit, die beweisen, wie sehr sich Menschen geirrt haben. Besonders heilig sind in diesem Zusammenhang Studien. Menschen wollen Sicherheit und Studien befriedigen dieses Gefühl der Sicherheit. Doch die Experten, die diese Studien erstellt haben, werden nicht selten von denen bezahlt, die ein starkes Interesse daran haben, dass diese Studien die Wirksamkeit, Glaubwürdigkeit, Seriosität eines Produktes bekräftigen. Und vergessen Sie dabei nie, was der eigentliche Hintergrund für diese Behauptungen ist. Meistens will Ihnen jemand etwas verkaufen. Seien Sie sich immer gewiss, es ist nur die Meinung eines Menschen, der selektiv aufgrund seiner Aufgabe und seines Interesses etwas zusammenfasst und schreibt. Jede Analyse eines Traders ist seine subjektive Beurteilung der Geschehnisse. Und da jeder Trader nur eine Trefferquote von etwa 60 Prozent hat, kann es genauso gut sein, dass seine Vermutung, wohin der Kurs eines Wertes gehen wird, falsch ist. Der Bekanntheitsgrad eines Analysten macht die Sache nicht besser!

So denken und handeln die Profis

Lernen Sie, sich zu vertrauen. Konzentrieren Sie sich ganz auf Ihre eigene Arbeit beim Traden. Wenn Sie merken, dass Sie Ihr System nicht sicher genug anwenden können, weil die Analysen anderer Sie ablenken, dann hören Sie rigoros damit auf, diese Analysen zu lesen: »Ja, aber der Trader vom Börsenbrief meint, der Dax geht jetzt steil bergauf. Ich selbst komme durch meine Analyse zu ganz anderen Ergebnissen. Was mache ich denn nun?«

Traden Sie ausschließlich Ihre Analysen! Wenn Sie die Analysen anderer handeln, bekommen Sie auch die Resultate anderer! Das schafft nur Verunsicherung und innere Konflikte. Einsteiger tendieren dazu, weil ihnen das Fachwissen fehlt, um eigene Analysen zu erstellen. Mein Tipp: Arbeiten Sie an dieser Herausforderung. Geben Sie die Verantwortung für Ihr Handeln nicht ab, indem Sie sich auf die Analysen anderer stützen.

3.8 Lernen Sie, Ihre Gedanken zu kontrollieren

Man muss nicht alles glauben, was man denkt!

Unser Gehirn ist fortwährend damit beschäftigt, Gedanken zu produzieren. Selbst wenn wir schlafen. Eine sehr einfache und äußerst wirkungsvolle Methode, unseren Gedankenfluss zu zähmen, ist Meditation. Im Yoga vergleicht man das unentwegte Denken mit einem wilden Affen, der ständig eine Palme rauf und runter klettert.

Es ist in vielen wissenschaftlichen Studien nachgewiesen worden, dass Meditation bereits nach acht Wochen die Gehirnstrukturen verändert. Wer in dieser Zeit etwa zwanzig Minuten täglich Gedankenkontrolle übt, verfügt im Laufe der Zeit nachweislich über mehr Konzentration und Gelassenheit.

Hier eine einfache Meditationsübung:

Setzen Sie sich bequem und mit aufrechtem Rücken auf einen Stuhl oder in den bekannten Lotussitz. Den Kopf halten Sie so, dass Sie geradeaus sehen können. Dann schließen Sie Ihre Augen. Atmen Sie einmal tief ein und atmen Sie langsam durch die Nase wieder aus. Dabei entspannen Sie Ihre Gesichtsmuskulatur. Anschließend atmen Sie auf die gleiche Art und Weise weiter und entspannen dabei kurz Ihre gesamte Körpermuskulatur. Immer wenn Sie ausatmen, entspannen Sie den Nacken, die Schultern, die Arme, den Rücken usw. Je geübter Sie sind, desto schneller geht das. Nach einiger Zeit hat Ihr Gehirn diesen Entspannungsablauf verinnerlicht. Das verkürzt den Prozess.

Nach dieser Kurzentspannung atmen Sie ruhig ein und sagen dabei innerlich zu sich selbst »Eins«. Dann atmen Sie aus und sagen dabei innerlich »Zwei«. Sie können sich die Zahlen zur Unterstützung vor Ihrem geistigen Auge vorstellen, wenn Sie es möchten.

Dies machen Sie nun zwanzig Minuten, stellen Sie sich zur Sicherheit einen Wecker.

Sie werden bemerken, dass sich immer wieder Gedanken aufdrängen werden. Sie kommen ganz von allein. Versuchen Sie nicht, nicht zu denken. Das ist vergebens. Denken ist ein selbstaktiver Prozess. Nicht zu denken geht eben nicht. Was aber geht, ist, entscheiden zu können ob Sie diesen aufsteigenden Gedanken Aufmerksamkeit schenken oder nicht. Nehmen Sie einfach nur wahr, dass ein Gedanke aufgetaucht ist, dann lassen Sie ihn wie eine Wolke davonwehen. Ich stelle mir immer vor, wie ein aufgestiegener Gedanke zu einer Wolke wird und diese Wolke sich dann auflöst. So wie man es an heißen Sommertagen erlebt, wenn die Hitze der Sonne die Wolke verdunsten lässt. Mehr müssen Sie nicht tun.

Sie werden feststellen, dass es anfangs schwer ist, Ihren Geist zur Ruhe zu bringen. Das ist normal. Schon nach einigen Malen fällt es Ihnen immer leichter. An manchen Tagen verläuft die Meditation besser als an anderen. Der Mensch ist eben nicht immer in der gleichen Verfassung. Und mit den Tagen, Wochen und Monaten werden Sie erleben, wie viel mehr Gelassenheit und innerer Frieden sich in Ihnen ausbreitet. Und vor allem werden Sie in der Tiefe ihres Bewusstseins erleben, was Gedanken wirklich sind: Nichts – bloß Gedanken. Sie werden allmählich mitbekommen, wie sehr Gedanken immer wieder versuchen, Ihre Aufmerksamkeit auf sich zu ziehen, damit Sie sich mit ihnen beschäftigen. Und In der Regel reagieren wir dann auch. Beim Trading führt das aber oft zu Fehlentscheidungen. Denn Trading ist kein Hergang, den man gedanklich vorhersehen kann, sondern eine unberechenbare Abfolge von unvorhersehbaren Zufällen. Und um diesem zittrigen »Chartgezappel« Herr zu werden, braucht es ein festes Handelssystem und nicht noch zusätzlich weitere verwirrende Gedanken, die herumsausen wie wilde Fliegen.

Statt innerlich »Eins« und »Zwei« zu zählen und die Zahlen während des Zählens vor dem geistigen Auge zu sehen, können Sie den Gedanken auch einfach nur wahrnehmen und ihm keine weitere Aufmerksamkeit schenken. Oder Sie stellen sich vor, wie Sie Ihre Gedanken in einen Karton verpacken und an einen unbekannten Ort verschicken. Vielleicht haben Sie auch eine ganz eigene Idee, wie Sie Ihre Gedanken auflösen können.

Wichtig ist auch hier die Regelmäßigkeit! Lediglich mal ab und an zu meditieren bringt nichts. Um dauerhaft etwas zu verändern, braucht das Gehirn ständige Impulse. Sie werden eine Fremdsprache auch nur sehr schlecht lernen, wenn Sie sich nur hin und wieder die Vokabeln ansehen.

So denken und handeln die Profis

Lernen Sie, Ihre Gedanken zu kontrollieren. Unsere Gedanken sind Mitverursacher unserer Gefühle und verleiten uns zu Handlungen. Es ist außerordentlich wichtig, beim Trading konzentriert zu bleiben. Sorgen Sie deshalb während Ihres Tradings für so wenige Störungen wie möglich. Dazu zählen auch Sauberkeit und Ordnung an Ihrem Trading-Platz. Disziplin in Ihrem Arbeitsumfeld fördert die Disziplin beim Trading.

3.9 Wer nicht verlieren kann, kann nicht gewinnen

Coaching-Stunde:

Frederic ist 38 Jahre alt und tradet seit zwei Jahren Aktien. Er handelt auf Tagesbasis und hält seine Positionen meist mehrere Tage. Er weiß, wie die Märkte funktionieren, kennt sich mit Markttechnik und technischer Analyse aus. Frederic arbeitet als Rechtsanwalt in eigener Kanzlei. Sein Traum ist es, vom Trading irgendwann ganz zu leben. Sein derzeitiger Beruf nimmt aber viel Zeit in Anspruch. Zu viel, wie er findet, und er möchte weniger arbeiten und beruflich unabhängig von anderen werden. Sein hohes Arbeitspensum hat ihm schon einen Burn-out eingebracht. Das will er nicht noch einmal erleben.

Meist tradet er zwischendurch, wenn er Pause hat, und etwa zwei Stunden zusätzlich am Abend. Er kommt zu mir in die Beratung, weil er es einfach nicht schafft, dauerhaft profitabel zu werden.

Frederic: *Eigentlich ist alles klar, aber ich schaffe es trotzdem nicht.*
Coach: *Was genau schaffen sie nicht?*
Frederic: *Ich habe das Gefühl, dass ich mir immer wieder selbst gegen das Schienbein trete; anschließend wundere ich mich, dass ich Schmerzen habe.«*
Coach: *Und wie machen Sie das, dass Sie sich selbst treten?*
Frederic: *Es ist eigentlich immer der gleiche, blöde Fehler. Ich steige in eine Position ein, der Markt läuft in die gewünschte Richtung, ich ziehe meinen Stopp schnell nach und werde ausgestoppt.*
Coach: *Dann ist der Stopp also zu kurz gewählt. Passiert das immer?*
Frederic: *Nee, nicht immer, aber oft, zu oft. Wenn ich den Stopp da hinsetzen würde, wo er sinnvollerweise hingehört, dann wäre alles bestens.*
Coach: *Und, was hält Sie davon ab, Frederic?*
Frederic: *Meine schwachen Nerven.*
Coach: *Nur Ihre schwachen Nerven?*
Frederic: *»Ich kann nicht verlieren! Ich weiß, das gehört zum Trading dazu, aber ich kann es nicht!*
Coach: *Geht es Ihnen um das verlorene Geld oder um das Verlieren an sich?«*
Frederic: *Gute Frage, diese Frage habe ich mir noch nie gestellt. Was ist denn der Unterschied?*
Coach: *Der Unterschied ist – habe ich verloren? Habe ich Geld verloren und ergo weniger davon? Das gehört beim Trading dazu. Oder bin ich ein Verlierer, weil ich vielleicht denke, zu dumm für dieses Geschäft zu sein?*

Frederic: *Ich glaube, ich setze die Stopps so dicht am Markt, weil ich nicht versagen kann. Ich kann es nicht ertragen, Unrecht zu haben!*
Coach: *Naja, das ist in Ihrem Beruf als Jurist ja nicht gerade unüblich.*
Frederic: *Das stimmt!*
Coach: *Sie wollen gewinnen, möglichst jeden Prozess.*
Frederic: *Na klar, dafür werde ich bezahlt.*
Coach: *Verständlich, und wenn Sie einen Trade eingegangen sind, dann verlangen Sie dasselbe am Markt – einen guten Job zu machen!*
Frederic: *Aber den Markt kann ich ja nicht beeinflussen. Niemand weiß, wohin der Kurs geht.*
Coach: *Stimmt, aber Sie wissen, wohin ihr nächster Stopp geht!*

Nach einem kurzen Moment schmunzelt Frederic und sagt mit einem kleinen Lächeln:

Sie sind schlau!
Coach: *Sie auch, aber das hilft Ihnen scheinbar an der Börse in diesem Fall nicht weiter.*
Frederic: *Und nun?*
Coach: *Was wäre denn so schlimm am Verlieren an sich, Frederic?«*
Frederic: *Ich wäre mein Geld nicht wert!*
Coach: *Was noch?*
Frederic: *Ich würde mir beweisen, dass ich meinen Job nicht kann, ich wäre unprofessionell.*
Coach: *Aber wenn Sie Ihre Rechnung bezahlt bekommen, sprich Geld verdienen, dann ist das für Sie ein Beweis dafür, dass Sie Ihr Können wert sind?*
Frederic: *Na klar, gute Leistung – gutes Geld!*
Coach: *Und wenn Ihnen kein Geld zusteht, wäre das ein Beweis dafür, nichts wert zu sein, sogar ein Versager oder ein Verlierer zu sein?*
Frederic: *Absolut!*
Coach: *Und weshalb, glauben Sie, werden Sie immer wieder von sich selbst dazu verleitet, Ihre Stopps zu eng an den Markt zu legen?*
Frederic: *Weil ich gewinnen will??*
Coach: *Nein, weil Sie nicht versagen dürfen. Weder in Ihrem Job noch beim Trading. Sie erwarten oder verlangen von sich, dass Sie einen guten Job machen. Und der Beweis dafür ist das Geld. Werden Sie bezahlt, haben Sie eine gute Leistung erbracht. Werden Sie nicht bezahlt, haben Sie versagt. Oder?*
Frederic: *Hm. So war es schon als kleiner Junge bei mir! Habe ich mich gut benommen, gab es eine Belohnung von meinen Eltern, schrieb ich eine gute*

Zensur, bekam ich Geld dafür. Gab es aber eine schlechte Note, wurde mir das Taschengeld gekürzt. Anders gesagt: Tat ich, was sie wollten, wurde ich beschenkt. Ging ich meinen eigenen Weg, wurde ich eiskalt mit Liebesentzug bestraft. Dann wurde tagelang mit mir nicht gesprochen.
Coach: *Liebe für Leistung. Wenn Sie aber etwas schlecht machen, werden Sie nicht geliebt. Entweder Sie passen sich an oder Kerker.*
Frederic: *Das tat weh, wenn sie mich tagelang ignorierten.*
Coach: *Ich fasse für Sie zusammen, Frederic: Ausgestoppt zu werden bedeutet versagt zu haben, bedeutet, kein Geld zu verdienen, und bedeutete ehemals, durch Liebesentzug oder Kerker bestraft zu werden.*
Frederic: *Klingt heftig! Aber so gesehen ist es kein Wunder, dass ich das nicht aushalte. Es ist eine ziemliche Bestrafung.*
Coach: *Und das alles in nur einem Trade.*

Ein »Nein« des Marktes zu akzeptieren fällt beim Traden vielen schwer. Bei Frederic verursachte es ein Gefühl des Versagens. Seine hohen beruflichen Ansprüche, angelegt in der Kindheit, führten bereits zum Burn-out. Der Grund, weshalb man ein »Nein« des Marktes nicht aushalten kann, ist immer individuell, das zeigt das Beispiel von Frederic. Der eine fühlt sich als Versager, der andere ist zu ängstlich. Sicher ist, ohne die Fähigkeit, ein »Nein« des Marktes auszuhalten, wird der Weg zum profitablen Traden nur schwer zu erreichen sein, denn Trading bedeutet, verlieren zu können. Aber was macht es so schwer, diese Tatsache beim Traden zu akzeptieren? Die Antwort liegt wie so oft bei unseren frühkindlichen Prägungen. Bei den meisten Aktivitäten unseres Lebens geht es um gewinnen, um perfekt sein und um recht haben wollen – darum, das Ziel zu erreichen. Verluste, Niederlagen und Nachteile müssen auf jeden Fall vermieden werden. Der Grund dafür ist: Wir leben in einer geregelten Welt. Alles hat seine Ordnung, nichts darf dem Zufall überlassen werden. Vom beruflichen Erfolg bis zum Familienglück scheint alles planbar zu sein – man muss es nur wollen. So zu denken lernt man als Kind schon in den ersten Jahren seines Lebens durch das Vorbild der Eltern. Im Kindergarten und in der Schule geht es auf diese Weise immer weiter. Probleme sind keine Hindernisse, sondern dazu da, gelöst zu werden! Mit diesen und weiteren Glaubensmustern werden wir erwachsen. Sie prägen uns und lassen uns allzu oft glauben, dass dies die einzige Wahrheit im Leben ist. Ist sie aber nicht. Der deutsche Schriftsteller Kurt Tucholsky schrieb einmal: »Das Leben ist gar nicht so – es ist ganz anders!« Und er hat recht. Jede Ordnung kann zu jedem Zeitpunkt in Unordnung geraten. Das große Liebesglück geht über Nacht auseinander.

Die Firma geht pleite, das weltweite Finanzsystem bricht zusammen. Sicher ist, dass nichts sicher ist. Und wer auf der Strecke der allgemeinen Ansprüche zurückbleibt, der wird im Zweifel ausgegrenzt, bestraft und als Verlierer abgestempelt. Das schmerzte schon in der Schule und ist als erfolgreicher Manager nicht anders.

Die Lösung:
Frederics Problem lösten wir folgendermaßen: Nachdem wir seine Versagensangst entlarvt hatten, arbeiteten wir an seinem Handelsplan. Wir gingen seine Trading-Aufzeichnungen durch und prüften, inwieweit das Stoppmanagement für seinen Trading-Stil am günstigsten läuft. Anschließend formulierten wir einen persönlichen Arbeitszettel. Seine Aufgabe war, bevor er in einen Trade eingreifen wollte, diesen Laufzettel immer vorher auszufüllen. Dieser unterstützte ihn jedes Mal, seine Versagensängste und -gedanken realistisch zu überprüfen.

Darauf standen folgende Fragen:

Halte ich mich an meinen Handelsplan mit diesem Verhalten,
wenn ich jetzt in mein Trading eingreife? JA / NEIN

Stimmt es, dass der Markt mich persönlich meint,
wenn ich ausgestoppt werde? JA / NEIN

Wäre ich wirklich ein Versager, wenn ich an meinem
Initial-Stopp ausgestoppt würde? JA / NEIN

Habe ich schlecht getradet, wenn ich bei diesem Trade
ausgestoppt würde? JA / NEIN

Ist es realistisch, dass ich beim Trading ausgestoppt werde? JA / NEIN

Was ist jetzt wichtig? A: Dieser eine Trade. / B: Die Summe aller Trades

Was wäre dabei das Allerschlimmste, wenn ich ausgestoppt würde?

....

Welchen negativen Glaubenssatz verbinde ich mit diesem Ausgestopptwerden?

....

Entspricht dieser Glaubenssatz der Realität? JA / Nein

Was könnte ich stattdessen Positives denken?

....

Wie möchte ich mich in der jetzigen Situation am liebsten verhalten?

....

Was könnte ich denken, um das zu schaffen?

....

Was könnte ich tun, um das zu schaffen?

....

Wie fühle ich mich jetzt: besser / schlechter / genauso wie vorher

Was werde ich jetzt tun?

....

Zusätzlich unterstütze ich Frederic mit einem Audio-Coaching-Programm auf Basis von Hypnose. Diese Coaching-CD half ihm, gewinnbringende Glaubenssätze in seinem Unbewussten zu verankern.

So denken und handeln die Profis

Hören Sie auf, beim Trading ein von Ihnen festgelegtes Ergebnis erreichen zu wollen. Akzeptieren Sie, dass dieses Geschäft von Wahrscheinlichkeiten bestimmt wird, und sichern Sie Ihre Trades entsprechend ab. Das ist das Einzige, was Sie kontrollieren können. Tun Sie es! Rechnen Sie mit allem. Auch mit dem Gegenteil. Nichts ist so flüchtig wie ein Börsenkurs. Mal zieht er gemächlich seine Bahnen wie ein Walfisch. Dann wieder ist er wechselhaft wie ein Heringsschwarm. Je gewissenhafter Sie das in Ihrem Trading berücksichtigen, desto erfolgreicher werden Sie sein.

3.10 Chancen finden – nicht erfinden

Eines der größten Probleme beim Trading besteht darin, mehr zu handeln, als es sinnvoll ist. Das konnte ich während meiner Ausbildung häufig genug feststellen. Oft hatte ich am Vormittag gutes Geld verdient, um im Nachmittagshandel alles wieder zu verlieren.

Besonders ärgerlich wurde es, wenn ich den Tag auch noch mit einem dicken Minus auf dem Konto abschloss. Manchmal begann ich den nächsten Handelstag dann voller Wut und mit der Absicht, mir mein Geld von der Börse wieder zurückzuholen. Das Ergebnis war dann noch verheerender. Ich fand zu dem Zeitpunkt heraus, dass die beste Möglichkeit, aus dieser Minusspirale wieder herauszukommen, die ist, bewusst Abstand zum Handel zu nehmen. Wenn es sein musste, verordnete ich mir eine ganze Woche Trading-Abstinenz. In der Zeit ging ich dann anderen sinnvollen Dingen nach: Sport treiben, Büro aufräumen, Steuererklärung erstellen, Freunde treffen und mich psychologisch weiterbilden, besonders was das Thema Trading anbelangte.

Ich ging der Frage nach: Woher kommt nur dieses ungewünschte Verhalten? Welcher »gute Grund« steckte dahinter? Denn keine menschliche Handlung geschieht zufällig! In der Fachpresse las ich, dass Langeweile zum Übertrading führte. Schön und gut, aber das war mir zu unpräzise. Ich wollte wissen: Was genau ist Langeweile und weshalb drückt sie sich beim Handel in Übertrading aus?

Der übergeordnete Sinn dieser Empfindung ist, dass der Mensch etwas leisten möchte. Dadurch hat er das Gefühl, etwas wert zu sein, das wiederum verschafft ihm ein positives Gefühl. Ganz nach dem Motto: Ich tue, also bin ich.

Außerdem ist der westliche Mensch meist ergebnisorientiert. Wenn er eine Aufgabe erledigt, dann deshalb, weil er dafür etwas bekommt, z.B. Geld, Anerkennung, Sicherheit, Freiheit, Liebe. In diesem Moment wird das Belohnungszentrum in unserem Gehirn aktiviert. Es erzeugt im Menschen neben der Angst die stärksten Empfindungen – die Glücksgefühle. Wer mit Trading Geld verdient, der will auch mehr von diesen guten Gefühlen. *»Ich kann etwas.« »Ich bin etwas wert.« »Ich erreiche meine Ziele.« »Ich werde reich.«* Diese und ähnliche unbewusste Gedanken erzeugen in uns den Impuls, weiter zu traden. Um sich gut zu fühlen. Die entgegengesetzte Variante sind Verluststrecken, die uns schließlich dazu zwingen, unbedingt einen Erfolg verbuchen zu müssen. Dann hat das Angstzentrum die Führung übernommen und will vermeiden, dass wir uns als Versager fühlen und unangenehme Gefühle oder gar Ängste empfinden. Der Trader möchte dann unbedingt wieder in seine Komfortzone zurück – Trade für Trade, koste es, was es wolle.

Ich erinnere mich an einen Klienten, der zu mir kam, weil er sich wegen dieses Themas so verloren fühlte. Diese Verlorenheit ließ sich auch gut auf seinem Konto ablesen. Je mehr er tradete, desto kleiner wurde sein Konto. Und wie ich im Live-Coaching erkennen konnte, tradete er viel, zu viel. Es zeigte sich deutlich, dass nicht er den Markt unter Kontrolle hatte, sondern der Markt offensichtlich ihn. Er handelte. Oder um es deutlicher zu sagen, er musste sieben Märkte gleichzeitig handeln. Auf seinen Computer-Monitoren sah man insgesamt fünfzehn kleine Charts im Zeitfenster von einer und fünf Minuten. In jedem Augenblick huschte er hektisch mit seiner PC-Maus über die Bildschirme. Ich konnte beobachten, wie er innerhalb der Charts ständig in den Zeiteinheiten hin- und hersprang. Vom Ein-Minuten-Chart wechselte er zum Fünf-Minuten-Chart, um dann blitzschnell auf den Fünfzehn-Minuten-Chart zu springen. Sofort fand er irgendwo ein Muster oder eine Einstiegschance, zog eine Trendlinie, setzte ein Retracement an, um dann kurz darauf zum nächsten Markt zu wechseln. Hier passierte das gleiche Spiel von vorn, er verglich beide Märkte miteinander, sprang erneut in die Zeiteinstellungen. Es schien, als würde er ein Computerspiel spielen und auf der Jagd nach Feinden sein. Währenddessen kommentierte er seine Handlungen: »Hier ist eine super Unterstützung, wenn die nächste Kerze hier gleich aufsetzt, dann springt der Markt bestimmt wieder nach oben – tolle Long-Chance, da kann ich reingehen. Und was wird das hier? Das sieht aus wie das typische Setup von Trader XY, das könnte ich natürlich auch gleich nehmen, macht der bestimmt auch. Mal sehen, was wir hier haben? Ja, super 61,8 Prozent Retracement auf Stundenbasis, besser geht es nicht. Da schaue ich mal, wie das auf dem Fünf-Minuten-Chart aussieht. Nee, wird nichts – und auf dem Ein-Minuten-Chart? Das könnte gleich was werden. Ja, long gehe ich mit.«

Seine Selbstgespräche klangen, als würde er einen Trading-Wettkampf live im Fernsehen oder für das Radio kommentieren. Allein vom Zusehen und Zuhören wurde ich ganz konfus. Ich konnte teilweise gar nicht mehr erkennen, in welchem Markt er sich gerade befand. Ich hörte immer nur: »Hier ist eine Chance, da könnte man kaufen, hier verkaufen.« Das Schlimme war, er tat es auch. Ehe ich meinen Kaffee austrank, hatte mein Klient auch schon zwei Trades platziert und wieder glatt gestellt. Er tradete wie von Sinnen. Ich fragte ihn dann, welches Setup er eigentlich handeln würde. »Viele«, war seine Antwort. Das hatte ich mir gedacht. Ich wollte wissen, wie viele. »Ja, so zwanzig bis dreißig sind es schon, eher dreißig als zwanzig.« Kein Wunder, dass ich hinter seinem Trading kein Konzept erkennen konnte. Ich fragte ihn nach einiger Zeit, wie erfolgreich die Setups denn im Einzelnen so seien. »Ja, mal besser, mal schlechter. Einige sind sehr gut, manchmal jedenfalls.« Ich sagte dann, dass, wenn ich ihn richtig verstehe, er sozusagen auf alles schießt, was sich bewegt, Hauptsache die Feinde werden erlegt? Das fand er gut: »Ja, das klingt ganz passend. Trading ist ja auch so eine Art Kampfarena, der Stärkere gewinnt«, antwortete er flink. »Und Ihre Waffen scheinen Ihre Einstiege zu sein?«, führte ich das Bild weiter fort. »Ja, sozusagen, aber leider trifft nicht jeder Schuss. Aber wie heißt es so schön: Viel hilft viel!«, meinte er und lachte dabei. Woraufhin ich lachend zurückgab: »Das sieht Ihr Konto, glaube ich, ganz anders!« »Ja, das ist ja das Problem«, konterte er. »Signale habe ich genug, aber wohl nicht immer die richtigen. Aber ich habe ja genug.«

Meinem Klienten fehlte es vor allem an zwei Dingen. Erstens wusste er überhaupt nicht, welche Signale wirklich profitabel waren und welche nicht. Durch das viele Trading verlor er vollkommen den Überblick und er konnte die ganze Flut der Trades gar nicht professionell und strukturiert kontrollieren. Zweitens ging es ihm darum, beschäftigt zu sein. Ruhe und Nichtstun waren für ihn der Horror. Er glaubte, als Trader war es seine Aufgabe, immerzu die Charts auf mögliche Einstiege abzuscannen, um dann auch zu handeln. Vor seiner Trading-Station sitzend, erinnerte er mich an den Komiker Charly Chaplin in seinem Film »Moderne Zeiten«. Da steht ein Arbeiter am Fließband und ist ohne Unterbrechung damit beschäftigt mit beiden Händen Schrauben anzuziehen. Irgendwann läuft das Band so schnell, dass der Arbeiter dem Tempo nicht mehr folgen kann und sich deshalb auf das Fließband legen muss. Kurze Zeit später wird er vom Fließband verschluckt.

Mein Klient befand sich, wie unschwer zu erkennen war, beim Traden immerzu im Trancezustand – er war vom Virus Übertrading befallen. Dieses entsteht vor allem beim schnellen Handel auf kleinen Zeiteinheiten. Die Magie der Märkte trennen einen dann von der bewussten Aufmerksamkeit. Und ehe einem das klar wird, versinkt man im Rausch des Börsenhandels. Um sich vor solchen Zuständen zu schützen, können Sie sich das Ritual angewöhnen, immer wieder kleine Pausen einzulegen. Verlassen Sie einfach für einen kurzen Moment den Arbeitsplatz – holen Sie sich etwas zu trinken oder recken und strecken Sie sich für einen Moment.

Nichts zu tun ist für uns Menschen außerordentlich schwer. Aktivität ist eine uralte menschliche Prägung. In einer Jäger-und-Sammler-Umgebung hatte das einen viel wichtigeren Stellenwert als das Nachdenken. Außerdem ist unser Gehirn selbstaktiv. Nicht zu denken funktioniert nicht. Und weil Trading so viele Reize verursacht, kann ein automatischer Aktionismus in Gang kommen, der einem ständig zum ungewollten Trading verleitet.

Jede Bewegung des Marktes wird dann blitzschnell analysiert und unbewusst mit Erfahrungen abgeglichen. Ständig kreist im Kopf eines Traders die Frage: »Was könnte ich jetzt aus diesem Signal machen?« Am besten nichts, wenn es nicht zum persönlichen Handelssystem gehört! Doch genau das ist für Neulinge außerordentlich schwer. Ständig lockt der Impuls – jetzt und sofort agieren zu wollen. Anstatt perfekte Einstiegssignale zu finden, werden daraufhin welche erfunden. Kann sein, dass daraus ein Gewinn-Trade entsteht. Mit professionellem Trading hat das aber nichts zu tun und Sie trainieren sich Trading-Fehler an, die Sie nur mit viel Aufwand wieder loslassen können!

Häufig liegt das Problem auch an einer übergroßen Wissensflut. Durch die zahlreichen Bücher, Seminare, Workshops, Webinare und Internetrecherchen eignen wir uns mit der Zeit unfassbar viel Fachwissen an. Das führt dazu, dass wir irgendwann das Gefühl bekommen, den Wald vor lauter Bäumen nicht mehr zu sehen. Hier ein Flaggenmuster, da ein gleitender Durchschnitt, der geschnitten wird, ein 1-2-3-Ausbruch, ein Tageshoch, das gerissen wird, der RSI, der anzeigt, dass der Markt völlig überkauft ist, der Börsenbriefautor empfiehlt, den Markt jetzt sofort massiv zu shorten, die Umkehrmuster an Retracementmarken und die Candlesticks, die ein Einstiegssignal nach dem Nächsten geben. Hinzu kommt eine Vielzahl an Handelsansätzen anderer Trader, die einem ständig im Kopf herumschwirren wie ein wild gewordener Bienenschwarm. Wissen kann hier schnell zu Verwirrung führen.

Ich selbst habe Übertrading mit Meditation in den Griff bekommen. Hierfür beobachtete ich jeden Tag 20 Minuten meinen Geist und konzentrierte mich auf meinen Atem. Mit der Zeit machte ich die Entdeckung, dass nicht ich meinen Geist beschäftige, sondern mein Geist mich. Ich kam mir vor wie eine Marionette. Indem es mir gelang, diesen dahergewehten unnützen Gedanken keine Beachtung mehr zu schenken, schaffte ich es, Einstiegschancen zu ignorieren, die nicht zu meinem Regelwerk gehörten.

Um meinem Gehirn noch deutlicher zu signalisieren, dass ich selbst die Führung bei meinen Entscheidungen übernehmen möchte, entwickelte ich die »Als-ob-Methode«. Dazu bereitete ich mich perfekt auf mein Trading vor, öffnete meine Minuten-Charts und ließ dann das Börsengeschehen tatenlos an mir vorüberziehen. So schaute ich einige Wochen lang Stunde für Stunde nur den Kursverläufen zu, ohne einen einzigen Trade zu tätigen. Wer jetzt allein bei diesem Gedanken ganz unruhig wird, sollte diese Übung auf jeden Fall ausprobieren! Sie trainieren sich so mit der Zeit die nötige Gleichgültigkeit an, die Sie beim Trading unbedingt brauchen. Freiwilliger Verzicht ist eine Meisterleistung und auf dem Weg zur professionellen Trading-Meisterschaft unverzichtbar. Dem Gehirn wird dadurch nebenbei signalisiert, dass immer wieder neue Einstiegschancen auf einen zu kommen. NDR – Nur Die Ruhe!

Die Routine dabei ist sehr hilfreich. Dadurch entwickeln Sie eine automatisierte Handlungsstärke. Hat unser Gehirn erst einmal zu verzichten gelernt, beherrscht es diese Selbstkontrolle auf allen Gebieten. Deshalb ist es sehr nützlich, diese Fähigkeit auf unterschiedlichste Art und Weise einzuüben. Ich trainierte Verzicht auf diversen Ebenen. Kuchen zum Kaffee? – Heute nicht! Fahrstuhl benutzen? – Heute nicht! Mit dem Auto zum Einkaufen? – Heute nicht! Eine Zeitlang trainierte ich das an der Supermarktkasse. Stand ich kurz vor dem Warenlaufband, nahm ich meine sieben Sachen und stellte mich hinten am Ende der Warteschlange wieder an. Am Samstagvormittag hat diese Übung die größte Wirkung.

Ein anderer Auslöser für Übertrading ist die Annahme: Wer viel arbeitet, kriegt viel Geld. In unserer Leistungsgesellschaft funktioniert dieses Prinzip auch in vielen Bereichen. Beim Trading trifft meist das Gegenteil zu – weniger ist mehr! Wer wild drauflostradet, handelt in der Regel nach dem Motto: »Ein blindes Huhn findet auch mal ein Korn.« Aber Gewinne werden gemacht, indem man gut tradet – nicht viel!

Folgender Arbeitszettel kann helfen, sich vor Übertrading zu schützen. Füllen Sie diesen Zettel aus, nachdem Sie den Trade eingegangen sind.

Entspricht der Trade vollkommen meinem Handelsplan oder Regelwerk?

....

Falls nicht – warum mache ich den Trade trotzdem?

....

Steht der Trade in einem angemessenen Verhältnis von Gewinn zu Verlust?

....

Welche Medaille würde ich diesem Trade geben? Gold? Silber? Bronze?

....

Wenn ich ausgestoppt werde, hätte ich den Trade trotzdem gemacht?

....

Was hat mich veranlasst, diesen Trade zu machen?

....

So denken und handeln die Profis

Arbeiten Sie vor allem an Ihrer Geduld. Lernen Sie, nur auf die guten und chancenreichsten Einstiegssignale zu warten. Verpflichten Sie sich dazu, nicht mehr als einen Trade am Tag zu machen. Das ist gerade zu Beginn sehr schwer, aber vermeidet Unmengen an Minus-Trades. Denn wir fühlen uns ständig von den Kursverläufen animiert, zu handeln. aber beim Trading ist es wichtig, zu lernen, wann Sie keinen Trade machen.

Wenn Sie Ihr Tagessoll beim Trading erreicht haben, dann hören Sie auf. Das kann schon nach kurzer Zeit sein, sei's drum. Haben Sie den Mut, sich als stiller Beobachter in den Märkten aufzuhalten. Je regelmäßiger Sie das üben, desto erfolgreicher werden Sie!

Wenn Sie sich dennoch nicht einschränken können, dann sorgen Sie dafür, dass Sie nur noch maximal die Hälfte Ihrer vorherigen Tagesgewinne verlieren. Das Trading am kommenden Tag ist wesentlich entspannter, wenn Sie den vorherigen Tag mit einem Gewinn abgeschlossen haben. Denn ein positiv motivierter Trader ist wesentlich erfolgreicher als ein negativ motivierter. Er macht auch weniger Fehler. Und vor allem: Fehler kosten beim Trading Performance!

3.11 Traden nach dem ALDI-Prinzip

Weniger ist mehr! Der Lebensmittel-Discounter ALDI ist dafür ein gutes Vorbild. Seine Strategie der Einfachheit wurde für viele Geschäftsinhaber zum Vorbild. Ein ehemaliger Manager dieses Konzerns berät heute mittelständische und große Unternehmen, dieses Konzept der Reduzierung auf ihren Unternehmensbereich zu übernehmen, mit großem Erfolg. De facto hoffen Firmenchefs sehr oft, je breiter sie sich mit ihrem Sortiment aufstellen, umso mehr Kundschaft erreichen sie. Das Gegenteil ist meistens der Fall. Spezialisierung ist wesentlich erfolgreicher. Die Konzentration auf das Wesentliche bringt den Erfolg. Auf das Trading übertragen heißt das, wer zu Beginn ein einziges Handelssystem konstant umsetzt, hat einen wesentlich größeren Erfolg als der, der fünf, zehn oder gar zwanzig Systeme gleichzeitig tradet. Das trifft auch auf den Lernerfolg zu. Wer viele Regelwerke parallel handelt, der verliert schnell die Übersicht. Das Führen des so wichtigen Trading-Journals wird dann meist auch unterlassen, weil die Auflistung der zahlreichen Trades so kompliziert ist. Ein weiterer Vorteil der Reduzierung ist der Verzicht. Wer sich auf nur ein Einstiegssignal konzentriert, der braucht sich um die anderen gar nicht erst zu kümmern.

Trading-Anfänger haben auch einen Hang dazu, sehr komplizierte Systeme zu handeln. Sie versuchen, Präzision und Sicherheit darüber zu erreichen, Minus Trades sollen vermieden werden. Letztlich stellen diese Trader dann fest, dass das auch nur eine Illusion ist. Der Satz »Viel hilft viel« bringt beim Traden in der Regel nichts. Auch dreißig Indikatoren gleichzeitig garantieren keinen besseren Treffer. Stattdessen sollte der Trader daran arbeiten, Minus-Trades als etwas Selbstverständliches in diesem Geschäft zu akzeptieren.

Ein sehr erfolgreicher Hedgefondsmanager, mit dem ich befreundet bin, tradet jährlich viele Hundert Millionen Euro und ist seit dreißig Jahren im Geschäft. Er hat die schwedische Musikband ABBA zum Vorbild gewählt. Er ist selbst Hobbymusiker und erzählte mir, dass die beiden Hauptkomponisten der Band Björn und Benny sich zum Komponieren immer auf eine Insel zurückgezogen hätten. Der eine oben auf einem Hügel, der andere unten am Meer. Jeder komponierte den ganzen Tag lang für sich allein. Abends setzten sie sich zusammen und warfen den musikalischen Ballast ihrer Kompositionen über Bord. Übrig blieben eingängige Lieder, die sich millionenfach verkauften. In einer anderen Geschichte wird berichtet, dass sie ihre fertigen Musikstücke vierjährigen Kindern vorspielten. Waren die Sprösslinge nach einmaligem Hören in der Lage, die eingängigen Passagen eines Stückes problemlos nachzuträllern, gab es deutliche Pluspunkte in Bezug auf die Veröffentlichung des Liedes.

So denken und handeln die Profis

Gerade zu Beginn ist es wichtig, so wenig Ablenkung wie möglich beim Traden zu haben. Suchen Sie sich zunächst nur ein, höchstens zwei Signale, welche Sie konstant handeln. Sie bündeln dadurch Ihre gesamte Aufmerksamkeit auf ein oder zwei Signale Das sorgt für die nötige Ruhe, die Sie am Anfang Ihres Tradings brauchen, um sich einen disziplinierten Handelsstil anzutrainieren. Zuerst geht es vor allem darum, die richtige Umsetzung zu praktizieren, nicht ums Geldverdienen. Es ist wesentlich einfacher, nur ein oder zwei Signale auf vielen Märkten zu traden als viele Signale auf einem Markt oder gar auf vielen Märkten gleichzeitig.

3.12 Die Macht der Entscheidung

Will man als Trader Erfolg haben, dann muss man lernen, Verantwortung zu übernehmen. Und genau das ist nicht jedermanns Sache. Man tut es in der Regel genauso ungern wie auf mehr Gehalt zu verzichten. Es scheint fast einen inneren Drang dafür zu geben, jemanden finden zu wollen, dem man die Schuld am eigenen Fehlverhalten in die Schuhe schieben kann. Ob beim Autofahren, im Beruf oder wenn es um die Geschehnisse an den spekulativen

Kapitalmärkten geht. Mal war der Tipp eines Experten falsch, dann die Empfehlung eines Börsenbriefautors, oder aber die Beratung des Bankangestellten. Beim aktiven Trading kann so ein Verhalten der Schuldzuweisung fatale Folgen haben und sogar den Erfolg unmöglich machen.

Manager bekommen hohe Gehälter bezahlt, weil sie über außerordentliches Können und gute Kontakte verfügen. Eine weitere sehr wichtige Eigenschaft ist ihre Fähigkeit, Entscheidungen zu treffen, die weitreichende, positive Folgen haben sollen. Entscheider lösen Probleme, das ist ihr Job. Trader sind Risikomanager und jeder Trade ist eine Entscheidung – das Ergebnis: Sieg oder Niederlage. Das erfordert Selbstvertrauen und Mut. Da vor allem die Niederlage sehr häufig beim Traden vorkommt, ist dieser Beruf einer der härtesten, den man sich aussuchen kann. Bei Gewinner-Trades ist es leicht, der Entscheider gewesen zu sein. Erst in Verlustsituationen oder wenn sich der gewünschte Erfolg nicht einstellt, zeigt sich, wie gut es um diese Eigenschaft bestellt ist. Es zählt also nicht nur das Managen einzelner Trades, sondern auch, ob weitere Maßnahmen rund um das Thema Aus- und Fortbildung zu ergreifen sind oder – ob man das Trading besser komplett einstellen sollte.

Der Beruf des Traders ist anspruchsvoll. Sie brauchen die Kraft und den Mut Entscheidungen selbst zu treffen und die Bereitschaft, aus Ihren Fehlern zu lernen. Wenn Sie diese Einstellung nicht haben, dann wird es sehr schwer, in diesem Beruf voranzukommen.

Wann ein Trader ungern Verantwortung für sein Handeln übernimmt, erkennt man beispielsweise an Situationen wie diesen:

Keine Stopps zu setzen. Kein sinnvolles Geldrisiko zu wählen. Ohne Handelsplan zu traden. Positionen im Verlust nachzukaufen. Ein Konto nach dem anderen auf null zu traden, ohne etwas zu verändern. Kein Trading-Journal zu führen. Und aus diesen Fehlern nicht lernen zu wollen.

Nicht jeder kann gleich gut Entscheidungen treffen. Auch diese Fähigkeit entwickelte sich vor allem in der Kindheit. Eltern, die ihren Kindern etwas zutrauten, sie ausprobieren ließen und ihnen die Möglichkeit gaben, Probleme selbst zu lösen, legten damit den nötigen Grundstein für diese Fähigkeit. Die Wissenschaft geht davon aus, das etwa 80 Prozent der Menschen »Lage-Typen« und 20 Prozent »Ziel-Typen« sind.

Der »Lage-Typ«, hat Schwierigkeiten, sich zu disziplinieren, ist eher unkonzentriert, lässt sich leicht von seiner Aufgabe abbringen und überlässt gerne anderen die Entscheidungen. Der »Ziel-Typ« ist diszipliniert bei einer Sache, konzentriert und fokussiert auf seine Ziele. Er wächst mit seinen Problemen. Piloten sind meist Ziel-Typen.

Der »Ziel-Typ« wird es leichter haben, zu traden. Das heißt aber nicht, dass der »Lage-Typ« keine Chance auf Erfolg hat, er muss aber mehr dafür tun.

Hilfreich sind für ihn strikte Pläne, die er einhält. Der »Lage-Typ« muss sich selbst eine Struktur verordnen und sie so gestalten, dass er sie diszipliniert einhalten kann. Zum Beispiel mithilfe von Laufzetteln, welche die Trading-Aktivität genau vorgeben.

Alle anderen Aufgaben und Aktionen sollten präzise in einem Handelsplan festgehalten werden. Dieser Plan sollte einmal wöchentlich gelesen und auf Einhaltung hin überprüft werden. Während des Tradings ist es ratsam, nicht parallel im Internet zu surfen und Telefone auf Anrufbeantworter umzuschalten. Zettel mit klaren Anweisungen am PC sowie regelmäßige Coachings als Feedback-Überprüfung sind ebenso hilfreich wie das akribische Führen eines Trading-Journals.

Kürzlich sprach ich einen sehr erfolgreichen Geschäftsmann an, den ich schon seit vielen Jahren wegen seines Erfolges bewundere. Er hat es sprichwörtlich vom Lehrling zum Inhaber eines Versicherungskonzerns geschafft. Heute besitzt er mehrere Villen in bester Lage, fährt teure Autos, führt einen Verlag und war erfolgreicher Chef eines Fußball-Bundesligavereins. Ich sprach ihn einfach auf der Straße an, stellte mich ihm höflich vor und sagte: »Sie sind unglaublich erfolgreich und sagenhaft reich. Was haben sie, das andere nicht haben?« Er antwortete mit nur einem Wort: »Disziplin.« Wir kamen ins Gespräch und er gestand, dass auch er ein »Lage-Typ« sei. Es fiel ihm unglaublich schwer, sich die Fähigkeiten eines »Ziel-Typ« anzueignen. Aber er hat es geschafft. Dafür leistete er sich zahlreiche Mentalcoachings, um sich mit deren Hilfe viele Strukturabläufe anzugewöhnen. So lernte er Schritt für Schritt, sich zu disziplinieren. Er zog einen kleinen Zettel und einen Stift aus seiner Hosentasche: »Sehen sie hier. Die habe ich mir extra gedruckt. Meine Ideenzettel. Auf die schreibe ich immer sofort alles auf, was mir wichtig ist. Abends lese ich sie und entscheide dann, ob und wie ich eine Idee verfolge. Es hat Jahre gedauert, aber Sie sehen ja selbst, was aus meinem Leben wurde. Sie müssen dranbleiben, immer dranbleiben, dann wird es was. Lernen Sie aus ihren Fehlern, denn es sind ungenutzte Stärken!«

So denken und handeln die Profis

Wenn man einmal die Zufälligkeit der Marktverläufe außen vor lässt, dann ist alles im Trading eine Frage der Entscheidung: Bin ich bereit, auf gute Trading-Chancen zu warten und auf unnötige Trades zu verzichten? Bin ich bereit, ein sinnvolles Geldrisiko einzugehen und Stopps zu setzen? Bin ich bereit, bei jedem Trade das Chance-Risiko-Verhältnis zu berücksichtigen und kontinuierlich ein Trading-Journal zu führen? Bin ich bereit, Gewinne sinnvoll laufen zu lassen? Usw. Das Wichtigste aber ist die Frage: Bin ich bereit, den alten Gewohnheiten Widerstand zu leisten, die mich von meinem Verhalten abhalten wollen? Wenn Sie im Trading erfolgreich werden wollen, dann müssen Sie bereit sein, es mit diesen großen Widerständen aufzunehmen und diesen mitunter sehr großen Schmerz auszuhalten!

3.13 Seien Sie realistisch

Viele Trading-Einsteiger verlieren gleich zu Beginn ihrer Trading-Laufbahn den Bezug zur Realität, denn viele kommen über Börsenspiele zum Traden. Dazu melden Sie sich beim Veranstalter an, bekommen ein 100.000-Euro-Spielkonto und die Chance, einen teuren Sportwagen zu gewinnen. Während Sie die Spielsumme anfangs in solide Dax-Aktien investieren und sich darüber freuen, dass Sie schon nach drei Tagen mit 3 Prozent im Plus sind, haben andere Teilnehmer ihr Konto schon mehr als verdoppelt. Statt Blue Chips spekulierten sie nämlich mit gehebelten Turbo-Derivaten.

Mit soliden Aktienkäufen kann man vielleicht einen Blumentopf gewinnen, den Sportwagen aber ganz bestimmt nicht! Um die Erfolgsgier zu befriedigen, wird schnell aus einem anfangs soliden Anleger in wenigen Tagen ein Zocker erster Güte. Die Trading-Strategie heißt »Alles oder nichts«. Mit der tatsächlichen Welt des Tradings hat das natürlich wenig zu tun. Aber man meint, eine Idee zu haben wie die Profis ihre Millionen verdienen. Läuft es nämlich gut, macht selbst der Anfänger mit diesen heißen Scheinen zigtausend Euro am Tag und fragt sich dann, weshalb er eigentlich immer noch seinen zehn Jahre alten Golf fährt. Mit diesem Spielkonto scheint er die Eintrittskarte ins Paradies seiner Träume gefunden zu haben. Trading – nie mehr arbeiten, teure Autos, Urlaub, solange man will, Konten, die aus allen Nähten platzen. Am Ende hat der Gewinner des Börsenspiels über 2500 Prozent Rendite gemacht. In drei Wochen! In der Zeit verdiente er gut 80.000 Euro. Kein schlechtes

Monatsgehalt! Da kommt schnell die Frage auf: »Wieso arbeite ich eigentlich noch?!« Die erste Kontoeröffnung zum Traden ist nun nicht mehr weit. Der erste Totalverlust aber auch nicht.

Meine Beobachtung ist, dass die meisten Trading-Anfänger nicht reich, sondern gern schnell reich werden wollen. Sie interessiert vor allem dieses Ziel und finden meistens das Gegenteil. Während Profi-Trader das Risiko einschätzen, starren Neueinsteiger auf den großen Reichtum. Mit jedem Trade hofft der Anfänger nicht nur eine Bewegung komplett mitzunehmen, sondern auch unfassbar viel Geld damit zu verdienen. Stellt er irgendwann fest, dass er es selber nicht schafft, sucht er in allen Medien nach Super-Tradern, die seine Wünsche erfüllen! Ohne wirklich zu wissen, ob und wie diese vermeintlichen Trader ihre versprochenen Gewinne erzielt haben, kauft er deren Börsenbriefe und Handelssignale. Ein Kasinobesuch wäre vermutlich die sicherere Variante, sein Geld zu vermehren!

Auch effektvolle Webseiten und reißerische Werbetexte lassen den geldhungrigen und meist erfolglosen Trader schnell in den roten Bereich schießen. Dass erzielte Gewinne aus der Vergangenheit keine Garantie für Zukunftsergebnisse sind, ist für viele an der Stelle längst unwichtig geworden. Der Hebel wird es schon richten. Lieber badet man in dem beruhigenden Gefühl, irgendwie auch zu traden, und das auch noch erfolgreich. Auch wenn das nur sehr selten der Fall ist. Egal, jetzt heißt es erst mal sehnsüchtige Wünsche zu planen, die noch gar nicht erwirtschaftet wurden!

Dass solch ein Verhalten schnell auch in eine andere Richtung verläuft, erlebe ich immer wieder in meinen Coachings. Kürzlich erzählte mir jemand, dass er einen Börsenbrief tradet, der im letzten Jahr über 150 Prozent Rendite erwirtschaftete. Doch seitdem er den Brief abonniert hat, geht es nur noch bergab. Sein Depot weist bereits ein Minus von über 60 Prozent vom Einstiegniveau auf. Er wollte von mir wissen, was man da tun kann. Ich riet ihm, dabeizubleiben, schließlich hatte er sich für diesen Trader und sein System entschieden. »Ja, aber ich trade nicht jeden Trade von ihm mit. Manchmal habe ich auch eine andere Meinung zu den Märkten.« Im weiteren Verlauf des Gesprächs offenbarte er einen weiteren typischen Denkfehler von Anfängern. Er berichtete, dass dieser Trader in drei Jahren rund 700 Prozent Gewinne mit seinem System aus den Märkten holte. Er selbst hatte aber aus beruflichen Gründen nicht alle Trades nachgehandelt. Außerdem hatte er bei einigen Entscheidungen des Traders eine andere Meinung und ließ die Trades dann einfach aus. Er schätze es als unwichtig ein, weil ihm auch 200 Prozent Rendite in drei Jahren reichen würden. Hier liegt allerdings ein massiver Denkfehler vor! Wer das System eines Traders nachhandelt, der muss natürlich jeden Trade mithandeln, sonst kann er unmöglich dieselbe Rendite erwirtschaften. Andernfalls müsste man davon ausgehen, dass jeder Trade des Händlers eine bestimmte Gewinnsumme erzielt, was ja nie der Fall ist, sondern mal erzielt der Trader einen kleinen Gewinn, dann wieder viele Male gar keinen und manchmal – und davon leben Trader meistens – einen sehr großen. Und niemand weiß, welchen Trade sie gerade mittraden. An- und Verkaufspreise sowie Gebühren müssen dabei natürlich unbedingt berücksichtigt werden. Wer etwa einen Futures-Scalp-Trader mit CFDs nachhandelt, der erzielt vollkommen andere Resultate.

Kurz und gut: Wer Trading-Systeme anderer so umsetzt, kann nur verlieren. Der Hauptgrund ist: Niemand weiß, wann der Trader einen dicken Fisch an der Angel hat, deshalb muss jeder Trade nachgehandelt werden. Und wenn man merkt, dass einem die Zeit fehlt, dem Regelwerk des Börsenbriefes konstant zu folgen, sollte man es gleich ganz lassen.

Wer Börsenbriefe anderer Trader nachhandelt, sollte sich immer die Fragen stellen: »Bin ich in der Lage, den Börsenbrief 1:1 nachzutraden?« »Entspricht dieser Börsenbrief meiner Persönlichkeit?« »Verfüge ich über genügend Zeit?« »Habe ich die emotionale Gelassenheit?« »Ist mein Handelskonto groß genug?« »Macht es mir Spaß, diese Märkte, dieses System zu traden?« »Entsprechen die Depot-Schwankungen meinem Nervenkostüm?« »Kann ich so viele Minus-Trades ertragen?« »Handle ich dieselben Instrumente?« »Bezahle ich dieselben Gebühren?« Usw.

Man sollte sich darüber im Klaren sein, dass Börsenbriefe anderer zu traden auch immer bedeutet, ein Stück Verantwortung abzugeben. Der Blick auf die Rendite allein reicht jedenfalls nicht aus, um Erfolg an der Börse zu haben.

Sicher, es gibt Ausnahme-Trader, die erwirtschaften eine Jahresperformance von 30, 50, 100 oder gar mehr Prozent. Ob das jedem gelingt, wage ich zu bezweifeln. Die Realität zeigt, dass 10 bis 20 Prozent im Jahr durchaus drin sind. Profis erreichen diese Spanne, indem sie viele kleine Gewinne einsammeln, hin und wieder große Erträge erwirtschaften und dabei Verluste realistisch einkalkulieren. Wenn Sie über mehrere Jahre durchschnittlich 25 Prozent Gewinn erzielen, zählen Sie schon zu den Stars der Branche. Ab 30 Prozent werden andere Sie anflehen, Ihr Geld zu verwalten.

Tatsache ist, dass etwa 40 von 100 Trades mit dem riskierten Einsatz ausgestoppt werden. Doch der Trading-Anfänger hat andere Wünsche, er möchte, dass möglichst 90 von 100 Trades erfolgreich sind und die meisten davon riesige Gewinne abwerfen. Wer den Mut hat, sich der Realität zu stellen, und aufhört, Traumrenditen hinterherzujagen, der kann es weit bringen. Die anderen überweisen zwangsläufig auf Umwegen den Profis ihr Geld aufs Handelskonto.

So denken und handeln die Profis

Wer den Börsenbrief eines Profis nachtradet, muss sich auch hier wie ein Profi verhalten: uneingeschränkte Verantwortung übernehmen und auf allen Ebenen des Tradings diszipliniert sein. Was für das eigene System gilt, gilt auch für ein fremdes Regelwerk – man muss ihm hundertprozentig vertrauen! Das tun Sie nur, wenn es eindeutig zu Ihrer Persönlichkeit passt. Wer in diesem Geschäft nicht realistisch ist, der tradet nicht in der Wirklichkeit. Die Illusion wird ihn dazu verführen, auch unrealistische Handlungen auszuführen. Wohin das führen kann, können Sie sich ja denken! Wer glaubt, mit einem 10.000-Euro-Konto vom Trading seinen Lebensunterhalt bestreiten zu können, der wird sich einem enormen Erfolgsdruck beim Traden aussetzen. Im Gegenzug dazu müssen Sie sich auch fragen, ob Sie die mentale Stärke besitzen, mit einem 50.000- oder 100.000-Euro-Konto zu traden, damit Sie vom Trading leben können. Viele beginnen mit 5000 Euro und wünschen sich dann, ein großes Handelskonto zusammenzutraden. Bei einer realistischen Jahresrendite von 20 Prozent bräuchten Sie dann etwa 13 Jahre, um über ein Trading-Konto in Höhe von 50.000 Euro zu verfügen.

3.14 Trading ist anders – Motivation & Lob

Was wir am nötigsten brauchen, ist ein Mensch,
der uns zwingt, das zu tun, was wir können.
Ralph Waldo Emerson

Trading ist für viele ein einsames Geschäft. Die meisten sitzen zu Hause vor ihrem Computer und nehmen die Herausforderung mit den Märkten alleine auf sich. Das kann eine enorme Belastung für einen ungeübten Trader sein. Denn für all die Zweifel, Ängste, Fragen und Probleme gibt es niemanden, mit dem man sich direkt austauschen kann, niemanden, der mitfühlt, wenn man sich im Tunnel der Ratlosigkeit befindet. Da ist auch niemand, der einen aufmuntert oder motiviert, durchzuhalten, einem sagt, dass diese oder jene Situation normal ist, der einen korrigiert oder hilfreiche Tipps gibt, einen wieder aufbaut, wenn man mental am Boden liegt. Keine Person, die einen ablenkt von der Langeweile des mitunter zermürbenden Wartens auf eine Trading Chance, manchmal stundenlang. Wenn Sie sich für das aktive Trading entscheiden und sogar den Beruf Trader ausüben möchten, dann ist es wichtig diese Umstände zu berücksichtigen. Denn sie können das Trading enorm belasten! Gerade für Menschen, die es nicht gewohnt sind, alleine und selbstverantwortlich zu arbeiten, kann das eine immense Herausforderung sein.

Lob und Tadel findet beim Trading über Sieg oder Niederlage statt, nicht über menschliche Begegnung und Emotionen, wie es in vielen anderen Berufen der Fall ist. Niemand klopft uns auf die Schulter und sagt: »Gut gemacht!« Man ist vollkommen auf sich allein gestellt. Das erfordert eine große Selbststärke. Denn die mangelnde Interaktion mit anderen kann Gefühle von Langeweile oder Nutzlosigkeit entstehen lassen, welche sich unbewusst auf den Handel übertragen und so zu unüberlegten Trades führen.

Viele träumen von einem selbstbestimmten Berufsleben in absoluter Freiheit. Keinen Urlaubsantrag mehr stellen müssen, Arbeitszeiten selbst bestimmen können, Geld verdienen, wann und wie man will. Doch der Mensch ist ein soziales Wesen und braucht den Kontakt zu anderen. Der eine mehr, der andere weniger. Sehr erfolgreichen Tradern sagt man nach, dass sie gewisse autistische Züge aufweisen. Sie wirken auf manche gefühlsarm und anteilnahmslos. Bei einigen ist es vielleicht eine Veranlagung. Bei anderen können die besonderen Umstände des aktiven Tradings zu einer Persönlichkeitsveränderung führen. Wer in einem so unsicheren Umfeld wie dem Börsenhandel agiert, der entwickelt mit der Zeit ein anderes Empfinden zu Themen wie Verlust und Sicherheit. Trader berichten immer wieder, dass sie durch das Trading auf eine gewisse Art und Weise abstumpfen und gefühlsmäßig eine Gleichgültigkeit für bestimmte Situationen in ihrem Leben entwickelt haben.

Die meisten Berufstätigen sind in Firmen angestellt, bekommen ihre Aufgaben zugeteilt und tauschen sich regelmäßig mit ihren Kollegen über die Arbeit aus. Man trifft sich auf eine Kaffee- oder Zigarettenpause mit den anderen, schwatzt und lacht zusammen und teilt sein Befinden mit. Auch der Frust über die Mitarbeiter, den Chef oder die Arbeitsumstände finden Gehör. Und das Gegenüber spiegelt unsere Gefühle wider. Das sind wichtige Kontaktinseln, um durch den Tag zu kommen.

Zum Geldfluss der Firma haben wir oftmals keinen realen Bezug. Außer es betrifft unser eigenes Gehalt. Als Trader ist das anders, hier muss man seine Arbeitsbedingungen selbst bestimmen und organisieren, für jede Handlung und jede Entscheidung die volle Verantwortung übernehmen. Fehlverhalten kann man niemandem in die Schuhe schieben. Und Fehler kosten sofort das eigene Geld. Von einem Moment zum anderen wird man vom Angestellten zum Firmeninhaber, muss dementsprechend denken und handeln! Das kann nicht jeder von jetzt auf sofort. Und nicht wenige scheitern genau aus diesen Gründen am Beruf des Traders.

Wer merkt, dass ihm der soziale Aspekt beim Trading fehlt, kann überlegen, sich einem Handelsbüro anzuschließen, oder selbst eines gründen. Das gilt allerdings eher für gefestigte Trader, die sich von den Ideen anderer beim Trading nicht ablenken lassen. Ansonsten ist es besser, sich einer Bürogemeinschaft anzuschließen, die nichts mit Trading zu tun hat. Wer sich nur hin und wieder mit anderen austauschen möchte, für den böte sich vielleicht die Gründung eines Trader-Clubs an. Manchen reicht auch schon der stete Kontakt in Internetforen. Darüber hinaus finden sich auch Interessenten bei Veranstaltungen von Banken und Brokern. Wer nicht so mutig ist und sich nicht vor der Gruppe mit seinem Anliegen offenbaren möchte, der sollte einfach den Referenten fragen, ob er sein Anliegen anonym vor den Gästen bekannt gibt und seine E-Mail-Adresse bei Interesse aushändigt. Auf diesem Wege sind schon exzellente Trader-Clubs ins Leben gerufen worden. Die Frage bei diesem Thema ist nicht, wie eine Lösung auf den Weg gebracht wird, sondern dass man sie umsetzt!

Immer wieder höre ich von Trading-Anfängern: »Ja, aber wenn der mit dem Trading Geld verdienen würde, dann würde der doch keine Workshops und Seminare machen!« Als wäre dieser Mensch ein Betrüger. Es gibt zahlreiche Trader, die genau aus diesem Grund sich den fehlenden sozialen Aspekt damit in ihr Trading-Leben holen. Was spricht auch dagegen? Würde man einem Dozenten der Uni vorwerfen, dass er wohl zu wenig Geld verdient, weil er es noch nötig hat, sein Wissen an den Nachwuchs weiterzugeben? Ist es nicht unsere eigene Kleingeistigkeit, so etwas den Referenten immer wieder vorzuwerfen? Es tut gut, sich daran zu erinnern, dass man mit diesem unflexiblen Denken Tag für Tag an seinen Börsenhandel geht!

Aus eigener Erfahrung und aus meiner täglichen Praxisarbeit weiß ich, dass man im Leben nicht unbedingt glücklicher wird, wenn man persönliche Bedürfnisse nicht ausleben kann. Am Schluss endet das in Zweifel, Unzufriedenheit und Frustration. Ich wusste vor etlichen Jahren nicht mehr, sollte ich den Beruf des Moderators und Redakteurs in den Medien fortführen oder mich ausschließlich dem Trading widmen oder aber mein Geld mit der Psychologie verdienen. Ich war wegen meiner Unschlüssigkeit sehr verzweifelt. Schließlich nahm ich an einer Organisationsaufstellung (systemische Familienaufstellung) teil und ließ dieses Thema aufstellen. Nach zwanzig Minuten erfuhr ich die Antwort – ich solle alles miteinander verbinden. Auf diese Lösung bin ich damals selber gar nicht gekommen. Heute mache ich beruflich genau das – ich verbinde alle meine Talente und Leidenschaften miteinander. Ich fand die systemische Organisationsaufstellung so großartig, dass ich gleich eine Ausbildung darin machte. Nun ist es Teil meiner Arbeit als Coach und Therapeut.

So denken und handeln die Profis

Vollzeit-Trader sollten sich unbedingt eine feste Struktur für ihre Arbeit schaffen. Sie werden wesentlich erfolgreicher sein, wenn Sie Ihren Handel zeitlich begrenzen. Ebenso ist ein Ausgleich zum Trading wichtig: Sport, Freunde treffen, mit der Familie zusammen sein oder was Sie sonst gerne tun. Die Börse hat praktisch 24 Stunden geöffnet. Passen Sie auf, dass Sie sich nicht zum Sklaven der Märkte machen!

3.15 Sicherheit ist alles

Wer an den Kapitalmärkten spekuliert, der sucht vor allem unbewusst nach Sicherheit. Das Erstaunliche ist, dass wir genau die in unserem täglichen Geldverkehr nicht haben. Im Gegenteil. Die Zahlen auf unserem Konto sind bloß Zahlen, ihnen steht kein realistischer Wert gegenüber. Das Gleiche gilt für Papiergeld. Oder sollte ich es präziser ausdrücken und Geldpapier sagen? Letztlich beruht der Wert des Geldes nur auf einem Versprechen. Realistisch gesehen ist Geld nur bedrucktes Papier. Versuchen Sie doch mal, mit Münzen oder Scheinen fremder Länder oder vergangener Zeiten etwas in Ihrem Supermarkt zu bezahlen. Es wird Ihnen nicht gelingen. Und dennoch meinen die meisten Menschen, dass Geld ihnen Sicherheit gibt. Absurd, oder?

Auch beim Börsenhandel suchen Trader vor allem nach Sicherheit. Das ist auch der Grund für zahlreiche Trading-Fehler: zu komplizierte Handelssysteme, unlogisches Eingreifen in den laufenden Trade oder unsinniges Setzen von Stopps usw. Ist Sicherheit beim Trading überhaupt möglich? Ja! Und das

Schöne ist, man hat es selbst in der Hand. Niemand zwingt uns, beim Trading möglichst viel Unsicherheit zu empfinden – das sind nur wir selbst!

Ein Trader fühlt sich vor allem unsicher:

- weil er beim Trading Geld verliert
- weil er mit seinen Emotionen nicht klarkommt
- weil sein System nicht profitabel ist
- weil er glaubt, über nicht genügend Fachwissen zu verfügen
- weil sich der Erfolg nicht einstellt
- weil die Gewinne nicht schnell genug wachsen

Fragen Sie sich einmal selbst, was Sie beim Trading unsicher macht! Viele verunsichert es, dass es viel Zeit braucht, bis sich der Trading-Erfolg einstellt. Trading ist für sie eine Abfolge von Handlungen und die müssen erfolgreich sein. Und weil sie es so lange Zeit nicht sind, fühlen sie sich verunsichert. Verständlich. Aber das sind die Spielregeln! Die nächste Frage ist: Warum müssen Sie so schnell erfolgreich sein? Ist das Ziel Ihnen nicht wert, diesen langen Weg zu gehen? Dann ist Trading das falsche Ziel für Sie!

Sicherheit bedeutet, sich wohlzufühlen. Jeder Mensch hat seine ganz persönlichen Wohlfühlinseln im Leben: beim Essen, beim Trinken, beim Schlafen, bei seinem Gewicht, bei Nähe, bei Beanspruchungen wie etwa Sport oder Arbeit. Im Gegensatz zu Ängsten, die durch das Trading entstehen.

Profi-Trader achten auf ihr ganz persönliches Wohlfühlniveau beim Börsenhandel. Über das gesamte Trading hinweg schwebt permanent die Frage mit: »Bin ich mit mir und dem Handel in Balance?« Falls nicht, korrigiert er sein Trading.

Trading-Anfänger hingegen überstrapazieren ihre Sicherheitszone ständig. Sie riskieren zu viel Geld, gehen zu viele unüberlegte Trades ein oder tauschen ein Regelwerk gegen ein anderes aus, noch bevor sie wissen, ob es wirklich unprofitabel ist. Sie sind beim Trading immer auf der Suche nach dem sicheren Gewinn und nicht nach der Sicherheit an sich. Doch gerade ihr Fokus auf das Geld verursacht die größte Unsicherheit.

Welches Werkzeug kann bei dem Problem am besten helfen? Natürlich nur die richtige Dosierung des Geldrisikos! Je höher das Risiko, desto unsicherer fühlt man sich beim Trading.

Zwar heißt es, beim Traden sollte man 1 Prozent seines Handelskontos pro Trade riskieren, aber was, wenn diese Summe Ihnen zu groß ist und zu viel Unsicherheit verursacht? Dann nichts wie raus aus dem Risiko – weniger ist mehr, mehr Sicherheit! Man darf auch 0,5 Prozent, 0,25 Prozent oder weniger pro Trade aufs Spiel setzen. Nur wir selbst kennen unser Sicherheitsniveau, um uns beim Trading gut zu fühlen, sodass wir in unserer Komfortzone sind. Kein Broker, kein Banker ruft uns an und beschwert sich, dass wir ein zu kleines Risiko eingehen. Hier können höchstens die eigenen Ansprüche einem im Weg stehen, weil man vielleicht befürchtet, nicht gleich die gewünschten hohen Gewinne erzielen zu können. Gerade zu Beginn des Tradings geht es aber nicht darum, so schnell wie möglich die Fähigkeit zu erlangen, hohe Gewinne zu machen, sondern darum, einen sauberen und beständigen Handelsstil zu traden! Und den erreicht man auf dem schnellsten Weg, wenn man so viel wie möglich Sicherheit verspürt. Und jetzt kommt's: Diese Form der Sicherheit bestimmt nicht der Markt, sondern der Trader selbst! Jeder Trader kann sich Sicherheit verschaffen. Wer es nicht tut, ist selbst schuld.

Wer sein Sicherheitsniveau beim Traden findet, sorgt unweigerlich für Stabilität in seinem Trading. Hat sich unser Gehirn an dieses Niveau gewöhnt, gehen wir zur nächsthöheren Stufe über. Wie lange das dauert? Das hängt ganz von Ihnen ab. Jeder Mensch ist anders! Auch hier gilt es, sich mit anderen nicht zu vergleichen. Niemand auf dieser Welt kann das Gefühl eines anderen empfinden. Jeder ist sich selbst der wichtigste Seismograph!

So denken und handeln die Profis

Achten Sie darauf, dass Sie Ihre Komfortzone und ihr Sicherheitsniveau beim Trading stets beachten. Das bestimmen Sie vor allem durch die Anzahl der Trades, die Sie handeln, durch die Zeiteinheiten, in denen Sie handeln, und ganz besonders durch die Festlegung des Geldrisikos. Bestimmen Sie diese Parameter, wie es zu Ihrer Persönlichkeit passt. Es gibt keine Standards dafür. Nur Sie können diese festlegen! Wer ausgeglichen tradet, tradet definitiv erfolgreicher.

3.16 Mit der Zeit wird alles besser

Veränderung braucht Zeit. Zeit alleine führt aber noch zu keinen Veränderungen. Ich habe Trader kennen gelernt, die glaubten, sie müssten ihren Trading-Stil nur immer weiterverfolgen, um endlich erfolgreich zu werden. Wenn Ihr Trading nicht erfolgreich ist, dann wird es nicht dadurch besser werden, indem Sie einfach nur lange genug durchhalten. Das wäre in etwa so, als würde ich mit abgelaufenen Schuhen herumlaufen im Glauben, sie würden sich schon wieder von alleine besohlen, wenn ich nur weit genug darin gehe.

Wenn Sie nicht profitabel beim Traden sind, dann liegt es entweder an Ihrem Handelssystem, an Ihnen – oder an beidem. Sie verschwenden unnötig Zeit, Energie, und wahrscheinlich auch Geld, wenn Sie nicht herausfinden, wo der Haken ist.

Trading-Ergebnisse werden nur dann besser, wenn Sie aktiv an ihnen arbeiten. Lachen Sie jetzt nicht. Viele sind nicht bereit, den Preis für Veränderungen zu zahlen, deshalb ändern sie nichts und alles bleibt beim Alten. Trotzdem hoffen Sie, ans Ziel zu kommen. Sie können das mit dem Erlernen einer Sprache vergleichen. Wenn Sie zwanzig Englischvokabeln lernen, können Sie noch nicht behaupten, perfekt Englisch zu sprechen. In Gesprächen mit anderen würden Sie feststellen, dass viele Sie nicht verstehen, da Sie zu wenige Vokabeln beherrschen. Abwarten würde hier nichts bringen, also müssten Sie schauen, welche Vokabeln Sie als Nächstes lernen sollten, um sich sinnvoll weiterzuentwickeln.

Beim Trading ist es nicht anders. Zur Überprüfung Ihrer Fähigkeiten brauchen Sie ein geeignetes Instrument, mit dem Sie Ihre Leistungen kontrollieren können. Ein Trading-Journal zum Beispiel und am besten noch eine Excel-Tabelle dazu, mit der Sie Ihre Trades auswerten können. Nur so wissen Sie, mit welchem System Sie profitabel werden, welcher Handelsansatz Ihnen liegt, wo Sie die wenigsten Fehler machen und was Sie beim Traden fühlen und denken. Erkennen Sie ein Problem, sollten Sie es Schritt für Schritt beseitigen. So werden Sie erfolgreich.

Ungeübten Tradern ist die Wichtigkeit dieser Qualitätskontrolle beim Trading oft nicht bewusst, sie handeln manchmal auch nach Jahren noch wild drauflos – in der Hoffnung, dass sie schon mit der Zeit ein erfolgreicher Trader werden. Aber wie soll man ankommen, wenn man nicht vorangeht, sondern nur auf der Stelle tritt?

So denken und handeln die Profis

Überlassen Sie bei Ihrem Trading nichts dem Zufall. Je mehr Sie Ihre Handlungen überprüfen und verbessern, desto sicherer fühlen Sie sich. Legen Sie sich dazu am besten eine feste Struktur zu. Gewöhnen Sie sich Routinen an. Je vertrauter ihnen eine Gewohnheit ist, umso zuverlässiger setzen Sie sie um. Anfangs fällt es Ihnen vielleicht schwer, sich an Ihre neuen Aufgaben zu halten. Das ist normal. Bleiben Sie dran. Nach sechs Wochen kontinuierlicher Umsetzung hat sich Ihr Gehirn an diese neue Aufgabe gewöhnt und es wird Ihnen wesentlich leichter fallen, sie dauerhaft anzuwenden!

3.17 Von Yogis lernen

Es ist immer wieder erstaunlich, wie präsent altes Wissen in unserer modernen Welt ist, auch beim Trading. Ob westliche oder asiatische Weisheiten, wie beispielsweise »In der Ruhe steckt die Kraft« oder »Du bist die Summe deiner Gedanken« – überall gibt es Antworten auf die eigenen Fragen. Wer seine mentalen Fähigkeiten beim Trading aktiv mit einer Bewegungsform in Verbindung bringen möchte, dem empfehle ich Yoga.

Richtiges Yoga ist mehr als nur Körpertraining. Den Meistern ging es vordergründig nicht um die geschmeidigen Verrenkungen, sondern um die Erweiterung des Geistes im Zusammenhang mit dem Körper.

Der Geist sollte beim Yoga dazu dienen, seine eigenen Grenzen zu durchbrechen, indem er sich erweitert und flexibel wird. Yoga möchte verdeutlichen, dass alles im Leben seine Grenzen hat. Nur der Geist ist unendlich. Sehr vieles ist möglich, wenn wir nur die geistige Kraft aufbringen, es auch umzusetzen. Der Körper zeigt bei den Yogaübungen, dass er begrenzt ist. Mithilfe der Willenskraft (Geist) kann man diese Begrenzungen bis zu einem gewissen Grad überschreiten. Es liegt deshalb an jedem selbst, wie beweglich er auf die Einschränkungen in seinem Leben und im Trading reagiert. Wer beschließt, die Konsequenzen für seine Entscheidungen zu übernehmen, der kann dadurch enorme Entwicklungen und Veränderungen erreichen.

Um den einzigartigen Wert des echten Yogas zu praktizieren, sollte man sich an zertifizierte Yogazentren wenden. Yogakurse im Fitnesscenter bieten diese authentische Weisheit meist nicht. Ich selbst praktiziere Yoga in den SIVANANDA Zentren (www.artyoga.de).

Wer sich intensiver mit Yoga beschäftigt, wird erkennen, dass man hier viele Antworten auf Trading-Probleme finden kann.

- Entwicklung braucht Zeit.
- In der Ruhe steckt die Kraft.
- Jeder hat eine Persönlichkeit mit seinen persönlichen Begrenzungen.
- Unser Geist ist nur so weit begrenzt, wie wir selbst es zulassen.
- Unser Verstand ist unsere Wirklichkeit – nicht die Wirklichkeit.
- Ein Gramm Praxis ist mehr wert als tausend Tonnen Theorie.

Yogaübungen, bewusst praktiziert, können diese Prinzipien enorm festigen und zu einem entspannten und disziplinierten Trading führen.

3.18 Meditation

Meditation bedeutet Freiheit vom Bekannten.

Die älteste Schule der Bewusstseinserweiterung ist die Meditation. Meditation schafft Ruhe, Ausgeglichenheit und vor allem die für das Trading so wichtige Konzentration! Der Geist fährt seine Aktivität herunter und öffnet sich gerade im meditativen Zustand für die Beantwortung unserer dringlichen Fragen. Ich selbst habe viele Trading-Probleme im Zustand der Meditation lösen können.

Menschen fällt es oft sehr schwer, Stille und Bewegungslosigkeit auszuhalten. Ständig müssen sie aktiv sein, körperlich oder geistig. Nichts tun ist für viele das Schwerste. Doch gerade diese Daseinsform ist enorm bereichernd und erfüllend.

In der Stille öffnet sich Ihr Unbewusstes. Sie können es in Trance sogar befragen und bekommen meist klare und direkte Lösungen angeboten, auf die Sie mit bewusstem Nachdenken manchmal gar nicht kommen würden. Die Forschung hat herausgefunden, dass unser Angstzentrum, mithilfe von regelmäßiger Meditation nicht mehr so anfällig auf Angstauslöser reagiert.

Wer meditiert, kontrolliert seinen Geist. Um sich in diesen besonderen Zustand zu versetzen eignet sich die einfache Meditation. Ziel dieser mentalen Übung ist, Bewusstheit über seine Gedanken zu bekommen. Das Gehirn beschäftigt uns nämlich ununterbrochen. Wir denken dies, wir denken jenes. In jeder Sekunde kommt ein neuer Impuls, manchmal kreisen die Gedanken ständig um sich selbst. Der Grund dafür ist, dass unser Gehirn selbstaktiv ist. Wir denken nicht, sondern Gedanken drängen sich uns auf. Meist kommen sie aus dem Unbewussten. Was wir denken, wird zum großen Teil durch das Unbewusste beeinflusst.

Während der Meditation lernt man seine Gedanken ohne Beurteilung zu beobachten. Dazu sucht man sich einen ruhigen Ort, setzt sich mit geradem Rücken auf einen Stuhl oder im Lotussitz auf ein Meditationskissen und schließt die Augen. Nun spürt man kurz in seinen Körper hinein, entspannt alle Muskeln und atmet zweimal tief ein und wieder aus. Danach konzentriert man sich auf seinen Atemrhythmus, atmet durch die Nase langsam ein und wieder aus, möglichst in den Bauch hinein. Drängen sich einem Gedanken auf, lässt man diese wie Wolken am Himmel vorbeiziehen und konzentriert sich weiter auf seinen Atem. Ziel ist, nicht mehr den Gedanken verhaftet zu sein, sondern sie nur noch als das wahrzunehmen, was sie sind – bloße Gedanken. Sie sind nicht die Realität, sondern etwas, womit wir uns beschäftigen sollen, so wie unser Geist es gerade will. Sinn der Meditation ist, diesen Automatismus zu durchbrechen, um Abstand zu seinen Gedanken herzustellen, indem man ihnen keine Aufmerksamkeit mehr schenkt. Man lässt sie einfach vor seinem geistigen Auge vorbeiziehen. So macht man es einmal täglich etwa zwanzig Minuten.

Es wurde in vielen wissenschaftlichen Studien bewiesen, dass bereits nach drei Monaten regelmäßiger Meditation Veränderungen in unserem Gehirn entstehen. Die Konzentrationsfähigkeit nimmt zu und die Fähigkeit, sich gegenüber äußeren Einflüssen abzugrenzen.

Beim Trading nehmen Sie den Einfluss der Meditation dadurch wahr, dass Sie wesentlich disziplinierter, strukturierter und konzentrierter handeln können. Indem Sie sich für Ihren Weg öffnen, finden Sie diesen auch schneller und bekommen den natürlichen Impuls, ihm dann zu folgen. Sie werden unabhängiger von äußeren Einflüssen, insbesondere von den (Trading-)Meinungen anderer. Sie bekommen mehr Gelassenheit, Ihren Trading-Stil zu entdecken und diesen umzusetzen. Meditation unterstützt Sie effektiv darin, die zahlreichen Fremdeinwirkungen loszulassen, ihnen keine Beachtung zu schenken und sich auf das Wesentliche zu konzentrieren. IHREN Trading-Stil. Die Meinungen anderer werden zunehmend belanglos. Sie erkennen, dass es nicht DIE eine wahre

Meinung über eine Kursentwicklung oder die Märkte gibt, sondern so viele verschiedene, wie es Trader und Analysten gibt. Denn jede Meinung ist subjektiv und nur eine von vielen. Vor allem aber erkennen Sie, dass es nur eine Wahrheit gibt, der Sie wirklich vertrauen und folgen sollten – IHRER eigenen!

3.19 Was ist eigentlich Erfolg?

Nichts und niemand kann uns glücklich machen – außer wir uns selbst.

Erfolg ist per Definition erst einmal nichts anderes als das positive Resultat persönlichen Handelns. Das klingt vielleicht jedoch zu nüchtern, um es erstrebenswert zu finden. Genauer betrachtet geht es um Gefühle wie Glück, Zufriedenheit, Geborgenheit, Sicherheit und Anerkennung. Wer erfolgreich ist, der ist beliebt, mitunter verfügt er dadurch sogar über Einfluss und Macht. In der Tiefe geht es bei Erfolg um Liebe, also um eines der wichtigsten Gefühle unseres Lebens.

Erfolg ist immer individuell. Der eine mag sich erfolgreich fühlen, wenn er eine große Karriere im Berufsleben macht. Ein anderer, wenn er so wenig wie möglich Zeit mit Arbeit verbringen muss. Letztlich geht es um das Gefühl der Stimmigkeit in sich. Wichtig beim Streben nach Erfolg ist, ob es die eigenen Erfolgswünsche sind, die man erreichen möchte. Sehr viele streben Erfolge an, die weder ihnen entsprechen noch von ihnen gewählt wurden. Sie befinden sich in einem unbewussten Wettkampf mit Kollegen, Familienmitgliedern, Freunden, Nachbarn oder sogar Stars aus der Medienwelt. Aus meiner täglichen Praxisarbeit weiß ich, dass viele unbewusst denselben Weg wie ihre Eltern gehen oder deren Vorstellungen verwirklichen. Entweder weil sie wissen, dass sie sonst abgelehnt werden, oder befürchten abgelehnt zu werden.

Es ist wichtig, sich die Frage zu stellen und für sich zu beantworten, wozu man denn seinen Erfolg erreichen möchte. Welche Qualität, welche Werte stecken hinter dem Erfolgsstreben? Und – entspricht die Erfolgsabsicht eines anderen auch der eigenen? Meist will man nämlich nur denselben Status wie ein anderer erreichen, weil man sich selbst nicht erfolgreich oder nicht wertvoll genug fühlt.

Doch was dem einen hilft, muss dem anderen nichts nützen!

Nicht selten werden Verbindungen zum Erfolg geknüpft, die gar nicht vorhanden sind. Wer Erfolg im Beruf hat, hat nicht gleichzeitig auch eine schöne Frau an seiner Seite, tollen Sex oder eine harmonische Beziehung. Ganz nach dem Motto: »Mein Haus, mein Auto, meine Yacht, meine Frau – meine Geliebte!« Die Werbung hätte uns gerne so gleichgeschaltet, davon lebt sie. Sie möchte Bedürfnisse wecken und Konkurrenz schaffen, um uns dadurch zum Konsumieren anzuregen.

Häufig findet man die Antworten auf Erfolgswünsche, die wir von anderen übernehmen, in unserer Kindheit. Wir wollten auch gut aussehen, in der Gruppe mitspielen, geliebt und anerkannt werden, Freiheiten haben, der Gewinner sein, der Anführer, der Star. Der Mensch sehnt sich unbewusst ständig nach Beachtung. Studien aus der Positivpsychologie haben bewiesen, dass Mitarbeiter wesentlich bessere Arbeit leisten, wenn ihr Vorgesetzter ihre Tätigkeit würdigt und die betreffende Person anerkennt. Dieser positive Einfluss hält nachweislich bedeutend länger vor als eine Lohnerhöhung.

Erfolg bestätigt die eigenen Fähigkeiten, gibt einem das Gefühl, recht zu haben und etwas gut zu können. Es ist ein wunderschönes Gefühl, denn es bestätigt uns als ganze Person, unser ICH: Ich bin erfolgreich! Wer beim Trading aufgrund von überlegten Handlungen schon einmal gute Gewinne erzielt hat, weiß, wovon ich rede.

Erfolg ist machbar. So haben wir es gelernt: Leiste was, dann haste was, dann biste was. Kurzum, dann stellt sich der Erfolg schon ein. Beim Traden hat aber nicht derjenige am meisten Erfolg, der am meisten handelt, sondern der, der es richtig macht. Beim Trading gelten eben andere Regeln, damit sich der Erfolg einstellt. Das muss man erst einmal begreifen und dann fähig sein, es entsprechend umzusetzen.

Oft stehen wir uns beim Erreichen unseres Trading-Erfolges selbst im Weg, weil wir unsere eigene Messlatte sehr hoch angelegt haben. Etwa durch unerreichbare Renditeziele oder bei der Umsetzung neuer Verhaltensweisen. Dabei kann es schon ein sehr großer Erfolg sein, nur einen Tag lang diszipliniert seinen Trading-Plan durchzuhalten, einen schlechten Trade auszulassen oder geduldig auf eine gute Trading-Chance zu warten. Wer sich eher auf kleine Erfolgsziele konzentriert, ist wesentlich zufriedener, weil er häufiger Glücksgefühle erlebt. Das motiviert und macht den Weg zum Ziel wesentlich leichter. Dieses Verhalten überträgt sich auf die gesamte Persönlichkeit, das ganze Lebensgefühl. Denn nicht zu unterschätzen ist Erfolg als Motivator. Erfolg bewirkt Erfolg. Von erfolgreichen Menschen geht oft eine positive Energie aus. Lebensfreude, Kraft, Überzeugung und Selbstbewusstsein. Sie sind nicht so sehr am Erfolg selbst interessiert, sondern am Erlebnis. Erfolgreiche Menschen sind erlebnisorientiert und nicht ergebnisorientiert!

So denken und handeln die Profis

Die Erfolgsformel ist ganz einfach: Erfolg – folgt dem Erfolg. Das geschieht durch die Umsetzung kleiner positiver Schritte. Nehmen Sie dazu Ihren Trading-Plan und setzen Sie ihn in kleinen Schritten diszipliniert um. Nach dem Motto: »Du musst heute sein, was du morgen werden willst.« Anfangs scheint das eine große Herausforderung zu sein. Damit es einfacher geht, machen Sie sich eine »Erfolgsliste«. Auf der steht, was Sie nur heute richtig machen werden. »Ich warte heute auf ein gutes Setup.« »Ich riskiere heute nur gemäß meines veranschlagten Geldrisikos.« »Wenn ich einen Gewinn mache, dann riskiere ich heute nur einen Teil des ganzen Gewinns.« Achten Sie darauf, dass Sie sich selbst immer wieder kleine Erfolge schaffen, sodass Sie am Ende des Tages auf diese Erfolge zurückblicken können. Machen Sie sich Ihre Tageserfolge abends, vielleicht vor dem Schlafengehen, noch einmal bewusst. Sie können dazu die Augen schließen und diese Momente noch einmal vor Ihrem inneren Auge ablaufen lassen, wie Sie erfolgreich agiert haben.

Professionelle Händler streben beim Trading nicht vordergründig Reichtum an, wie es Anfänger oft glauben und selbst oft tun. Sondern sie konzentrieren sich darauf, immer wieder das Richtige zu tun und werden so völlig selbstverständlich erfolgreich. Wiederholen Sie das, was zum Ziel führt, in kleinen Schritten wieder und wieder – und Sie werden erleben, dass Erfolg im Trading machbar ist.

3.20 Niemand zwingt uns, erfolglos zu sein

Erfolg ist vor allem eine Entscheidungssache!

Kann man Erfolg lernen? Wie Sie eben erfahren haben: Ja, man kann! Dazu brauchen Sie nur auf Ihre Art und Weise nachzumachen, wie es andere geschafft haben. Erfolgreiche Menschen sind vor allem disziplinierte Menschen, die beständig und strukturiert ihr Ziel verfolgen. Die Vorbedingung dafür ist, dass Sie bereit sind, die Konsequenzen Ihrer Entscheidungen auszuhalten! Dazu sollte man gleich von Anfang an den Fokus auf die wichtigsten Dinge legen. Schnell reich werden, jeder Trade ein Treffer, absolute

Sicherheit, keine Verluste, Risiko nach Gefühl eingehen, Draw-down-Phasen vermeiden – diese Haltung ist sicherlich der rascheste Weg, um an der Börse erfolglos zu werden. Aber es ist gut zu wissen, dass uns niemand zwingt, erfolglos zu sein – außer wir selbst! Erfolg liegt in jedem von uns. Er ist in diesem Moment schon in Ihnen. Wenn Sie sich dazu entschließen, alles dafür zu tun, um erfolgreich zu werden, werden Sie außerordentlich große Chancen haben, dass Ihr Wunsch in Erfüllung geht.

Spricht man mit erfolgreichen Menschen, so kann man feststellen, dass sie eines gemeinsam haben – Durchhaltevermögen. Der Entertainer Harald Schmidt wurde in einem Interview gefragt, warum ausgerechnet er so erfolgreich geworden sei. Seine Antwort: »Weil ich durchgehalten habe. Ich habe in Theatern teilweise vor zwei Leuten gespielt, aber ich habe so getan, als wären es Hunderte gewesen. Ich wurde abgewiesen und habe beim Nächsten geklingelt. Ich bin sicher, es gibt viele, die besser sind als ich, aber die haben nicht durchgehalten!«

Beim Trading ist es dasselbe. Es wird immer wieder Rückschläge geben auf dem Weg zum Erfolg. Entscheidend ist, was Sie aus diesen Rückschlägen herausholen. Werfen sie Sie zurück oder bringen sie Sie voran? Die Entscheidung hat jeder von uns selbst in der Hand. Ein Ziel erreicht man nur, wenn man es konstant verfolgt. Und Beim Trading hat jeder Trader seine ganz eigene Wegstrecke bis zum Ziel vor sich. Diese ist abhängig von der individuellen Persönlichkeit jedes Einzelnen und dem Einsatz, den er bereit ist zu geben.

Auffallend ist auch, dass erfolgreiche Menschen den Mut haben, ihren ganz eigenen Weg zu gehen. Frank Sinatra hat seine Erfolgsformel einmal in einem Lied verfasst – »I did it my way«.

So denken und handeln die Profis

Lernen Sie, Entscheidungen zu treffen und diese dann auch entschlossen umzusetzen. Das ist für die Trading-Laufbahn überaus wichtig. Zum Traden brauchen Sie von Anfang an Mut. Die zahlreichen Widerstände auf der Gefühlsebene, die Sie beim Traden erleben, brauchen eine feste Hand, die sie führt, damit Sie die Handlungen durchführen und umsetzen können, um in diesem Geschäft erfolgreich zu werden. Trading kann emotional bis an die äußersten Grenzen gehen. Aber mit Entschlossenheit, Ausdauer, Disziplin, Realitätssinn und Selbstbewusstsein werden Sie die Kraft haben, den zahlreichen emotionalen Gegenspielern, die sich Ihnen auf dem Weg zu Ihrem Erfolg in den Weg stellen werden, Paroli zu bieten. Wenn Sie es schaffen, für die Dauer der Lernphase sich den mentalen Strapazen zu stellen, und Sie stärker als Ihre Ängste sind, dann werden Sie ein erfolgreicher Trader werden! Sicher, Erfolg braucht auch Glück. Aber das Glück können Sie ein Stück weit selbst erschaffen, wenn Sie wollen. Denn Glück und Erfolg haben eines gemeinsam: Man kann sie jederzeit finden, man muss nur bereit sein, sie auch finden zu wollen! Und wer Glück und Erfolg bewusst sucht, der ist ein aktiver Gestalter seiner Trading-Laufbahn. Ein weiterer wichtiger Baustein beim Trading ist die Gelassenheit. Die haben Sie, wenn Sie sicher sind, dass Sie im Spiel bleiben, also über Trading-Kapital verfügen. Denn der größte Demotivator ist der Kapitalverlust. Konzentrieren Sie sich daher hauptsächlich darauf, Ihr Kapital zu konsolidieren. In der Lernphase und Startphase des Tradings geht es ausschließlich um das Begreifen der Zusammenhänge des Marktes und um den Aufbau von emotionaler Stärke. Es geht überhaupt nicht darum, was gerade Anfänger immer wieder denken – um den schnellen Reichtum! Wer sich zu Beginn nur darauf konzentriert, wird mit Sicherheit scheitern!

3.21 Die drei größten Trading-Fehler

System-Fehler

Unzählige Anfänger traden ohne System munter drauflos in der Hoffnung dennoch profitabel zu werden. Da man ohne Handelssystem keine Chance hat, dauerhaft erfolgreich zu werden, geht das so lange gut, bis sie ihr Konto von der Bank oder dem Broker aufgelöst bekommen. Ohne ein profitables Trading-System zu traden – das ist, als würde man auf einer Autobahn ohne Karte, GPS oder Hinweisschilder fahren und irgendwie hoffen, trotzdem am richtigen Ort anzukommen. Man kann Glück haben, meistens aber endet es nicht am gewünschten Ziel. Aber woher kommt diese Bereitschaft, ständig wild und ohne Regelwerk draufloszuhandeln?

Es gibt unterschiedliche Gründe. Klar, zu Beginn ist es einfach Unwissenheit und Unkenntnis. Man kennt weder wie die Märkte noch wie man selbst emotional funktioniert. Das führt dazu, dass Kleinanleger riskanter spekulieren als die weltbesten Hedgefondsmanager, die im Gegensatz zu jenen wissen, welches Risiko sie eingehen. Der Kleinanleger kauft auf Empfehlung Aktien und hofft, dass sie enorm steigen werden. Tun sie es nicht und verlieren sie stattdessen immer mehr an Wert, verkauft er, getrieben von seinen Ängsten, sein Kapital zu verlieren, seine Papiere wieder. In der Regel weit unter Einkaufswert. Dieses Verhalten wird dann oft 1:1 beim Internet-Trading übernommen.

Day-Trading wiederum ist ein schnelles Geschäft. Der Trading-Anfänger glaubt, darin die Lizenz zum schnellen Gelddrucken zu erhalten. Die Charts sind für ihn nicht nur eine grafische Darstellung des Kursverlaufes, sondern vor allem eine Abbildung versäumter Chancen, die ihn wütend macht und verzweifeln lässt. Bei jeder großen Bewegung ärgert er sich, nicht dabei gewesen zu sein. Gleichzeitig ist er felsenfest davon überzeugt, dass er den Verlauf dieser Bewegung nicht nur hätte exakt vorhersagen können, sondern sie auch perfekt hätte traden können. Hinterher ist man eben immer schlauer!

Weil die Märkte für den Einsteiger anfangs undurchschaubar sind, schießt er wie ein Jahrmarktschütze wild drauflos – Trade für Trade. Will sich der erhoffte Erfolg aber nicht einstellen, versucht er, über die Stopptechnik ans Ziel seiner Träume zu kommen. Er platziert seine Stopps entweder zu weit entfernt vom Einstieg oder er setzt erst gar keine. Die allerwenigsten Börsenteilnehmer begreifen anfangs, dass es so nicht funktionieren kann. Ihr unlogisches Verhalten ist verständlich – sie wollen Verluste vermeiden, jedoch wirkungslos! Ein Anfänger weiß eben noch nicht, wie er professionell große Verluste vermeiden bzw. sinnvoll Gewinne erwirtschaften kann. Deswegen wendet er nur jene Regeln an, die sein Verstand und sein Unbewusstes ihm zur Verfügung stellen! Mehr leider nicht.

Viele meinen, Einstiegssignale würden allein schon ausreichen, um erfolgreich zu werden, aber stimmt natürlich nicht. Das wäre so, als hätte man zwei Werkzeugkisten, eine mit Schrauben und eine mit Muttern. Jede Kiste enthält 1000 unterschiedliche Exemplare. Nun entnimmt man eine Schraube der einen Kiste sowie eine Mutter der anderen. Schraubt sie zusammen und, siehe da, sie passen. Man wiederholt das Ganze erneut – diesmal eine andere Schraube – wieder eine andere Mutter – und sie passen. Bei den nächsten zehn Schrauben aber hat man kein Glück mehr mit diesem Verfahren. Letztendlich weiß niemand, wie viele Male dieses Schrauben-Mutter-System erfolgreich sein könnte.

Genauso ist es beim systemlosen Trading. Niemand weiß, ob das Signal, welches Sie ein paar Mal mit Glück erfolgreich getradet haben, wieder erfolgreich sein wird. Vor allem wissen Sie nicht, ob es dauerhaft erfolgreich ist! So kann es sein, dass Sie zehn, zwanzig, dreißig oder mehr unterschiedliche Handelssignale traden, aber gar nicht sicher sind, wie profitabel das einzelne Signal überhaupt ist. Es könnte sein, das zwei Einstiegsstrategien gute Gewinne erzielen, die anderen aber alles Nieten sind, die nur die Gewinne wieder auffressen und zusätzlich noch Verluste verursachen. Trading ist eben kein Glücksspiel, sondern ein Strategiespiel. Und wer keine Strategie hat, der hat vielleicht mal Glück, aber sicher auf Dauer keinen Erfolg!

Um zu wissen, ob Ihr System wirklich profitabel ist, sollten Sie es testen. Beim sogenannten Backtesting haben Sie allerdings das Problem, dass es natürlich Ergebnisse der Vergangenheit sind. Testen Sie zum Beispiel Trades, die alle in einer Crashphase gehandelt wurden, während der Markt sich aber wieder in einer ruhigen Trendphase befindet, kann das zu Ungenauigkeiten in der Auswertung führen. Backtesting können Sie mit einer speziellen Software vornehmen. Fragen Sie zum Beispiel Ihren Broker, ob er sie anbietet. Wenn Sie Ihr Handelssystem schon traden, dann können Sie auch Ihre Aufzeichnungen auswerten. Je detaillierter und größer die Anzahl der Trades sind, desto präziser wird Ihr Ergebnis werden. Hundert Trades sind hier Minimum. Es versteht sich von selbst, dass Aspekte wie Zeiteinheit, Volatilität und Marktphase bedeutenden Einfluss auf die Testung haben. Manchmal zeigt sich, dass schon wenige Justierungen am System ausreichen, um aus einem unprofitablen Regelwerk ein profitables zu machen. Wenn Sie es sich selbst nicht zutrauen, nehmen Sie die Hilfe eines Fachmannes in Anspruch. Das ist wesentlich zeitsparender, geld- und nervenschonender, als immerzu ins Ungewisse zu traden! Entscheiden Sie selbst: Wollen Sie Laie bleiben oder Profi werden?

So denken und handeln die Profis

Ein profitables Handelssystem ist die Grundlage des erfolgreichen Tradings. Es gibt kaum etwas, das Ihnen mehr Sicherheit und Vertrauen schenkt! Arbeiten Sie sich ein Regelwerk aus, mit dem Sie sich wohlfühlen, das Sie gerne traden. Ein guter Trading-Plan hat die Qualitäten eines guten Partners: Er ist verlässlich, unproblematisch, vertrauensvoll, man fühlt sich wohl mit ihm, weil er zu einem passt. Achten Sie anfangs darauf, dass Sie nur wenige Setups haben, das macht es leichter, diszipliniert zu handeln.

Stopp-Fehler

Keine Stopps beim Trading zu setzen ist wie Autofahren, ohne zu bremsen. Dennoch gehen täglich Tausende an den spekulativen Kapitalmärkten dieses Risiko ein. Warum? Meistens aus Angst, Geld zu verlieren. Aber Geld zu verlieren gehört zum Trading dazu. Oder anders gesagt: Man kann nicht gewinnen, wenn man nicht verlieren kann.

Eine ausgelöste Stopp-Order ist ein »Nein« des Marktes. Und wer mag es schon, dass jemand einem widerspricht? Einmal geht ja noch, aber mehrere Male? Und das auch noch mehrmals hintereinander? Das ist ein Angriff auf das Ego. »Nein« bedeutet: falsch gemacht. Und Fehler zu machen fühlt sich für uns Menschen nicht gut an. Wer etwas falsch macht, der wird oft schon als Kind mit Liebesentzug bestraft – das sitzt! Diese emotionale Prägung hält meist bis ins Greisenalter. Bei zu vielen »Neins« entstehen Unzulänglichkeitsgefühle. Da Menschen diese Gefühle nicht sonderlich schätzen, versuchen sie deshalb, sie mit aller Anstrengung zu vermeiden. Ein »Nein« des Marktes verursacht Angst. Viele »Neins« bedeuten sehr viel Angst. Um Angst zu verhindern, geht man einer Gefahrensituation am besten aus dem Weg. Dieser Mechanismus läuft in uns schneller, als wir ihn bewusst denken können. Beim Trading schützt man sich unbewusst vor Verlustängsten, indem man keine Stopps setzt, oder sie vom Einstieg weit weg platziert. So glauben die Trader: »Wenn ich beim Trading nicht ausgestoppt werde, dann brauche ich auch keine Angst zu haben.« Logisch kombiniert, aber leider in der Praxis nicht sehr wirkungsvoll. Weit weg platzierte Stopps, die nicht mit einem sinnvollen Geldrisiko einhergehen, oder gar keine gesetzten Stopps führen zwangsläufig zu großen Verlusten oder zum Totalverlust.

Wer bei seinen Trades nicht die Reißleine zieht, der gerät irgendwann in die Situation, dass so hohe Verluste auflaufen, dass er fürchten muss, sein gesamtes Trading-Kapital zu verlieren. Mit der Konsequenz, dass der enorme Druck den Trader dazu zwingt, die bereits aufgelaufenen großen Verluste zu realisieren, um sich der mentalen Schmerzen zu entledigen. Das Geld ist zwar dann verloren, aber das zurückgewonnene innere Gleichgewicht wiegt den Verlust beim Trader oft um Tonnen wieder auf. Er fühlt sich von der immensen Belastung, die durch die Schieflage ausgelöst wurde, endlich befreit. Im Geiste rechnet er sich alsbald schon wieder aus, wie er sich das verlorene Geld vom Markt zurückholen kann.

Unsinnige Stopp-Strategien können aufgehen, aber eben nicht immer. Und manchmal führen sie zu solchen Verlusten, von denen man sich nie mehr erholt. Wer es nicht glaubt, der sollte es ausprobieren. Es funktioniert, auch riesige Verluste sind machbar!

Was die meisten nicht wissen, ist, wie gefährlich sich dieses Verhalten auf das Trading auswirken kann. Unser Gehirn speichert alles, insbesondere wenn starke Emotionen mit im Spiel sind. Erzielt man nämlich auf diesem Weg wiederum große Gewinne, dann speichert unser Gehirn diese Lösung als Möglichkeit für künftige Erfolge ab und reaktiviert sie gegebenenfalls unbewusst erneut. Wenn nun häufiger einige Trades ausgestoppt werden und man von sich schnellstens bessere Ergebnisse erwartet, dann kann es passieren, dass man sich plötzlich mit einem Trade konfrontiert sieht, der einem gerade riesige Verluste aufs Konto beschert. Ausgelöst durch einen Trade ohne Stopp, der munter in die falsche Richtung läuft. Unser Gehirn will uns nur helfen, erinnert sich an diese »besondere Stoppstrategie«, löst unbewusst den Reflex aus – und schon tradet man wieder munter ohne Stopporder.

Im Coaching wird mir diese Frage oft gestellt: »Wieso passiert das ausgerechnet mir immer wieder, obwohl ich das doch gar nicht will und ich ja auch weiß, dass das falsch ist!« Unser Gehirn speichert starke emotionale Erlebnisse besonders einprägsam ab. Geld ist ein Turbomotor für unsere Emotionen. Es ist im Nachhinein schwer, sich diese Prägung wieder abzugewöhnen, weshalb das Wissen zur Tradingpsychologie gerade zu Beginn so wichtig ist. Gerade am Anfang seiner Lernphase sollte man daher seinen Fokus auf einen guten Handelsstil ausrichten und nicht auf das Geldverdienen selbst.

Falsche Trading-Angewohnheiten sind in etwa vergleichbar mit einem Kind, das in den ersten Lebensjahren aus einer Laune heraus sich angewöhnt, immer rückwärts zu gehen, um nach einer Zeit festzustellen, dass ja alle anderen vorwärts laufen. Man muss dann nicht nur das Vorwärtsgehen neu trainieren, sondern zugleich gegen die unbewussten Impulse des Rückwärtslaufens ankämpfen. Da der Mensch in Stresssituationen dazu neigt, altbewährte Strategien zu reaktivieren, und seien sie noch so sehr zum Nachteil des Traders, so wird es schwer, diese Trading-Fehler einfach zu unterlassen. Es ist für Sie sicher nachvollziehbar, dass Sie dadurch die Lernzeit unnötig verlängern.

So denken und handeln die Profis

Handeln Sie mit Stopps. Es ist Ihre einzige Versicherung in diesem Geschäft. Es gibt Strategien ohne Stopps, doch es handelt sich um absolute Ausnahmestrategien.

Generell gilt: Sie müssen bewusst das Risiko eingehen, Geld zu verlieren. Wenn Sie bei einem Trade ausgestoppt werden, dann hat dies, sofern Sie systematisch korrekt gehandelt haben, nichts mit Ihrem Können zu tun. Im Gegenteil. Dann haben Sie einen guten Job gemacht. Wenn Sie eine gute Trading-Chance Ihres profitablen Handelssystems durch einen Minus Trade verlieren, dann hat das nichts mit Ihnen, sondern mit dem unvorhersehbaren Verlauf der Märkte zu tun. Trainieren Sie sich an, Geldverluste nicht persönlich zu nehmen. Sie sind Teil des Börsenhandels. Indem Sie bereit sind, diese Verluste anzunehmen, sind Sie ein Trader. Andernfalls sind Sie ein Spieler. Achten Sie auf ein sinnvolles Geldrisiko. Passen Sie die Höhe des Geldbetrages, den Sie riskieren, Ihrem persönlichen Angstpegel beziehungsweise Ihrer Komfortzone an. Riskieren Sie nur so viel pro Trade, dass der Verlust Ihnen emotional gleichgültig ist.

Risiko-Fehler

Trading ist ein Risikogeschäft. Wer hier Geld verdienen will, der muss das Risiko anvisieren, der Gewinn kommt dann praktisch von allein. Der Profi sucht die Sicherheit! Ihm geht es vor allem darum, so wenig Geld wie nötig zu riskieren, um so viel wie möglich zu gewinnen. Die Grundvoraussetzung dazu ist natürlich ein profitables Handelssystem. Der Anfänger tradet nicht selten ohne festes Regelwerk und versucht so, über ein erhöhtes Risiko sein Ziel zu erreichen – damit legt er sich jedoch selbst riesige Steine in den Weg!

Gewinne ohne Risiko gibt es im Trading nicht. Viele beschäftigen sich aber genau mit dieser Idee. Sie wollen am liebsten gar nichts verlieren, aber viel gewinnen. Das ist verständlich, aber nicht realistisch. Beim Trading gibt es keine *Geld-zurück-Garantie*.

Seltsamerweise ist das Streben nach Wertbeständigkeit gerade bei Geldgeschäften so hoch. In vielen alltäglichen Dingen sehen wir das ganz anders. Die Benutzung des eigenen Autos führt zum Wertverlust, auch das Tragen unserer Kleidung oder die Benutzung unseres Computers. Aber bei Handelsgeschäften an der Börse, da gehen wir selbstverständlich davon aus, dass es sich unaufhörlich vermehrt.

Wer tradet, der muss sich bewusst machen, dass er am Ende des Tages nicht mehr, sondern weniger Geld auf dem Konto haben kann, obwohl er alles richtig gemacht hat. Das ist ungefähr so, als würden Sie morgens zur Arbeit fahren, Ihren Job bestens erledigen, um am Ende des Tages von Ihrem Chef gesagt zu bekommen: »*Alles richtig gemacht, aber dieser Tag wird Ihnen nicht bezahlt.*« In der Berufswelt eine völlig absurde Situation. Im Börsengeschäft vollkommen alltäglich. Nun mag man sich sagen, okay, so ist das eben beim Trading. Unser Gehirn hat sich aber über die vielen Jahre und Jahrzehnte an das Gleichnis Arbeit = Geld gewöhnt. Trifft dieses Gleichnis, wie beim Trading, manchmal sogar mehrere Tage hintereinander nicht zu, kann das zu Angst, Wut, Verzweiflung, Hoffnungslosigkeit und vielem mehr führen. Das wiederum überträgt sich auf das Trading-Verhalten und verursacht Disziplinlosigkeit. Die Folgen davon sind dann unschwer auf dem Handelskonto zu erkennen.

Niemand weiß, wie ein Trade ausgeht. Niemand! Alle Experten sind nur Wahrsager, ohne die Wahrheit zu kennen. Risiko bedeutet beim Trading, Verluste angemessen zu kalkulieren. Wichtig ist, sich immer zu fragen: Wie viel kann und darf ich mit diesem Trade verlieren? Wer nur wenig bei einem Trade riskiert, der kann viele Male verlieren, hat aber auch die Chance, größere Gewinne zu erzielen, mit denen er die letzten Verluste ausgleicht und darüber hinaus noch einen Gewinn übrig behält. Das Erfolgsprinzip von Trading ist: Zwei Schritte vor und einen zurück!

	Trader A		**Trader B**		**Trader C**	
Jahr	Depotwert	Performance im Jahr in %	Depotwert	Performance im Jahr in %	Depotwert	Performance im Jahr in %
0	10.000		10.000		10.000	
1	11.500	15	12.500	25	8.000	-20
2	13.225	15	14.500	16	13.200	65
3	15.209	15	11.600	-20	10.560	-20
4	17.490	15	15.080	30	17.424	65
5	20.114	15	18.096	20	13.939	-20
6	23.131	15	22.982	27	23.000	65
7	26.600	15	32.175	40	18.400	-20
8	30.590	15	25.096	-22	30.360	65
9	35.179	15	30.868	23	24.288	-20
10	40.456	15	40.438	31	40.318	66

Abb. 2: Wer sein Geldrisiko ständig verändert, erzielt unterschiedliche Gewinne und Verluste. Das ist meist nervenaufreibend. Ein Gleichklang beim Geldrisiko macht das Traden leichter.

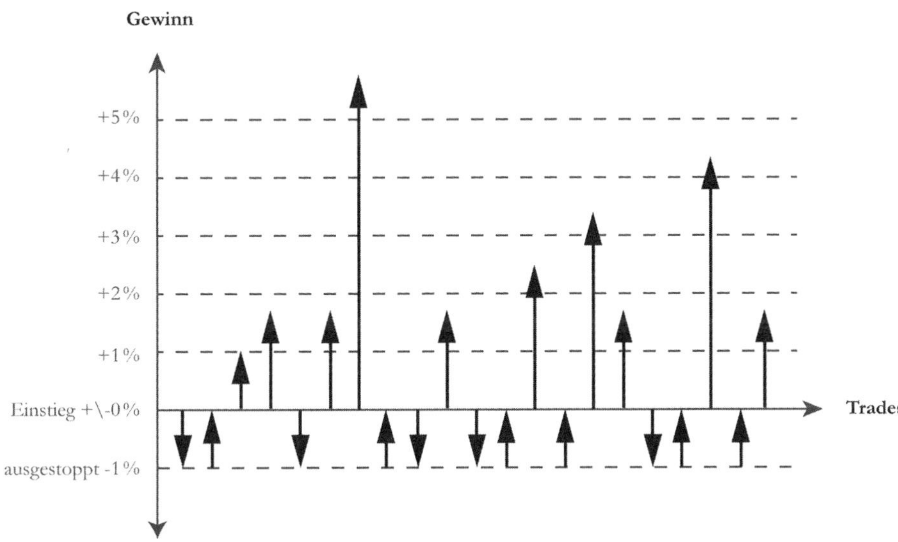

Abb. 3: Das richtige Verständnis für Trade-Verläufe hilft, realistisch zu bleiben. Nicht jeder Trade wird ein Gewinner! Trading ist ein ständiger Ablauf von Versuch und Irrtum. Mal holt man einen kleinen Gewinn, mal keinen, dann verliert man und hin und wieder hat man Glück und erzielt einen großen Gewinn.

Meistens dreht der Trading-Anfänger so ungeschickt an der Stellschraube Risiko herum, dass die ganze Maschine in die Luft fliegt, noch bevor der Motor ins Laufen gekommen ist.

Es wird zu viel Geld riskiert, es werden zusätzliche Positionen geordert, und das, obwohl der Trade ins Minus läuft. Sinnvolle Stopptechniken werden vernachlässigt. Das Vorgehen nennt sich Hoffen statt Handeln. Dieser Trader ist vor allem damit beschäftigt, seine Emotionen zu traden statt seinen Trade!

Erfolgreiches Trading im Risikomanagementbereich braucht immer gleiche Parameter, um profitabel zu werden. Außer in einer Draw-down-Phase. Hier sollte man bei der Entstehung von Ängsten mit der Reduzierung des Geldrisikos gegensteuern. Ansonsten gilt: Ständiger Wechsel der riskierten Geldbeträge ist beim Trading so wenig sinnvoll wie Kuchenbacken ohne Mengenangaben. Das macht weder Spaß noch führt es zu einem gelungenen Ergebnis. Am Ende landet der Kuchen im Mülleimer und das Trading-Konto auf dem Börsenfriedhof.

Beim Trading muss man geradezu Lust auf das Risiko bekommen. Allerdings weniger, indem man unüberlegt hohe Risiken eingeht, sondern indem man das Risiko als einen spielerischen Aspekt des Tradings verinnerlicht. »Diesmal wurde ich ausgestoppt, aber dann steigt meine Chance wieder, beim nächsten Trade zu gewinnen.« Das gilt natürlich nur für ein identisches System und heißt nicht, dass das Risiko deshalb erhöht werden sollte! Denn statistisch gesehen nimmt die Chance auf einen Gewinn mit jedem Verlust-Trade tatsächlich zu.

Noch einmal das erste Trading-Gesetz: Wer beim Trading nicht verlieren kann, der kann beim Trading nicht gewinnen! Es ist deshalb sehr ratsam, sich gleich zu Beginn eine positive Einstellung zu seinen Verlusten anzutrainieren.

Eine gute Möglichkeit ist die Desensibilisierung. Je kleiner der Schmerz ist, den man durch einen Impuls erlebt, desto mutiger wird man sich diesem stellen. Kommt man an die Schwelle der Erträglichkeit und fühlt keine Angst mehr vor dieser Barriere, dann geht man einen Schritt weiter, so lange, bis man sein erwünschtes Ziel erreicht hat. Man gewöhnt sein Gehirn also stufenweise an die Angst, indem man sich ihr Schritt für Schritt immer mehr nähert. So oft, bis die gewünschte Situation angstfrei erlebt werden kann. Für das Trading bedeutet das: Je kleiner die Angst vor dem Ausgestopptwerden ist, desto gelassener kann man einen Trade eingehen und sich ausstoppen lassen. Und diese Angst ist mit der Höhe des Geld-Verlust-Risikos steuerbar.

Eine weitere sehr nützliche Methode ist, sein Gehirn mithilfe von geführten Suggestionen und Hypnosen auf die Realität der Trading-Geschehnisse einzustimmen. Der Trader erlebt auf diese Weise immer wieder Handlungsabläufe, die für ihn zur gefühlten Normalität werden. Erlebt er diesen Ablauf dann irgendwann in der Realität, reagiert sein Gehirn darauf wie gewünscht, nämlich so, wie er es vorher immer wieder suggestiv eingeübt hat.

So denken und handeln die Profis

Je kleiner Ihr Risiko, umso größer die Chance, dass Sie entspannt handeln können. Dagegen wartet der Gedanke auf, dass man zu wenig oder nicht schnell genug Geld verdient. Es ist gut zu wissen, dass ein zu hohes Geldrisiko Sie erst recht nicht an Ihre Trading-Ziele bringen wird. Denn es ist das verlorene Geld, das zu unangenehmen Emotionen und den Trading-Problemen führt! Und unsinniges Trading-Verhalten kostet Sie in diesem Geschäft am meisten Geld. Wenn Sie den Mut haben, wenig zu riskieren, werden Sie mehr gewinnen. Wer sein Risiko durch das Aufstocken von Positionen zum Beispiel erhöhen will (»Pyramidisieren«), der sollte auch hier immer überprüfen, ob sein Risiko angemessen gewählt ist. Und angemessen ist es immer dann, wenn der Trader sich mit seinem Trade in der emotionalen Sicherheitszone befindet. Ängste sind Gift für jeden Trade und jeden Trader!

3.22 Die Besserwisser

Unseriöse Börsenzeitschriften, Börsenbriefe, Börsenmedien und Trader warten nur auf erfolgsgierige Börsen-Anfänger, die schnell reich werden wollen. Und es gibt sie zuhauf – beide Gruppen! Der Trick ist immer derselbe: Empfohlen werden billigste Aktien aus der untersten Schublade. Diese Kursraketen haben ihre Startrampen meist in irgendeinem muffigen Hinterhof am Ende der Welt. Mit einer Bombengeschichte stehen sie bereit für die nächsten 200, 300, 500 Prozent Rendite. Wer nicht sofort einsteigt, kommt mit Sicherheit zu spät. Noch sind sie billig, kosten ein paar Cent und werden bald explodieren. Und wenn erst einmal etwas explodiert ist, dann bleibt meist nicht mehr viel davon übrig. Vor allem kein Geld. Am Ende werden die Ersten wieder die Letzten sein, die aus der Rakete aussteigen, zerschellt am Boden der Tatsachen. Dafür und davor haben die Börsenbriefakteure dick Kasse gemacht. Denn die steilen Kurse entstehen durch die hohe Nachfrage. Oft reicht nämlich der Kauf einiger Tausend Aktien, um die Kurse zu verdoppeln. Stopps empfehlen diese Gauner in der Regel nie. Ihre Rechenbeispiele beginnen verheißungsvoll: »Was aus Ihren 10.000 Euro bis heute mit unseren Raketenaktien geworden wären!« Dann folgt die Liste der grandiosen Renditeerfolge. Sofort ruft das Gier-Gen: »Das will ich auch.« Man ärgert sich, dass man nicht schon längst dabei war. Natürlich sind auch ein, zwei Minus-Trades aufgelistet. Schaut man sich die Renditeentwicklung etwas genauer an, erkennt man, dass immer die volle Summe investiert und nie ein Stopp gesetzt wurde. Wäre der Anleger zum falschen Zeitpunkt eingestiegen und hätte als Erstes einen Minustrade erwischt, wäre der größte Teil seines Geldes verloren und die beworbene Rendite unerreichbar gewesen. Mit professionellem Trading hat das so wenig zu tun wie ein Space Shuttle mit einer Silvesterrakete!

Bei seriösen Börsenbriefen entstehen bei Abonnenten oftmals falsche Sicherheitsvorstellungen. Sie meinen, nur weil ein Trader die Handelsaktionen vorgibt, sei es ein Leichtes, die gleiche Rendite zu erwirtschaften. Wichtig dabei ist, dass man Börsenbriefe 1:1 umsetzt, um dieselben Gewinne wie der Trader zu erzielen, der diesen Brief anbietet. Risiko- und Moneymanagement, Kauf- und Verkaufskurse, Handelszeiten – alles muss gleich sein. Meist scheitert es aber genau daran. Klassisches Verhalten hierbei ist, dass Abonnenten, wenn einige Trades wie auf Schienen laufen, gleich das Doppelte und Dreifache riskieren. Und so kommt es schnell zu heftigen Verlusten. Ähnlich passiert es auch andersherum: Um die Verluste nach einigen Minus-Trades auszugleichen, wird einfach mehr riskiert, um sie wieder wettzumachen. Das verwässert natürlich enorm die Ergebnisse.

Viele achten zuerst auf die erzielte Rendite des Börsenbriefes. Viel wichtiger ist aber, darauf zu achten, ob der Börsenbrief zum eigenen Persönlichkeitsprofil passt. Wer nur wenige Stunden Zeit zum Nachtraden hat, der braucht keinen Börsenbrief zu abonnieren, bei dem die Gewinne über den gesamten Tag erwirtschaftet werden. Wichtig ist es auch, einen Blick auf die Draw-down-Phasen (Verlustphasen durch Marktveränderungen) zu werfen. Diese sind normal und gehören zum Trading dazu. Auch die Draw-down-Phase sollte zum eigenen Risikoempfinden passen.

Bei Empfehlungen in Börsenzeitschriften sollte man sich angewöhnen, die Handelsstrategie der Autoren zu erkennen. Es könnte sonst vorkommen, dass eine Vielzahl an Systemen nachgetradet wird, von denen nicht jedes unbedingt profitabel sein muss. Auch hier ist das Einhalten eines sinnvollen Risiko- und Moneymanagement sehr wesentlich. Denn bei den sogenannten »Profis«, die in diversen Zeitschriften publizieren, weiß man nämlich nie genau, ob es sich nicht doch um einen Praktikanten handelt, der weniger Erfahrung hat als man selbst!

So denken und handeln die Profis

Besserwisser sind nicht immer zwangsläufig die Bessermacher! Sicherer ist es, wenn Sie sich eigene Fachkenntnisse für das Trading aneignen. Das dauert zwar seine Zeit, aber dafür weiß man, wie sie entstanden sind! Wenn Sie einem Börsenbrief nicht vertrauen, dann lassen Sie die Finger davon. Die versprochenen Renditen sollten unbedingt logisch, nachvollziehbar und natürlich mit einem seriösen Geldrisiko entstanden sein.

3.23 Expertengläubigkeit

Du hast Recht – aber ich finde meine Meinung besser!

Als ich mich für das Thema Börse zu interessieren begann, las ich zunächst Börsenzeitschriften und schaute entsprechende Sendungen im Fernsehen. Ich war fasziniert von dem Wissen der Reporter und glaubte, so würde professioneller Handel funktionieren. Man müsse nur früh genug an die relevanten

Informationen kommen, um rechtzeitig kaufen zu können. Dass ich immer zu spät sein würde, begriff ich erst viel später. Noch enttäuschter war ich, als ich feststellen musste, dass die meisten Informationen Unsinn waren.

Dass eine Aktie von SIEMENS gerade um 3 Prozent stieg, weil in China ein neues Werk gebaut wurde, klang für mich logisch. Aber wieso fiel sie dann am nächsten Tag wieder um 4 Prozent? Und war es sinnvoll, dass alle nur deshalb diese Aktie kauften? Woher wussten diese TV-Reporter das eigentlich? »Die Händler greifen heute beherzt bei SIEMENS zu«, hieß es. Ja, aber die paar verlorenen Männchen im Hintergrund konnten doch unmöglich »die Händler« gewesen sein. Da war ja mehr auf unserem Wochenmarkt in der Fußgängerzone los. Und das sollte die Händlerszene des Weltbörsengeschehens sein?

Vermutlich meinten sie all die zigtausend Händler in ihren Büros in New York, Frankfurt, Tokio, Sydney, Moskau usw., die via Internet orderten. Aber woher wussten die Journalisten, was deren Beweggründe waren? Telefonierten sie mit allen Händlern, um zu fragen was ihre Gründe für ihre Käufe und Verkäufe waren? Sicherlich nicht. Und bei einer Kauf- oder Verkaufsorder steht auch nirgendwo: »Ich kaufe SIEMENS-Aktien, weil sie jetzt ein Werk in China bauen.« Also wussten die Journalisten das gar nicht und erfanden diese Begründung nur? Genau! Vielleicht fragten sie ein paar Händler auf dem Parkett, aber ist das die Masse? Bestimmt nicht. Niemand weiß, weshalb irgendjemand eine Aktie kauft oder verkauft – außer er fragt ihn. Aber die Mehrheit der Händler zu fragen, weshalb sie dieses oder jenes tun – unmöglich!

Es musste also andere Beweggründe für die Transaktionen an der Börse geben und nicht nur einen einzigen, wie man mir in den Medien immer allzu gern weismachen wollte. Und was konnte ich schließlich mit all diesen Informationen anfangen? Nichts! Als ich das durchschaute, kaufte ich mir nie wieder eine Börsenzeitschrift und guckte mir auch nie wieder eine dieser Börsensendungen im Fernsehen an. Ich begriff, dass die Kurse die Nachrichten machten, aber die Nachrichten nicht die Kurse. Es mag Ausnahmen geben, aber die sind so selten wie profitable Trading-Anfänger. Vielleicht auch gerade deshalb.

Es gab nur einen plausiblen Grund, warum die Kurse an den Börsen stiegen oder fielen: weil es entweder mehr oder weniger Käufer oder Verkäufer für ein Wertpapier gab. Wer sie sind, weiß niemand, nicht einmal der Reporter oder die Reporterin im Fernsehen! Also der sogenannte Experte.

Doch die Macht, die diese Medien mit ihrer Omnipräsenz ausüben, können die Kaufentscheidungen der unwissenden Kleinanleger maßgeblich beeinflussen.

Ich erinnere mich noch sehr gut an einen Klienten, der 2008 zu mir kam, weil er unter einem Finanztrauma litt. Ausgelöst durch einen renommierten »Banken-Experten«, der in einer sehr bekannten TV-Börsensendung ein Interview gab. Er empfahl den Zuschauern einen Zertifikate-Korb, bestehend aus vier »Top-Banken«, zu kaufen: »Das sind jetzt Kaufkurse, jetzt, wo die Kurse etwas zurückgekommen sind. Da kann nichts passieren, die Stoppbarriere ist so weit weg, da braucht man keine Angst zu haben. Das Zertifikat lässt man liegen und freut sich irgendwann über die Gewinne!« Da war er sich sicher. Einige Monate später hatte sich nicht nur das Zertifikat, sondern auch eine der vier Banken in Luft aufgelöst. Und der Rückkaufspreis des Zertifikates wurde nach der Entwicklung der Aktie mit der schlechtesten Performance bemessen. Schlechter ging es nicht. Das Geld meines Klienten war verloren.

Dieses Beispiel von sogenannten Experten zeigt, wie sicher ihre Aussagen sind. Nämlich gar nicht. Es ist nur eine Meinung von vielen, mehr nicht. Und man darf nicht vergessen, dass Experten meistens ein persönliches Interesse daran haben, Werbung für eine Aktie oder ein Produkt zu machen. Wenn Bankanalysten in die Börsenwelt hinausposaunen, man solle jetzt unbedingt Aktie XY verkaufen, dann ist es gut möglich, dass die Bank selbst ein Interesse daran hat, den Kurs zu drücken, um die Stücke günstiger wieder zurückzukaufen.

Ein Experte ist auch nur ein Mensch, eben einer mit seiner eigenen Meinung. Doch allzu oft glauben die Anleger und Trader, dass jene die absolut sichere Antwort auf die Frage »Wohin geht der Kurs von XY?« kennen. Niemand weiß das. Und wer so tut, als ob er es wüsste, dem sollte man erst recht nicht trauen!

Denken Sie nur an die weltweite Finanzkrise dieses Jahrhunderts. Keiner der ausgebildeten Ökonomen auf dieser Welt hat die Finanzkrise exakt voraussagen können. Das gilt für das Timing der Immobilienblase und den Zerfall der Credit Default Swaps genauso. Man könnte auch sagen: Nie zuvor hat eine Expertengemeinde zuverlässiger versagt. Analysen zu einem bestimmten Wert oder zu bestimmten Geschehnissen sind letztlich nicht mehr und nicht weniger als die persönliche Meinung desjenigen, der sie äußert. Mehr nicht! Bei einer Recherche wird man erkennen können, dass Analysten zu unterschiedlichen Ergebnissen kommen. Die Chance, dass sie eintreffen können, steht bei allen Analysen 50:50. Und weil das so ist, sollte man besser nur einen sehr geringen Betrag investieren, um mit Glück etwas Gewinn zu erwirtschaften oder nur einen kleinen Verlust hinzunehmen. Wesentlich klüger wäre es, eigene Analysen zu erstellen. Das ist zwar aufwendiger, aber solider. Viele machen sich diese Arbeit nicht, weil ihnen das nötige Fachwissen zum Marktgeschehen fehlt und sie die Mühe scheuen, die das Erlernen desselben bereitet. Andere wollen keine Entscheidung fällen und die Konsequenzen tragen. Sie wollen heute traden, sind aber nicht bereit, den steilen Berg der Trader-Ausbildung zu erklimmen, der meist viele Jahre dauert. Wer keine Meinung hat oder ein ungenügendes Fachwissen, der sucht eben bei anderen. Das ist okay, solange man auch mit den Analysen, Meinungen und Resultaten anderer leben will! Seien Sie sich darüber im Klaren, dass Fremdanalysen immer eine Scheinsicherheit verkaufen. Profi-Trader verlassen sich nicht auf die Analysen anderer, sondern nur auf ihre eigenen.

3.24 Wer die Wahl hat, hat die Qual

Wer sich anfangs mit dem Thema Trading beschäftigt, der findet ein übergroßes Angebot an Informationen. Besonders das Internet ist voller Ideen und Ratschläge, wie man den Börsenhandel professionell angehen sollte. In Trader-Foren verbreiten unzählige Händler ihre Meinung über die Märkte ins Netz. Wie sinnvoll das überhaupt ist, muss jeder für sich selbst entscheiden. In den meisten Fällen allerdings führt das nur zu Verwirrungen.

Dazu ein Beispiel aus einer Trader-Coachingstunde:

Zu mir kam ein junger Trader, Anfang zwanzig, namens Marcel. Er beschäftigte sich seit knapp zwei Jahren mit den Märkten und hatte das Gefühl, je mehr er wusste, desto schlechter wurden seine Trading-Ergebnisse. Er wollte wissen, wie das denn sein könne. Schließlich kann es doch nicht verkehrt sein, sich mit etwas gut auszukennen!

Ich bat ihn also, mir seine theoretische Herangehensweise ans Trading einmal zu beschreiben:

Marcel: *Ich habe etwa 50 Trading-Bücher bisher gelesen. Immer wenn ein neues Buch auf dem Markt erscheint, will ich es gleich haben.*
Coach: *Was erhoffst du dir?*
Marcel: *Ich will möglichst viel über das Trading wissen.*

Coach: *Setzt du von dem Wissen für dein Trading einiges um?*
Marcel: *Ja, ich versuche, so viel wie möglich davon in mein System einzubauen.*
Coach: *Ach, du hast also ein System?*
Marcel: *Ja, sicher.*
Coach: *Und hast du den Eindruck, dass durch diese ständigen Ergänzungen dein System besser wird?*
Marcel (lacht): *Nee, irgendwie nicht. Ich habe das Gefühl, ich baue immer mehr Profi-Tools ein, verfeinere mein System mit vielen Tipps, aber das Ergebnis wird immer schlechter. Jedenfalls verliere ich mehr, als ich gewinne. Was ich komisch finde, weil es ja alles Profi-Tipps sind.*
Coach: *War das zu irgendeinem Zeitpunkt mal anders?*
Marcel: *Ja, so im ersten Dreivierteljahr meines Tradings, da lief es eigentlich ganz gut. Und dann wollte ich noch besser werden und suchte Hilfe in Fachbüchern. Aber irgendwie scheint stattdessen das Gegenteil eingetreten zu sein.«*
Coach: *Denkst du, dass Profis das auch so machen, dass sie sich ständig Anregungen aus Büchern holen, um die neuen Tipps der anderen Trader dann in ihr System zu integrieren?*
Marcel: *Dachte ich jedenfalls. Wie sonst sollten sie sich verbessern?*
Coach: *Informierst du dich noch anderweitig?*
Marcel: *Ja klar. Ich lese in Internetforen und Fachzeitschriften. Da stehen ja auch tolle Sachen drin.*
Coach: *Und die fügst du natürlich auch in dein System ein?*
Marcel: *Ja, schon, wenn der Zusammenhang Sinn macht.*
Coach: *Klingt so, als würdest du jeden Monat in dein System eingreifen?*
Marcel: *Einmal im Monat?* (lacht)
Coach: *Marcel, stell dir vor, du fährst von zu Hause aus zur Arbeit, aber jeden Tag gibt es eine kleine Umleitung. Und du weißt nie, wohin diese Umleitung dich genau führt. Was könnte das für deinen Arbeitsweg bedeuten?*
Marcel: *Das könnte bedeuten, dass ich wohl länger zur Arbeit brauche.*
Coach: *Genau. Und was könnte noch passieren?*
Marcel (überlegt eine Weile): *Naja, wenn die Umleitung so umfangreich ist, dann könnte es sein, dass die Strecke zur Arbeit gar nicht mehr in meine gewünschte Richtung führt. Dann käme ich nur über sehr große Umwege zum Job, dann müsste ich mir etwas Neues einfallen lassen.*
Coach: *Nun vergleiche das mal mit deinem Trading. Um ans Ziel zu kommen, baust du dir immer wieder neue Umwege ein und erreichst damit, dass du nur sehr schwer oder gar nicht mehr das Ziel erreichst. Was wäre also zu tun?*
Marcel: *Die Umwege wieder abzubauen …*

Coach: *Genau, sie sein zu lassen! Oder um es anders zu sagen – du tradest immer wieder mit neuen Streckenverläufen in deinem Handelssystem. Wie sollst du da profitabel werden?*
Marcel: *Und ich dachte, ich mache alles nur besser.*
Coach: *Du veränderst dein Regelwerk permanent. Wie soll da beim Trading Ruhe reinkommen? Wichtig ist, zuerst einmal ein festes System zu etablieren, um zu sehen, was man selbst benötigt, damit man sicher und vertrauensvoll handeln kann. Die vielen Indikatoren und Hilfswerkzeuge anderer bringen da nichts. Sonst sollte man komplett deren System handeln. Denn darauf sind deren Parameter ja abgestimmt. Wenn ich einen Diätplan verschrieben bekomme, dann macht es auch keinen Sinn, auf den Teller des Nachbarn zu schauen und sich zu sagen: »Der ist dünner als ich und isst zwei Kartoffeln weniger als ich. Dann sollte ich das jetzt auch mal tun, dann werde ich schneller schlank!« Höchstwahrscheinlich wurde ihm eine Diät verschrieben, die auf seine Bedürfnisse und seinen Körperbau zugeschnitten ist. Aber genauso agierst du, wenn du einfach irgendwelche Ideen anderer in dein Regelwerk einbaust. Finde heraus, was für dich bei deinem Handelssystem nicht gut genug funktioniert. Dann passe es mit den Mitteln an, die für dich stimmen. Meistens handelt es sich darum, größere oder kleinere Stopps zu setzen, mehr Geduld aufzubringen, um auf gute Chancen zu warten, oder Mut zu haben, eine Position laufen zu lassen, höhere Zeiteinheiten einzubeziehen, oder einen Wiedereinstieg zu wagen, wenn das Setup noch stimmt.*
Marcel: *Da sind schon einige Beispiele dabei, die auf mich zutreffen!*
Coach: *Das weiß ich. Trader versuchen oft, ihre mentalen Probleme über logische Parameter wie z.B. Indikatoren zu lösen. Oder indem sie ständig an ihrem System rumbasteln oder es gegen ein anderes Regelwerk austauschen. Das bringt aber nichts. Ein mentales Problem muss auf der mentalen Ebene gelöst werden. Ein logisches auf der logischen Ebene. Wenn ich bemerke, dass ich in den meisten Fällen ausgestoppt werde, weil mein Stopp zu eng platziert ist, dann muss ich dem Stopp etwas mehr Luft geben. Ganz logisch, dafür brauche ich kein mentales Training. Wenn ich aber Angst habe, einen Wiedereinstieg in eine Position zu wagen, obwohl das Setup nach wie vor exzellent ist, dann sollte ich der Sache von der psychologischen Seite her auf den Grund gehen. Es gibt sowohl mentale wie logische Gründe für Trading-Probleme. Beide haben ihren ganz eigenen Lösungsansatz. Die häufigsten Probleme entstehen auf der mentalen Seite des Tradings, aber die meisten versuchen, sie logisch zu lösen, was in der Regel zum Scheitern verurteilt ist.*

Marcel: *Verstehe. Ich glaube, ich brauche erst mal kein neues Buch mehr!*
Coach: *Klingt gut!*

Fachwissen ist eine nützliche Sache fürs Trading. Man muss verstehen, wie die Märkte funktionieren. Zum Beispiel dass Trends eher weiter in die eingeschlagene Richtung laufen, als dass sie drehen. Oder das Fibonacci-Verhältnisse durchaus Sinn machen können. Auch die Dow-Theorie, nach der Marktbewegungen bestimmten Kriterien unterliegen. Und natürlich, dass man einem festen und profitablen System folgen sollte, um Geld an der Börse zu verdienen. Zu jedem Zeitpunkt kann an den Märkten einfach alles passieren. Und Sicherheit beim Trading kann nur der Trader selbst herbeiführen, nicht der Markt an sich.

Die vielen Fachartikel und Bücher, die mit immer neuen Handelssystemen verführen wollen, reizen vor allem immer dann zur Nachahmung, wenn man selbst unsicher ist beim Traden. Irgendwann hat man unzählige Regelwerke im Kopf, sodass man sie auch meistens unbewusst einsetzt. Und häufig nicht mal der Reihe nach, sondern alle gleichzeitig. Das ist wie Kochen mit allen Zutaten, die im Kühlschrank zu finden sind. Schmackhaft wird das nicht!

Ich kenne das übrigens von mir selbst auch. Ich hatte so viele Handelsideen von anderen im sprichwörtlichen Trading-Köcher, dass ich meinte, für jede Situation im Chart die richtige Strategie zu besitzen. Mein Unbewusstes schickte mir ständig neue Impulse, was ich zu machen habe: »Widerstand im Stundenchart – jetzt long.« »Hammerkerze im 10-Minuten-Chart – rein!« »Zwei gleitende Durchschnitte kreuzen sich auf 15 Minuten – sofort short.« »Höhere Hochpunkte im 30-Minuten-Chart – long, das wird ein Trend.« »Trendlinie auf 10 Minute wird short gerissen – schnell short, das wird eine riesen Abwärtsbewegung!« »Doji-Kerze im 5-Minuten-Chart – der Markt dreht – ich kaufe.« »Der Kurs läuft aus dem Seitwärtskanal des Ein-Stunden-Charts – short eingestoppt.« Ich kannte so viele Einstiege, dass mein Unterbewusstsein mich in einem fort in die Startposition schickte – traden, traden, traden.

Ich bin schier verrückt geworden. Am Abend saß ich dann vor meinem Computer und war völlig geschafft. So, dachte ich, traden die Profis. Heute weiß ich, so traden die Doofis!

Wer die Wahl hat, der hat die Qual. Das trifft zu 100 Prozent auf das Trading zu. Heute weiß ich: Weniger ist mehr – weitaus mehr! Die Kunst liegt nicht in der Erweiterung, sondern darin, den Mut zu haben, mal was wegzulassen! Viel traden kann jeder – auf den aussichtsreichsten Trade zu warten, die wenigsten. Keinen Trade zu machen, das ist mentale Stärke! Unser Verstand will recht haben, will gewinnen. Der Mensch ist es gewohnt, Probleme logisch zu lösen, und er schaut, ob nicht vielleicht andere eine Lösung für sein Trading-Problem haben. In den allermeisten Fällen ist die Lösung aber nicht im Außen zu finden, sondern in einem selbst!

Profis handeln sehr oft sehr einfache Handelssysteme. Sie überprüfen regelmäßig, wo ihr Trading einiger Korrekturen bedarf – logische wie mentale. Dann arbeiten sie intensiv an der emotionalen Fähigkeit, um ihr Regelwerk konstant umzusetzen zu können. Im Laufe der Zeit bekommt ein Profi zunehmend einen siebten Sinn für die richtigen Handlungen. Er kontrolliert ständig, ob alles in Balance ist, die Handelslogik sowie die Gefühlsebene. Fremdes Wissen interessiert Profis zwar, aber sie nutzen es nicht, um damit ständig ihren bestehenden Trading-Stil zu ändern. Warum sollten sie auch etwas ändern, wenn es funktioniert? Das wäre so, als würden Sie jeden Tag Ihren Maßanzug zur Änderungsschneiderei geben. Wenn Sie bemerken, dass die Ärmel zu lang sind, dann sollten Sie die Armlänge einmal kürzen lassen, aber doch nicht vollkommen neue und völlig andere Ärmel annähen lassen!

So denken und handeln die Profis

Wenn Sie beständig Ihr System nachbessern, dann stimmt etwas an Ihrem System oder an Ihrer mentalen Herangehensweise nicht! Ungeübte Trader nehmen laufend Änderungen an ihrem System vor, weil sie hier den Fehler vermuten, auch wenn es objektiv betrachtet, dazu keine Veranlassung gibt. Verständlich, denn der Mensch wird ja vorwiegend von seinem Verstand gesteuert. Unbewusst wollen wir jedoch unseren Verlustängsten ausweichen. Das macht Sinn, denn Ängste sind schmerzhaft. Und Schmerz will der Mensch tunlichst vermeiden. So hart es auch klingen mag, Sie machen sich selbst etwas vor, wenn Sie die Antworten auf Ihre Probleme in immer neuen Regelwerken suchen und glauben, das Problem dadurch schneller lösen zu können. Allzu oft liegt die wahre Antwort in Ihnen! Wer sich mit den psychologischen Aspekten des Tradings nicht beschäftigt, tappt schnell in die Falle, Probleme im Außen lösen zu wollen. Haben Sie deshalb den Mut, sich immer zuerst zu fragen: »Inwieweit könnte der Grund für dieses Problem in mir liegen?« Oder: »Was ist der Grund für dieses Problem in mir?«

3.25 Vom Typ zum Original – so traden Sie Ihre Persönlichkeit

Wir werden als Unikate geboren – leider sterben viele als Kopien.

Viele meinen, alle Menschen seien irgendwie gleich. Tatsache ist aber, jeder ist anders! Zwar mag es zwischen den Persönlichkeiten gewisse Überschneidungen geben. Eine absolute Deckungsgleichheit gibt es jedoch nicht. Jeder macht seine ganz eigenen Erfahrungen und erlebt das Leben auf seine einzigartige Art und Weise. Talente, Fähigkeiten, Bedürfnisse, Wünsche, Sehnsüchte, Grenzen – all dies wird geprägt von den Eltern, Geschwistern, Familienmitgliedern, Freunden, dem Kindergarten, der Schule, dem Beruf, den Medien, der Gesellschaft. Es reicht schon, innerhalb der Familie an einer anderen Stelle der Geschwisterordnung geboren worden zu sein, um eine vollkommen andere Persönlichkeit zu entwickeln.

Diese Unterschiede sind es auch, weshalb Trading nicht für jeden auf gleiche Weise erlernbar ist. Der eine ist ungeduldig, der andere hat mehr Disziplin, ein Dritter neigt zu großen Ängsten, ein weiterer ist grenzenlos risikofreudig. Das ist auch der Grund, weshalb ein Trading-Plan auf die individuelle Persönlichkeit abgestimmt werden muss. Es reicht in der Regel nicht, den Trading-Stil eines anderen Traders 1:1 zu kopieren. Denn dieser Plan ist wie ein Maßanzug auf die Bedürfnisse und Fähigkeiten dieses Traders zugeschnitten. Das passiert zum Teil bewusst, größtenteils jedoch unbewusst. Denn die menschliche Seele ist stets bestrebt, mit ihren Bedürfnissen im Einklang zu leben.

Wer an der Börse erfolgreich werden will, der sollte unbedingt herausfinden, was seine Persönlichkeit ausmacht. Dabei hilft eine genaue Selbstanalyse. Schreiben Sie dafür zunächst eine Selbsteinschätzung auf. Was ist Ihnen wichtig im Zusammenhang mit Trading? Mögen Sie es eher ruhig bei der Arbeit oder bevorzugen Sie es, dass ständig um Sie herum etwas passiert? Können Sie schnell entscheiden oder brauchen Sie Raum für Bedenkzeit? Sind Sie flexibel und spontan oder bedacht und tiefgründig? Anschließend besprechen Sie diese Aufzeichnungen mit einer vertrauten Person. Diese kann im Anschluss Ihrer Analyse vielleicht noch mit eigenen Wahrnehmungen Ihr Selbstbild ergänzen. Wichtig sind die Erkundungen zu den Aspekten: Geduld, Risikobereitschaft, Aufnahmefähigkeit, Disziplin, Flexibilität, Sturheit, Schnelligkeit, Ängstlichkeit, Kreativität, Durchhaltevermögen, Recht-haben-

Wollen, Gerechtigkeitsempfinden, Erfolgsstreben, Ausdauer, Mut, Frustrationsschwelle, an Altem verhaftet sein, Einfühlungsvermögen, Intuition.

Ergänzen Sie diese Aspekte gerne um weitere Punkte, die Ihnen wichtig erscheinen.

Ein Persönlichkeits-Check sollte unbedingt zu Beginn der Trading-Laufbahn geschehen. Wer diesen Aspekt bei seiner Ausbildung vernachlässigt, verschwendet unnötig Zeit und bietet Enttäuschungen und Frustrationen auf dem Weg zum Ziel unnötig Raum. Das Ergebnis dieser Analyse sollte unbedingt bei der Erstellung eines eigenen Trading-Plans berücksichtigt werden. Wer zum Beispiel eine niedrige Angstschwelle hat oder zu unflexibel ist, für den könnte es schwer werden, in kleinen Zeiteinheiten zu handeln. Menschen, die dazu neigen, immer recht haben zu wollen, müssen aufpassen, dass sie nicht in eine Selbstsabotagefalle tappen, indem sie beginnen, mit den Märkten zu kämpfen. Hier besteht nämlich die Gefahr der ständigen Stoppversetzung oder gar Löschung der Stopporders. Akteure mit diesem Persönlichkeitsanteil haben es oft schwer, ein NEIN des Marktes zu akzeptieren.

Wesentlich effektiver ist eine Persönlichkeitsanalyse zusammen mit einem psychologisch geschulten Trader-Coach. Er hat den nötigen Abstand und geht vollkommen unvoreingenommen an die Thematik heran. Die Investition lohnt sich allemal, da man so konkret zu vermeiden lernt, seine Persönlichkeitsanteile auf das Trading zu übertragen. Erstens frustriert es, zweitens dauert alles länger und schließlich kostet es meist eine Menge unnötiges Lehrgeld.

Wer nun schon tradet, bekommt bereits während des Tradings eine Vielzahl an Feedbacks. Der Markt spricht beim Handeln ständig zu uns. Dazu müssen Sie lediglich den Fleiß aufbringen, konstant Ihre Wahrnehmungen beim Traden zu notieren und zu analysieren. Wie fühlen Sie sich, wenn Sie in kleinen Zeiteinheiten traden? Sicher? Ausgeglichen? Freudig? Entspannt? Leidenschaftlich? Können Sie es gelassen hinnehmen, wenn Sie einige Male hintereinander binnen Kürze ausgestoppt werden? Beantworten Sie sich solche Fragen ehrlich, um herauszufinden ob das Marktgeschehen Ihnen liegt. Beobachten Sie an sich, ob Sie beim Traden immer wieder dieselben Fehler machen, und fragen Sie sich, weshalb Sie das tun. Gehen Sie so alle wichtigen Punkte des Tradings durch und finden Sie Schritt für Schritt zu dem Trading-Stil, der zu Ihnen und Ihrer Persönlichkeit passt.

So denken und handeln die Profis

Profis handeln nicht bloß ein System, sie handeln durch sich hindurch! Erfolgreiche Trader sagen immer wieder, dass erfolgreiches Trading langweilig ist. Das liegt vor allem daran, dass sie nach Regeln traden, die ihnen entsprechen. Vergleichen Sie es mit Ihrer Arbeit. Wenn Sie einen Beruf haben, der Ihren Vorlieben und Talenten entspricht, den Sie selbstbestimmt ausüben können und der Ihnen leicht von der Hand geht, also der Ihnen generell großen Freiraum lässt, dann empfinden Sie diese Arbeit sicherlich als äußerst wohltuend und angenehm. Schaffen Sie sich diese Parameter beim Traden und Sie werden den erfolgreichen Börsenhandel als langweilig erleben – im positiven Sinne.

3.26 Selbstaggression

Ein Beispiel aus dem Trader-Coaching:

Jens ist Day-Trader und Anfang vierzig, er möchte, dass ich ihm helfe. Er schafft es einfach nicht, dauerhaft diszipliniert zu sein. Er hat sein Trading-System getestet und weiß, dass es funktioniert, trotzdem ist er nicht profitabel. Manchmal gelingt es ihm, konstant Geld aus den Märkten zu holen, doch dann macht er wieder einige »sehr dumme Trades«, wie er sagt, und alle Gewinne »sind wieder futsch«.

Es ist zum verrückt werden, immer derselbe Mist, fängt er an zu erzählen.
Coach: *Und was ist das für ein Mist?*
Jens: *Ich hasse es, wenn mich der Markt verarscht!*
Coach: *Verarscht ...?*
Jens: *Ja, verarscht, aber so richtig.*
Coach: *Und wie macht der Markt das genau?*
Jens: *Zuerst läuft alles bestens, ich gewinne einige Trades, dann werde ich mal ausgestoppt, dann gewinne ich wieder ...*
Coach: *Klingt erst einmal nach normalem Trading.*
Jens: *Ja, aber dann schmeißt er mich mit minus einem Punkt aus dem Markt, um dann in meine Richtung zu drehen.*
Coach: *Kann passieren.*
Jens: *Ja, aber dann verarscht mich der Markt in einer Tour. Es gibt eine Korrektur, ich steige nach Plan ein – und zack werde ich wieder rausgeschmissen und der Kurs rennt erneut in meine Richtung.*
Coach: *Ja, ärgerlich, aber das kann passieren.*

Jens: *Genau das werde ich dann – ärgerlich. Und je mehr der Markt mich dann zum Narren macht, desto ärgerliche werde ich.*
Coach: *Wie machen Sie sich ärgerlich, Jens?*
Jens: *Wie ich das mache? Indem ich dem Markt was um die Ohren haue!*
Coach: *Um die Ohren hauen Sie ihm!*
Jens: *Ja, ich glaube, ich spinne. Ich lasse mich doch nicht zig Mal von einem Idiotenmarkt für dumm verkaufen!*
Coach: *Das macht wütend.*
Jens: *Und wie!*
Coach: *Und wie geht es dann in solchen Situationen mit Ihnen und dem Markt weiter, Jens?*
Jens: *Wenn ich dann so ein paar Mal was vom Markt auf die Nase bekommen habe, dann ist es gut. Dann wehre ich mich und schlage zurück.*
Coach: *Oh ja, wenn man angegriffen wird, dann sollte man sich wehren!*
Jens: *Genau, und das mache ich dann.*
Coach: *Weil Sie wütend sind, so richtig stink-sauer!*
Jens: *Und wie!*
Coach: *Na klar ... Und wer gewinnt dann den Kampf meistens?*
Jens: *Ja, ich nicht. Und da wollte ich mal fragen, wie ich den Markt da besser handhaben kann.*
Coach: *Den Markt wollen sie besser handhaben lernen? Und an was dachten sie da so, Jens?*
Jens: *Ich habe mal ein paar Aufzeichnungen von Trades mitgebracht. Vielleicht machen die ja gar keinen Sinn und ich sollte es lieber lassen, damit ich mich nicht immer so ärgern muss.*
Coach: *Ich glaube, das Problem liegt nicht in den Trades, also in der Logik ihres Handelssystems, sondern bei Ihnen.*
Jens: *Bei mir? Wieso, was kann ich denn dafür, dass der Markt mich immer verarscht?*
Coach: *Woher wissen Sie denn, dass der Markt Sie verarscht, Jens?*
Jens: *Na, sonst würde er mich ja nicht immer rausschmeißen, um mir zu zeigen, dass er dann doch in meine Richtung will. Vielleicht betrügen mich ja auch die Broker. Sahnen kurz mein Geld ab und ab geht's in die andere Richtung.*
Coach: *Jens, was genau machen Sie, wenn der Markt Sie einige Male so unglücklich ausgestoppt hat?*
Jens: *Dann werfe ich noch mehr Kohle ins Feuer.*
Coach: *Soll heißen?*
Jens: *Ich nehme dann mal die Stopps raus oder nehme einfach bei den nächsten Trades mehr Geld in die Hand. Irgendwie müssen ja die aufgelaufenen*

Verluste wieder reinkommen. Ich bin ja wohl schlauer als diese Kurven da auf dem Chart.
Coach: *Wo wohnt eigentlich »dieser Markt« mit dem Sie immer den Kampf aufnehmen?*
Jens: *Wie, wohnen?*
Coach: *Wenn ich Ihnen so zuhöre, dann klingt es so, als hätte dieser Markt irgendwo ein Zuhause. Und es hört sich für mich so an, als wäre dieser Markt Ihr Nachbar und Sie kriegen sich ständig mit ihm in die Wolle, weil er nicht das macht, was Sie wollen.*
Jens: *Naja, wenn man täglich so viel Zeit mit den Märkten verbringt, dann wird der ja fast zum guten Freund. Ich verbringe ja nicht mal mit meiner Frau so viel Zeit wie mit den Charts.*
Coach: *Das stimmt. Aber behandelt man so einen guten Freund? Das klingt mir mehr nach einem Feind. Ich frage mich die ganze Zeit, wer verarscht da eigentlich wen: der Markt Sie? Sie den Markt? Oder Sie sich selbst?*
Jens: *Also, ich mich selbst bestimmt nicht, Nein, nein, es ist schon der Markt!*
Coach: *Also kennt der Markt Sie und macht das alles Ihretwegen so. Rennt den Chart runter, sagt sich: »So, kurz den Jens ausstoppen, dann wieder hoch.« Dann macht der Markt eine Korrektur, stoppt Ihren Trade ein, dann sagt sich der Markt wieder: »Ah, der Jens ist wieder da – den ärgere ich heute mal besonders doll – schnell mal ausstoppen.« Dann läuft er wieder in Ihre gedachte Richtung weiter und sucht Sie und wartet, wo er Sie gleich wieder verarschen kann. Dann sieht der Markt, dass Sie Ihr Geldrisiko massiv erhöhen, und sagt sich: »Mensch super, den Jens mache ich heute aber mal so richtig fertig.« Zack – ausgestoppt. Sie reagieren darauf, setzen gar keine Stopps mehr und der Markt denkt sich: »Jens, da musst du schon früher aufstehen – ich kann auch Minicrashs!« Zack, Ihr Handelskonto ist dick im Minus und Sie stellen Ihre Position lieber glatt, weil Sie dem Druck nicht mehr standhalten können. Ist es so?*
Jens: *Ja, so ist das. Aber das ist doch der Markt ...!*
Coach: *Nein, das sind Sie, Jens! Emotional gesehen reagieren Sie völlig über bei den Geschehnissen des Marktes. Und mit Ihrer Wut über diese Geschehnisse am Markt wollen Sie irgendwohin. Aber was haben wir schon als Kind gelernt? Wenn uns einer ärgert oder wehtut, dann rennen wir weg oder wehren wir uns, wenn wir können. Und Sie wehren sich bei Ihrem Gegenüber, bei Ihrem »guten Freund«, dem Markt. Doch letztendlich verletzten Sie natürlich nicht Ihren guten Freund, den Markt, sondern sich selbst! Den Markt können Sie gar nicht verletzen, Jens. Tatsache ist, Sie ärgern sich darüber, dass Sie zig Mal ausgestoppt werden. Der Markt wiederspricht Ihnen, gibt Ihnen ein*

NEIN und noch ein NEIN und noch ein NEIN. Und das macht Sie stinkwütend.
Jens: *Genau, stinkwütend!*
Coach: *Und diese Wut muss ja irgendwohin. Unbewusst wissen Sie, dass Sie selbst diese Wut verursachen. Und was machen wir Menschen dann? Wir richten diese Wut gegen uns selbst, weil die Wut ja irgendwohin muss! Wir bestrafen uns für unsere eigene Dummheit. Das schmerzt uns noch mehr und wir geraten in eine negative Wutspirale. Aus der wollen wir uns befreien. Wir wünschen uns, dass alles wieder so wird, wie es vorher war. Trader nehmen dann Stopps aus dem System oder erhöhen das Geldrisiko in der Hoffnung auf Besserung der fatalen Situation. Sie wollen ihr Geld zurück. Wollen, dass alles wieder so wird, wie zu Beginn der Ausgangssituation. Meistens führt das nur zu noch größeren Problemen. Aber das ist uns dann fast schon egal. Wir befinden uns in dem Moment schon im akuten Stressmodus und wollen nur noch recht haben, raus aus der eigenen Falle, in die wir uns selbst gebracht haben!*
Jens: *Und der Markt?*
Coach: *Der Markt ist nicht der Auslöser Ihrer Selbstsabotage. Es ist Ihre Interpretation des Marktes! Sie behandeln die Märkte die ganze Zeit über wie einen Menschen. Charts werden zwar von den Emotionen der Käufer und Verkäufer beeinflusst, aber es ist dumm, zu glauben, dass diese die Absicht haben könnten, Einfluss auf ihre Order zu nehmen. Da draußen sind in jedem Moment Hunderte, Tausende von Händlern, die werden nicht wegen ein paar Euros von Ihnen Jagd auf Sie machen. Stellt man fest, dass die Stopps stets um wenige Punkte abgefischt werden, dann heißt es das System anzupassen. Zum Beispiel indem man die Stopporder einige Punkte tiefer setzt. Um das zu wissen, führt man ja ein Trading-Journal.*
Jens: *Also bin ich schuld?*
Coach: *Ich würde es nicht Schuld nennen. Trading ist immer eine Reflexionsfläche unserer Persönlichkeit und Fähigkeiten. Wir übertragen, meist unbewusst, unsere Emotionen auf die Trading-Plattform. Deshalb sollte man sich immer die Frage stellen: »Wie reagiere ich gerade auf das, was im Trading passiert? Werden die Probleme durch meine Psyche verursacht oder durch die Parameter meines Handelssystems?« Wenn ich überreagiere oder vor Wut koche, weil ich einige Male unglücklicherweise ausgestoppt wurde, und mich daraufhin von meinem Trading-Plan abbringen lasse, dann hat es garantiert mit meiner Psyche zu tun!*
Jens: *Okay, aber was kann ich da tun?*
Coach: *Wir Menschen sind vor allem dann emotional in einer Situation ver-*

haftet, wenn wir sie gerade erleben. Entweder weil wir aktiv beteiligt sind oder weil wir gerade intensiv daran denken. Es gibt in diesem Moment Millionen Stressauslöser. Aber sie lassen uns alle kalt, weil wir an den Situationen nicht direkt beteiligt sind. »Was ich nicht weiß, macht mich nicht heiß!« Die Lösung ist, sich von dem Stressauslöser beim Trading zu trennen, also bewusst eine Unterbrechung zu verursachen. Hierbei kann ein Trading-Kontrollzettel große Dienste leisten. Nach jedem Trade wird aufgeschrieben, ob der Trade dem eigenen Plan entspricht und wie man sich dabei fühlt. Läuft der Trade nicht nach Plan, muss er sofort glattgestellt werden. Dann folgt mindestens eine kurze Pause. Das Gehirn braucht sofort einen Unterbrecherimpuls. »Stopp, bis hierher und nicht weiter!« So wird vermieden, dass eine Aggression entsteht, die über das Trading ausgelebt wird. Man sollte dann etwas anderes tun und am besten den Computer runterfahren. Durch den zeitlichen Abstand wird die Chance größer, anschließend wieder korrekt nach Trading-Plan zu handeln. Es ist auch sinnvoll, einige Tage mit dem Trading auszusetzen.

Jens: *Danke, ich denke, ich weiß jetzt, was ich ändern muss!*

Diese Selbstsabotage-Aktionen entstehen meist durch unbewusste Verhaltensmuster. Letztlich funktionieren sie wie ein Ventil. Druck baut sich auf und mithilfe von unbewussten Strategien soll dieser Druck abgebaut werden. Dahinter verbirgt sich der Mechanismus, dass Wut leichter zu ertragen ist als Schmerz oder Schuld. Und so neigt der Mensch dazu, diese Wut auf andere zu übertragen. Beim Trading beginnt man also, zu übertraden oder sein Geldrisiko unbedacht zu erhöhen. Auf eine kurze Formel gebracht: Je größer die Wut, umso größere Risiken werden eingegangen. Es ist in diesem Zusammenhang wichtig, zu verstehen, dass jeder für den Groll in seinem Herzen selbst verantwortlich ist. Meistens handelt es sich um eine Form von Aggression, die man gegen sich selbst richtet. Und beim Trading schadet man damit seinem Konto. Es ist immer wichtig, herauszufinden, was die Selbstsabotage genau auslöst. Es kann eine aktuelle Situation sein, wie bei Jens. Er ist wütend über das häufige Ausgestoppt-Werden und richtet daher die Wut auf den Markt, aber letztlich gegen sich selbst. Es gibt aber auch die Möglichkeit, dass unbewusste Glaubenssätze zur Selbstaggression führen. Etwa wenn jemand der Überzeugung ist, keinen Erfolg haben zu dürfen, oder meint, mit Trading kann man nur verlieren. Man erkennt dieses Verhaltensmuster schnell daran, dass man seinen Handelsplan nicht sauber verfolgt. Selbstaggression kann eine Menge Performance kosten, manchmal zerstört sie sogar das ganze Konto. Ausschlaggebend sind unbewusste, tiefere Gründe für so ein Verhalten. Diese sollte man gezielt ergründen und dann mit einer Strategie beheben. Es ist natürlich auch möglich, den »Willenskraft-Muskel« zu trainieren. Ist dieser stark genug entwickelt, kann man solchen Wutauslösern gelassen entgegensehen. Ich empfehle Visualisierungen und Entspannungsmethoden einzusetzen, um diese Problematik gezielt anzusprechen. Denn es tut äußerst gut, eine Gegenkraft parat zu haben, um sich nicht machtlos zu fühlen, wenn solche emotionalen Tsunamis einen Trader wegspülen.

3.27 Trading und Sucht

Trading macht Spaß. Es bietet viel Abwechslung und birgt zahlreiche Entfaltungsmöglichkeiten für unterschiedliche Persönlichkeiten. Bei kaum einem anderen Betätigungsfeld wird man zwangsläufig so intensiv mit der eigenen Gefühlswelt konfrontiert.

Wenn über Trading berichtet wird, dann geht es meist um das schnelle große Geld. Erzählt werden Geschichten von Menschen, die sich ihren Traum erfüllten: vom Trading zu leben. Die Fachzeitschriften und vor allem das Internet sind voll mit Trading-Informationen zu diesem Thema. Und je mehr man sich mit dem Thema beschäftigt, desto verlockender werden die Anreize, selbst das langersehnte Ziel zu erreichen: Freiheit durch finanzielle Unabhängigkeit.

Doch wie alles im Leben hat auch das Trading seine zwei Seiten – denn wo Licht ist, da ist auch Schatten! Die dunkelste Zeit in diesem Geschäft ist wohl spätestens dann erreicht, wenn man feststellen muss, dass man süchtig nach Trading ist. Und zwar nicht, weil man es so gerne ausübt oder weil es so viele positive Erlebnisse verursacht, sondern weil man das Trading nicht mehr aus freiem Willen loslassen kann. Wenn man es nicht als Bereicherung in seinem Leben empfindet, sondern als drückende Belastung. Dann hat der Trader nicht mehr das Trading, sondern das Trading hat den Trader fest im Griff.

Wie hoch die Zahl der Betroffenen ist, ist unbekannt. Sicher ist, es gibt sie. Denn alles, was in unserem Leben einen Reiz ausübt, kann uns süchtig machen. Und die Suchtkomponenten sind beim Trading enorm. Erfolg und Niederlage stehen gemeinsam auf einer Stufe. Stand man eben noch auf dem obersten Siegerpodest, so kann es sein, dass man schon im nächsten Augenblick wieder zu den Verlierern gehört. Der Börsenhandel ist für viele nicht selten eine packende Achterbahnfahrt der Gefühle. Es ist deshalb äußerst wichtig, sich mit diesem Thema auseinanderzusetzen. Hier sind Trader und ihre Angehörigen gleichermaßen aufgefordert, die Gefahren zu überprüfen.

Bei der Trading-Sucht sind Betroffene allerdings nur schwer zu erkennen. Trading ist ein anonymes Geschäft und wird zumeist alleine am heimischen Computer ausgeführt. Dass die Märkte weltweit rund um die Uhr geöffnet haben, macht das Problem nicht einfacher, im Gegenteil. Partner oder Freunde bemerken erst sehr spät die Anzeichen von Sucht. Oft erst dann, wenn gravierende finanzielle Probleme vorhanden sind.

Die Gründe für das Entstehen von Trading-Sucht sind unterschiedlich. Letztlich sind es meist Gefühle von Unzufriedenheit und Unzulänglichkeit. Ein zu geringes Selbstwertgefühl zählt hier ebenso dazu wie der Drang, mit aller Gewalt recht haben zu wollen. Anhaltender Kapitalverlust kann den Ehrgeiz nach Erfolg noch mehr anfeuern.

Wer von Beginn an genügend Aufmerksamkeit in die richtigen Handlungsabläufe investiert, der hat gute Chancen, nicht in die Fänge der Abhängigkeit zu geraten. Denn zu Beginn ist es das massive Fehlverhalten, das dazu führt, dass Gefühle von Hilflosigkeit und Hoffnungslosigkeit entstehen. Sie sind es, die Trader mehr und mehr in die Suchtspirale treiben können.

Wer tradet, um sich so von seinen privaten oder beruflichen Problemen distanzieren zu können, der sollte äußerst vorsichtig sein. Eine Überprüfung seiner Einstellung bei einem psychologisch geschulten Trader-Coach oder Experten für Suchterkrankungen ist in diesem Fall ein Muss.

Kürzlich meldete sich ein Klient bei mir, der unbedingt erfolgreich traden wollte. Er bat mich um Hilfe, um sein Ziel schnell zu erreichen. Im Telefon-Coaching stellte sich heraus, dass er traden musste, wie er glaubte. Da er arbeitslos wurde, sah er für sich in seinem Alter nur noch die Chance, genug Geld zu verdienen, darin, zu traden. Die Chance, unter diesem Druck ein erfolgreicher Trader zu werden, ist aber sehr klein. Sich in die Abhängigkeitsspirale des Tradings zu begeben allerdings sehr groß.

Auch andere Signale können deutliche Anzeichen für eine Trading-Sucht sein. Etwa wenn man für das Trading mehr Geld ausgibt, als einem zur Verfügung steht. Oder seine gesamten Ersparnisse riskiert. Nicht wenige verlieren mit dem Trading in wenigen Monaten viel Geld. Meist passiert das wesentlich schneller, als Sie es verdient oder erspart haben. Noch gravierender wird es, wenn jemand Kredite aufnimmt oder anfängt, sich von Menschen aus seinem Umfeld ständig Geld fürs Trading zu leihen.

Wer an sich bemerkt, dass er nicht mehr auf das Trading verzichten kann, ständig wissen muss, wo die Kurse von Dax & Co gerade stehen, sollte wachsam werden. Das gilt auch für den, der sich vornimmt, nur ein oder zwei Stunden am Tag zu traden, und am Ende doch wieder zwölf Stunden und mehr vor den Charts sitzt. Dazu zählt auch das ständige Checken der Kurse via Smartphone. Generell kann man sagen: Wer nicht mehr ohne den Suchtstoff leben kann, der ist süchtig.

Ein Rückzug von Freunden und privaten Aktivitäten können erste Anzeichen für eine Abhängigkeit sein. Bei manchen zeigen sich auch Symptome von Depressionen der Trader wird dann zunehmend einsamer, trauriger und lustloser – ein Gefühl der Leere breitet sich aus. Trading macht dann schon längst keinen Spaß mehr, aber man meint, gerade jetzt weitermachen zu müssen, um nicht als Versager zu enden. Wer an dieser Stelle des Tradings steht, der hat sich schon verloren.

Drehen sich die Gedanken und Handlungen nur noch ums Trading, dann kann auch diese Isolation zu selbst herbeigeführter sozialer Ausgrenzung führen. Andere Suchtkomponenten, wie zum Beispiel übermäßiger Alkoholkonsum, können dann hinzukommen.

Oft zeigen sich Süchte über Aggressionen. Diese werden dann vielfach über den Suchtauslöser selbst ausgelebt. Es wird versucht, Gefühle von Angst, Wut, Trauer, Einsamkeit und Verzweiflung über das Trading zu lösen. Ein Teufelskreis. Der Trader verursacht in solchen Situationen unbewusst mithilfe des Tradings starke Gefühle. Entweder um seinen Ärger abbauen zu können, oder um sich wieder zu spüren, denn Verzweiflung und Einsamkeit machen dumpf.

Wer abhängig ist, der kann sich kaum noch von seiner Trading-Plattform lösen und vernachlässigt alsbald wichtige Parameter wie Risiko- und Moneymanagement, das Setzen von Stopps und vieles mehr.

Wenn die Partnerschaft, der Beruf, die Finanzen oder die allgemeine Lebensfreude durch die Ausübung des Tradings deutlich leiden oder gar in Gefahr sind, dann sollte man unbedingt professionelle Hilfe in Anspruch nehmen. Es gibt ein einfaches Erkennungsmerkmal bei Sucht – wenn die Handlung selbst zum Leiden führt.

Um sich vor der Trading-Sucht zu schützen, kann man auf einige Dinge achten. Es sollte nur mit Geld getradet werden, das nicht zum Erhalt des Lebensunterhalts benötigt wird. Das bedeutet aber nicht, dass Sie die Ersparnisse der letzten Jahre binnen weniger Monate aufs Spiel setzen! Die eingesetzten Summen dürfen gerade zu Beginn nur sehr, sehr klein sein. Wichtig: Gerade zu Beginn der Trading-Ausbildung geht es nicht um das Geldverdienen, sondern um das Erlernen der Grundfähigkeiten!

Vorerkrankte Menschen, etwa mit Depressionen oder akuten Ängsten, sollten sich vom Trading fernhalten. Auch wer starke berufliche oder private Probleme hat, ist in diesem Geschäft zunächst fehl am Platz. Es muss unbedingt ein angemessenes Zeitfenster für das Trading gewählt werden. Dieses sollte ausreichend Platz für soziale Bedürfnisse ebenso berücksichtigen wie freie Zeit für eigene Interessen.

Es ist wichtig, zu verstehen, dass Trading an sich nichts Negatives ist. Sondern wir selbst tragen die Verantwortung dafür, zu prüfen, weshalb wir etwas in unserem Leben tun und ob es uns schadet. Wer dieses Geschäft gleich von Anfang an professionell erlernt, der hat gute Chancen, Trading zu nutzen, um damit sein Vermögen zu mehren oder um hauptberuflich gar als Wertpapierhändler zu arbeiten.

3.28 Mentales Trauma

Auch beim Trading kommt es durchaus zu traumatischen Erlebnissen. Sie sind zwar nicht vergleichbar mit schweren Gewalttaten und Katastrophen, dennoch können sie das spätere Trading-Verhalten außerordentlich beeinflussen, weil es sich um außergewöhnlich negative Ereignisse handelt. Doch sind traumatische Ereignisse nicht deshalb außergewöhnlich, weil sie selten sind, sondern weil sie die normalen Anpassungsstrategien des Menschen überfordern und das Gefühl von Kontrolle ausschalten.

Ausgelöst werden solche Schocksituationen oftmals durch immense Verluste, etwa durch eine plötzliche, heftige Kursbewegung, einen Crash oder durch folgenschweres Fehlverhalten.

Derartige Ereignisse können in einem Menschen extremen Stress auslösen und Gefühle der Hilflosigkeit oder gar des Entsetzens erzeugen. In solchen Momenten fühlt man sich als Opfer einer überwältigenden Macht, die einen hilflos macht. Der normale Verarbeitungsprozess im Gehirn wird blockiert und es kommt zu psychischen Symptomen wie zum Beispiel Ängste, Schlafstörungen oder eingeschränkte Verhaltensweisen.

Typisch in so einer Situation ist die Schockstarre. Dem Trader fällt es schwer, seinen herkömmlichen Trading-Alltag wieder aufzunehmen. Manche entwickeln geradezu eine Trading-Angst. Sie sind entweder vollkommen handlungsunfähig oder sie überprüfen präzise jede Aktion. Das Einstellen von Orders entwickelt sich zu einer übergroßen Anstrengung, begleitet von starken Ängsten. Es kommt dann zu Überreaktionen: Das Trading-Konto wird geschlossen, alle Bücher werden weggeworfen oder verkauft. Das gesamte Trading-Geschäft wird aufgelöst und beendet. Strikt vermeiden sie alles, was sie an das schlimme Geschehen erinnern könnte. Dies kann sogar dazu führen, dass sie sich von der Außenwelt abkapseln und ihr Gefühlsleben völlig ausschalten.

Wie gut ein Trauma verarbeitet wird, hängt von den eigenen körperlich-seelischen Ressourcen und der Art des Traumas ab.

Besonders wenn das Trauma noch nicht lange zurückliegt, können Methoden, die den Stress reduzieren, dazu verhelfen, wieder Zugang zu seinem seelischem Ausgleich zu finden. Gut eignen sich regelmäßige Entspannungs- und Atemübungen.

Das Trauma kann ohne therapeutische Hilfe nur schwer verarbeitet werden, da die erlebten Gefühle und Sinneseindrücke in der Mandelkernregion des Gehirns abgespeichert werden. Die Amygdala befindet sich im Zentrum des Gehirns. Sie besitzt eine direkte Verbindung zu unserem Ursprungsgehirn, dem sogenannten Reptiliengehirn, das der älteste Teil des menschlichen Gehirns ist und selbstaktiv arbeitet. Es gibt aber noch eine Verbindung zu unserem emotionalen Zentrum, dem limbischen System und dem Cortex, also dem modernen Gehirn, das unseren Verstand steuert. Die Amygdala spielt eine entscheidende Rolle bei den zentralen Überlebensmechanismen. Sie analysiert jede Situation, mit der wir konfrontiert werden, und beurteilt diese als gefährlich oder harmlos. Sie wird deshalb auch das Angst- und Panikzentrum des Gehirns genannt. Die anhaltende Übererregung verhindert, dass das Erlebte in übergeordneten Hirnstrukturen weiterverarbeitet, bewertet und eingeordnet werden kann. Erst wenn es gelingt, die diffusen Gefühlserlebnisse wieder ins Denken einzuordnen, kann das Trauma überwunden werden.

Erstaunliche Erfolge in der Traumatherapie werden auch mit WingWave und EMDR (Eye Movement and Reprocessing) erzielt. Dabei kommt es zu einer sogenannten bilateralen Stimulation während der Konfrontation mit dem Trauma. Das bedeutet, dass beide Gehirnhälften im Wechsel stimuliert werden. Dazu bewegt der Therapeut z.B. die Hand vor den Augen des Patienten hin und her, die der Klient automatisch verfolgt. Er wird ermutigt, im selben Moment an das traumatische Ereignis zu denken und sich die Bilder und Gefühle ins Gedächtnis zu rufen. Die Augenbewegungen führen offensichtlich zu einer unwillkürlichen Entspannung des Körpers, was wiederum bewirkt, dass das traumatische Erlebnis in der Psyche neu vernetzt und so verarbeitet werden kann.

Warum es wirkt, ist noch nicht endgültig geklärt. Dass es wirkt, ist hinreichend bewiesen. Selbst Bundeswehr-Krankenhäuser arbeiten mit diesen anerkannten Methoden, um traumatisierten Soldaten aus Krisengebieten zu helfen. Auch ich arbeite in meiner Praxis mit diesem Verfahren und kann von sehr guten Erfolgen berichten.

3.29 Das innere Kind

Viele unserer Denk- und Verhaltensweisen stammen aus der Kindheit. Diese sehr prägende Zeit beeinflusst unser gesamtes Leben. Einige Grundthemen zeigen sich auch im späteren Erwachsenenalter immer wieder. Das können Gefühle von Ablehnung und Leere sein, sich nicht zugehörig oder angenommen fühlen, oder ein starkes Bedürfnis nach Sicherheit.

Kinder sehnen sich nach bedingungsloser Liebe. Sie möchten erleben, dass sie etwas können, etwas wert sind und selbstständig ihren Weg gehen dürfen. Immer in dem Wissen, dass ihnen der Halt und die Unterstützung von Vater und Mutter sicher sind.

Die meisten von uns erlebten häufig etwas anders. Das kann zu Verunsicherung, Selbstzweifel und einem mangelnden Selbstwertgefühl führen.

Gerade in Stresssituationen offenbaren sich seelische Verletzungen aus der frühen Kindheit besonders deutlich. Unser Verhalten ist dann oft kindlich geprägt und mutet wenig erwachsen und reflektiert an. Das zeigt sich zum Beispiel an der Körpersprache. Wer sich kindlich verhält, das beobachtet man immer wieder, der zieht sich meistens in sich zurück, sitzt zusammengesunken, verhält sich »bockig« und macht andere Umstände für die eigenen Gefühle verantwortlich.

Beim Trading kann es enorm hilfreich sein, seine Gefühle und Handlungen auf kindliches Verhalten hin zu überprüfen. Denn gerade das verletzte »innere Kind« ist für viele Trading-Probleme zuständig bzw. der Auslöser dieser Probleme. In der Psychologie spricht man in solchen Situationen von einem »Irrtum in der Zeit«. Zwar agiert der Erwachsene autark, gesteuert wird er jedoch von Gefühlen des inneren verletzten Kindes.

Bei immer wieder auftretenden mentalen Trading-Problemen ist es daher sinnvoll, sich einmal zu fragen, um welches Gefühl es sich dabei handelt, um dann im nächsten Schritt bei seinem verletzten »inneren Kind« nach einer Lösung zu suchen. Hatte man dieses Gefühl schon, als man ein Kind war? Wie hat man damals darauf reagiert? Gibt es einen Zusammenhang zu den aktuellen Trading-Problemen?

Ist die Antwort gefunden, kann man sich fragen: »Was braucht mein inneres Kind um das Gefühl nicht immer wieder empfinden zu müssen?« Dann sucht man nach Lösungen, wie man sein kindliches Gefühl beim Trading zur Geltung bringen kann. Entsteht etwa ein Wutgefühl, weil man sich ständig vom Markt aufgrund von Minus-Trades abgelehnt fühlt (»Du darfst nicht mitspielen«), dann kann man sich zunächst einmal bewusst machen, dass hier keine selbst gemeinte Ablehnung stattfindet, sondern eine fremdgesteuerte. Und man selbst wird nicht persönlich abgelehnt, sondern es hat etwas beim Trading nicht funktioniert, weil der Zufall anders entschieden hat. Ziel solcher Übungen ist, seine Verhaltensmuster zu durchschauen und dem verletzten »inneren Kind« gegenüber eine realistische, verstehende und tröstende Haltung einzunehmen. Im nächsten Schritt übernimmt der Erwachsene die Verantwortung für die kindlich-verletzende Situation und löst das Problem nun als Erwachsener. Als Kind war man nicht in der Lage, sich gegen den Einfluss und die Abhängigkeit von anderen zur Wehr zu setzen. Als erwachsener Mensch ist man aber sehr wohl in der Lage und hat die Möglichkeit, die Verantwortung für sich, sein Handeln und seine Gefühle zu übernehmen. Indem man sich diese Tatsache bewusst macht, kann man das Problem nun realitätsnah sehen: »Ich bin mir bewusst, dass mich Abweisung verletzt. Aber dieser Minus-Trade hat nichts mit meinen Abweisungen in der Kindheit zu tun. Es geht um das Trading hier und heute. Und Minus-Trades bedeuten nicht Abweisung, sondern sind Teil dieses Geschäftes!«

3.30 Ich, der Minus-Trade

Wer die Geschehnisse beim Trading persönlich nimmt, der bringt sich zwangsläufig unnötig in Unruhe. Disziplinlosigkeit ist meist die Folge, Unsicherheit und Kapitalverlust das Resultat. Ausgestoppt zu werden ist kein Angriff des Marktes auf den Trader, sondern eine natürliche Zufälligkeit des Börsengeschehens. Und sie nur als solche zu betrachten muss man lernen.

Der Mensch tendiert dazu, Leistung als etwas Persönliches zu werten. Was wir selbst geschaffen haben, kommt aus uns selbst und bestätigt gleichzeitig unser Selbst. Wir befinden uns somit in einem unaufhörlichen Wechselspiel zwischen werten und bewertet zu werden. Handelt man einen Trade erfolgreich, dann erzeugt das positive Gefühle, da man die Situation vielleicht richtig eingeschätzt hat oder genügend Mut hatte, diszipliniert seinem Plan zu folgen. Letztlich hatte man Glück, der Trade hätte auch ganz anders ausgehen können. Wäre der Trade ausgestoppt worden, dann hätte man sich womöglich geärgert oder es sogar persönlich genommen.

Gerade ungeübten Tradern passiert das immer wieder. Sie meinen, ihre Erfolge beim Trading beruhten auf ihren Fähigkeiten, und vergessen dabei die Spielregeln des Tradings. Und die wohl wichtigste Spielregel beim Trading ist: Verluste gehören dazu!

Bei einem durchschnittlichen Handelssystem verlieren etwa 40 von 100 Trades.

Wer sich emotional an einen Trade bindet, der sieht sich als Trade (»Ich wurde ausgestoppt«). Wer emotional frei von einem Trade ist, der verwaltet ihn bloß (»Mein Trade wurde ausgestoppt«).

Die Verbindung von ICH und ES lernen wir schon sehr früh in der Kindheit. Auch heutzutage erlebt man ständig Eltern, die ihre Kinder mit »Du-Botschaften« bestrafen: »Marcel, du bist so dumm!« »Maike, du kannst aber auch gar nichts!« Ein Kind fühlt sich durch solche Aussagen als ganzes Wesen abgelehnt. Hört das Kind solche Du-Botschaften öfter, schleift sich mit der

Zeit im Unterbewusstsein die Information ein »Ich bin dumm« oder »Ich kann nichts«. Natürlich ist das Kind nicht als ganze Persönlichkeit dumm oder unfähig, sondern es hat sich nur in diesem einen Moment ungeschickt verhalten. Ich habe immer wieder Klienten in meiner Praxis, die sich durch solche Glaubenssätze in ihrer Persönlichkeit mitunter stark eingeschränkt fühlen. Wer als Kind immer wieder zu hören bekommt, dass er als ganzer Mensch abgelehnt wird, der kann als späterer Erwachsener schlecht mit der kleinsten Kritik umgehen, weil er die Kritik unbewusst als komplette Ablehnung seiner Person auffasst. Beim Trading passiert in so einem Moment das Gleiche. Ein Trade ist dann kaum noch ein fachspezifisches NEIN des Marktes, sondern fortan eine Ablehnung der ganzen Person. Dass das für unterschiedlich starke Emotionen und Folgen sorgen kann, können Sie sich vorstellen. Da kann ein kleiner Minus-Trade schnell eine ganze Lawine von Wut, Verzweiflung, Ärger und Angst auslösen. Der Trader handelt dann nicht mehr seinen Trade, sondern seine Emotionen! Es geht ihm nicht mehr darum, den aktuellen Trade sinnvoll zu handhaben, sondern seine Existenzberechtigung zu verteidigen.

Es ist äußerst wichtig, frei von solchen Verstrickungen zu sein, ansonsten wird es nur schwer möglich sein, gelassen zu traden. Profis trainieren sich diesen Gleichklang von Gewinn und Verlust für das Trading an. Ob sie gerade 500 Euro gewonnen oder verloren haben, merkt man ihnen nicht an. Sie konzentrieren sich auf ihren Handelsplan. Sie wissen, dass Trades ausgestoppt werden. Das Resultat eines Trades hat für sie keine Bedeutung. Sie wissen: Nicht der einzelne Trade, sondern die Summe aller Trades macht den Gewinn.

Wer Trading-Resultate zu persönlich nimmt, der kann sehr effektiv daran mit einem kalkulierten Geldrisiko arbeiten. Man sollte dazu die Positionsgröße so klein halten, dass der Verlust unbedeutend ist. Zwar fällt der Gewinn dann auch nicht groß aus, aber darauf kommt es im Moment bei dem Training nicht an. Jetzt ist es für den Trader erst einmal wichtig, zu verstehen, dass Verluste zum Trading gehören und nichts mit seinen Fähigkeiten als Mensch zu tun haben. Er muss lernen, dass der Trade nicht er selbst ist, sondern dass er einen Trade verwaltet und dieser auch zu einem Geldverlust führen kann. Was also nichts mit ihm als Mensch zu tun hat, sondern was von der Zufälligkeit des Marktverlaufs bestimmt wird. Um bestimmte Trading-Strategien emotional gelassener einzuüben, können Sie einen einfachen Trick anwenden: Stellen Sie sich vor, Sie besuchen ein Fachseminar. Das kostet Sie 2000 Euro. Mit diesem Geld haben Sie die Möglichkeit, ein spezielles Verhalten einzuüben, das Sie gerne beherrschen möchten. Sie teilen die Summe auf 100 Trades auf und riskieren nun pro Trade 20 Euro. Jetzt setzen Sie jeden Trade wie erwünscht um, immer in dem Wissen, dass die 20 Euro der Preis dafür sind. Sie werden schnell beobachten können, wie viel gelassener Sie an Ihr Trading herangehen werden. Und bitte: Machen Sie präzise Aufzeichnungen von diesen Trades, damit Sie Ihr Verhalten kontrollieren können.

Wenn Sie im kurzfristigen Bereich traden und viele Male ausgestoppt werden, aber bemerken, dass es Sie mental zu sehr fordert, dann ist es hilfreich, zunächst die Trading-Frequenz zu reduzieren. Mehr als ein bis zwei Trades sollten pro Tag nicht eingegangen werden, bis Sie eine deutliche Verbesserung der Situation spüren. Um den Angstdruck weiter zu mindern, können Sie zusätzlich das Geldrisiko reduzieren. Verläuft das Trading wieder positiver, können Sie sich langsam wieder steigern. Überprüfen Sie aber bitte weiterhin Ihr Befinden während des Tradings.

So denken und handeln die Profis

Gewöhnen Sie sich als Trader sehr früh an, Verluste nicht persönlich zu nehmen. Da draußen wartet niemand auf Sie, um Ihnen etwas heimzuzahlen oder Ihnen eine Falle zu stellen, auch wenn es manchmal so scheint. Sie werden feststellen, die Chancenverteilung liegt auch hier bei 50:50. Fangen Sie nicht an, mit dem Markt zu kämpfen. Er ist weder ein Feind noch ein Computerspiel, bei dem es darum geht, dass einer als Sieger hervorgeht. Je eher Sie begreifen, dass der Zufall beim Traden mal für und mal gegen Sie auftaucht, desto schneller werden Sie eine gesunde Gelassenheit entwickeln, die Ihren Handel ruhiger werden lässt.

4. Grundwissen Behavioral Finance

Die Finanzpsychologie ist ein relativ junges Teilgebiet der Psychologie. Sie erforscht, wie sich Menschen im Umgang mit Geld oder geldnahen Produkten verhalten und diese erleben. Im Mittelpunkt dieser Wissenschaft stehen vor allem die Wahrnehmung und Verarbeitung von Informationen, die mit Finanzprodukten zusammenhängen.

In der Finanzwirtschaft hat sich dabei das Forschungsgebiet der Behavioral Finance hervorgetan. Entstanden ist dieser Forschungsbereich Anfang der Achtzigerjahre in den USA. Sie verbindet traditionelle wirtschaftswissenschaftliche Untersuchungsmethoden mit dem Fachwissen der Psychologie.

Die Forschungsergebnisse der Behavioral Finance können Privatanlegern und Profis helfen, ihre tatsächlichen Beweggründe für Anlageentscheidungen am spekulativen Kapitalmarkt besser zu verstehen. Sie verdeutlichen, nach welchen Denk- und Verhaltensmustern die Akteure häufig entscheiden und agieren.

Behavioral Finance geht davon aus, dass Anleger vor allem aufgrund von unbewussten Verhaltensweisen unlogisch agieren. So lautet ein bekannter Lehrsatz: »Wer schlauer sein will als der Markt, hat schon verloren. Wem sein irrationales Verhalten bewusst ist, der hat eine Chance.«

Dass Börsengeschehnisse nicht ausschließlich durch rationales Verhalten entstehen, beschrieb der bedeutende Wirtschaftstheoretiker John Maynard Keynes schon 1936 in seinem Hauptwerk *The General Theory of Employment, Interest and Money.*

Die wahren Ursachen für irrationales Verhalten bei Risikogeschäften bewies jedoch 1979 maßgeblich die Forschungsarbeit *Prospect Theory*. Die beiden Wirtschaftswissenschaftler Daniel Kahneman und Amos Tversky erkannten, dass Menschen Risiko normalerweise nicht mögen – es sei denn, sie sind gerade dabei, zu verlieren. Dann lieben sie Risiko. Diese Prospect Theory von Kahneman und Tversky, welche die Grundlage der modernen Finanzwissenschaften darstellt, wurde 2002 mit dem Nobelpreis für Wirtschaftswissenschaften ausgezeichnet.

Weitere vertiefende Erkenntnisse auf dem Gebiet der Verhaltensökonomie lieferten in den folgenden Jahren vor allem Richard Thaler, Hersh Shefrin, Robert Shiller, Terrance Odean und Martin Weber.

Eine weitere maßgebliche Erkenntnis der Behavioral-Finance-Forschung liegt darin, dass spekulativ orientierte Trader sich bewusst oder vor allem unbewusst von ihren Emotionen leiten lassen. Das führt zwangsläufig zu (Fehl-)Entscheidungen. Typische Gefühle sind Angst, Geld zu verlieren, wenn es schlecht läuft, und die Gier nach mehr Geld, wenn es gut läuft.

Der Mensch hat den Drang, mithilfe seines Wissens die Geschehnisse zu kontrollieren. Am spekulativen Kapitalmarkt ist genau das aber nicht möglich. Der Verlauf von Börsenkursen ist unkontrollierbar. Das Einzige, was der Anleger lernen kann zu beherrschen, ist sein Denken, vorausgesetzt, dass er aktiv daran arbeitet. Da der Trader aber auch hier den schnellen Weg bevorzugt, ist er oft nicht bereit, den langen Weg der eigenen Persönlichkeitsentwicklung zu beschreiten. Diese benötigt in der Regel viel Zeit, meist viele Monate, eher Jahre. Eindeutig ist jedoch, dass der wesentliche Grund für Erfolg beim Börsenhandel auf der mentalen Seite zu finden ist.

Typische Denk- und Verhaltensmuster der Behavioral-Finance-Forschung sind:

1. Kognitive Dissonanz
2. Framing-Effekt
3. Sunk-Cost-Effekt
4. Heuristiken
5. Dispositionseffekt

4.1 Kognitive Dissonanz

Der amerikanischer Sozialpsychologe Leon Festinger (1919–1989), entwickelte in den Fünfzigerjahren des 20. Jahrhunderts seine Theorie der kognitiven Dissonanz. Man spricht von einer kognitiven Dissonanz, wenn aufgrund eines Widerspruchs zwischen Wahrnehmungen und Gedanken ein innerer Konflikt, ein Missklang (Dissonanz) entsteht.

Dazu ein Beispiel:

Ein Trader möchte eine Aktie eines bestimmten Sektors kaufen. Nach seiner Recherche fällt er eine Entscheidung zum Kauf eines bestimmten Wertpapiers. Kurz drauf dreht der Kurs dieser Aktie und verliert deutlich an Wert. Die ebenfalls in Betracht gezogenen Aktien aus dem gleichen Sektor steigen stark. Der Trader ärgert sich und entwickelt Reuegefühle. In ihm entsteht ein innerer Konflikt (kognitive Dissonanz). Er fragt sich, wie er die eingegangene Position noch retten könnte, sodass er trotzdem mit einem positiven Ergebnis abschließt. Der Trader tendiert in diesem inneren Konflikt meistens dazu, gute Gründe zu finden, weshalb er an seiner Entscheidung festhalten will. Alle neuen Informationen, die zu seinem Entschluss in Widerspruch stehen, werden erst einmal von ihm ignoriert.

Diese Konfliktsituation wird als unangenehme Spannung erlebt und übt auf den Trader Druck aus, diesen zu beseitigen oder zu reduzieren. Erst wenn der innere Druck zu stark wird, weil die Verluste einer eingegangenen Position zu groß werden, lässt er von seinen Überzeugungen ab und löst sich von seiner inneren Anspannung, indem er die Position verkauft.

Um sich vor den Folgen der kognitiven Dissonanz zu schützen, sollte der Trader einen strukturierten Handelsplan ausarbeiten und diesen diszipliniert umsetzen. Wichtig ist zudem, das Geldrisiko so gering wie nötig zu halten. Sinnvoll wäre, etwa 0,5 bis maximal 2 Prozent seines Trading-Kontos pro Trade zu riskieren. Entscheidend ist, wie entspannt sich der Trader mit dem eingegangenen Geldrisiko fühlt. Da niemand den Verlauf einer Position vorhersagen kann, sollte man entsprechend seinem Regelwerk aus dem Basiswert aussteigen, wenn sich ein Kurs anders entwickelt als geplant. Die nächste Chance bietet vielleicht bessere Möglichkeiten.

4.2 Framing-Effekt

Wenn Menschen eine Entscheidung treffen, dann setzen sie diese in einen Bezugsrahmen und überprüfen ihre Einschätzung auf Gewinn oder Verlust. Das erkannten die beiden Nobelpreisträger Tversky und Kahneman (2000) und nannten es »Framing-Effekt«.
Vereinfacht ausgedrückt bedeutet der Framing-Effekt: »Worauf schaue ich?« Zahlreiche Studien beweisen, dass Menschen auf ein und dieselbe Sachlage

unterschiedlich reagieren und die Situation dementsprechend unterschiedlich bewerten.

Ein Beispiel: Im Fall A sagte man den Probanden, dass sie 20 Euro behalten dürfen. Im Fall B sagte man den Probanden, dass sie 30 Euro verlieren werden. Der Ausgangswert sind 50 Euro. Der Wert bleibt bei beiden gleich, beide Gruppen dürfen 20 Euro behalten, aber die Bewertung der Situation im Fall A ist positiver.

Ein weiteres Beispiel: Einen Gewinn in Höhe von 10 Euro auf 20 Euro (100 Prozent) empfindet der Mensch in der Regel wertvoller als den Gewinn von 1000 Euro auf 1010 Euro. Absolut betrachtet beträgt der Unterschied jeweils 10 Euro.

Beim Trading werden durch den Framing-Effekt Geldbeträge nicht realistisch bewertet. Wer mit einem 50.000-Euro-Konto 50 Euro am Tag erwirtschaftet, hat meist den Eindruck, dies sei zu wenig. Wenn man es jedoch schafft, an 200 Handelstagen im Jahr jeweils 50 Euro zu verdienen, ergibt das eine Jahresrendite von 20 Prozent! Das ist eine Top-Rendite!

Beim Lotteriespiel zeigt sich, dass Menschen einen sicheren Gewinn von beispielsweise 500 Euro vorziehen, statt sich dem Risiko auszusetzen, mit einer Wahrscheinlichkeit von 50 Prozent 1000 Euro zu gewinnen oder eventuell leer auszugehen. Das ist auch ein Grund, weshalb Trader so schwer Gewinne laufen lassen können: Sie entscheiden sich eher für die sofortige und sichere Gewinnmitnahme, als die Chance auf noch höhere Profite zu nutzen.

Der Framing-Effekt wird auch regelmäßig im Einzelhandel verwendet. Die Ladeninhaber wissen, dass Kunden eine Ware eher kaufen, wenn sie einen Preisnachlass erhalten. Ist eine Hose von 198 Euro auf 149 Euro reduziert, fällt dem Kunden die Kaufentscheidung leichter. Die gleiche Hose ohne Preisnachlass hätte der Kunde für 149 Euro nicht so gerne gekauft.

4.3 Sunk-Cost-Effekt

Ins Deutsche übersetzt heißen sunk costs »versunkene Kosten«. Es sind Kosten, die bereits in der Vergangenheit entstanden sind und die bei der aktuellen Bewertung keine Rolle mehr spielen.

Dazu ein Beispiel: Ein Trader kauft Aktien zum Stückpreis von 100 Euro. Kurze Zeit später beträgt der Wert des Investments nur noch 75 Euro pro Stück. Niemand kann vorhersagen, ob diese Aktien jemals wieder den Einstiegspreis erreichen werden. Viele Anleger sind jedoch bereit, in dieser Situation die billigen Aktien nachzukaufen. Sie werfen also gutes Geld einer vielleicht schlechten Investition hinterher und »versenken« damit weiteres Geld.

Börsenteilnehmer orientieren sich bei ihrer Verkaufsentscheidung häufig am Kaufpreis des Investments. Der Kaufpreis aus der Vergangenheit ist aber für die Entwicklung des künftigen Kurses unwichtig. Nur der Anleger selbst gibt dem Kaufpreis eine Bedeutung. Wenn wir trotz besseren Wissens an erfolglosen Projekten festhalten, haben wir es mit dem Sunk-Cost-Effekt zu tun.

Hierzu zählt auch das Festhalten an Börsenwerten, die sich bereits im Verlust befinden. Statt die Assets mit einem kleinen Minus auf dem Konto zu verkaufen, halten die Trader an ihren Positionen fest und hoffen, dass sich der Kurs erholt und möglichst wieder den Einstiegspreis erreicht. Das führt allerdings meist zu noch größeren Verlusten, wie zuvor unter »Kognitive Dissonanz« beschrieben.

Um sich beim Trading vor den fatalen Folgen des Sunk-Cost-Effekts zu schützen, hilft ein strukturierter Handelsplan. Stopps sollte man unbedingt akzeptieren und eingegangene Positionen nur im Gewinn-, aber nie im Verlustfall aufstocken.

4.4 Heuristiken

Da das menschliche Gehirn nur wenige Informationen gleichzeitig verarbeiten kann, neigt es bei einer Entscheidungsfindung zu Vereinfachungen. Diese mentalen Abkürzungen helfen dem Menschen, schnelle Entschlüsse zu treffen, verursachen aber Irrationalität und eine Unzahl an Fehlern. Diese Verhaltensweisen nennt man in der Finanzwissenschaft »Heuristiken«.

Viele Anleger entscheiden sich beispielsweise für bestimmte Investments, weil sie im Mittelpunkt des allgemeinen Interesses stehen. Der »Deutsche Aktienindex« (Dax) gehört dazu, weil er täglich in den Medien präsent ist. Trader handeln deshalb oft Finanzinstrumente, die sich auf den Dax beziehen, obwohl andere Indizes vielleicht wesentlich klarere Kursmuster liefern. Doch sein hoher Bekanntheitsgrad vermittelt den Börsenakteuren das Gefühl von Vertrauen und Sicherheit. Sie meinen, den Dax zu »kennen«, und glauben deshalb, dessen Kursverlauf besser einschätzen zu können. Sentiment-Analysen beweisen allerdings immer wieder das genaue Gegenteil.

Nur weil etwas bekannter ist, muss es nicht zwangsläufig besser sein. Das zeigen immer wieder zahlreiche Investments in heimatnahe Aktien. Vergleichbare, aber unbekannte Unternehmen aus dem Ausland können wesentlich renditestärker sein. Doch auch hier bewirkt der Bekanntheitsgrad von heimischen Unternehmen beim Trader ein Gefühl von Vertrauen und Sicherheit. Weshalb Aktien des eigenen Landes immer wieder bevorzugt werden.

Die schnelle Verfügbarkeit von Informationen ist ein weiterer Anhaltspunkt für das Anlageverhalten. Sie führt zu verzerrten Wahrnehmungen. Meist genügen dem Börsenteilnehmer nämlich schon winzige Hinweise, um eine bestimmte Aktie zu kaufen. Man nennt dieses Verhalten »Daumenregelentscheidung«. Die wiederholte Aufmerksamkeit kann dazu führen, dass man meint, eine gewisse Aktie unbedingt haben zu müssen. Titel, die in Fachzeitschriften oder speziellen Online-Portalen immer wieder besprochen werden, unterstützen dieses Verhalten zusätzlich.

Aufgrund der beschränkten Aufnahmefähigkeit neigt der Mensch nun dazu, unbewusst die Informationen zu suchen und auszuwählen, welche die eigene Meinung widerspiegeln. Befindet sich eine Position im Verlust, wird ein Trading-Anfänger möglicherweise den Impuls verspüren, nach guten Gründen zu suchen, weshalb diese wieder steigen wird. Das Internet kann in diesem Zusammenhang durchaus ein Problem werden. Denn die Informationen verleiten dazu, sich noch mehr in Sicherheit zu wiegen und noch mehr nach Informationen zu suchen, welche die eigene Position bekräftigen, obwohl man sie vielleicht besser verkaufen sollte. Auch hier hilft die Umsetzung eines detaillierten Handelsplans.

Ein weiterer Aspekt dieser Thematik sind selbsterfüllende Prophezeiungen. »Kommt im Oktober der Crash?« Diese und ähnliche Schlagzeilen präsentieren die Medien jedes Jahr aufs Neue. Doch nur weil es einige Male zu sehr starken Kursrücksetzern im Monat Oktober kam, muss das nicht jedes Jahr so sein. Aber die Dauerberieselung unter dem Schlagwort »Crashmonat Oktober« kann das Geschehen fast schon wie von selbst hervorrufen. Die permanente

Präsenz eines Themas in den Medien bewirkt so beim Trader Interesse, das zu entsprechenden Handlungen führen kann, die letztendlich marktbewegend sind.

4.5 Dispositionseffekt

Der Dispositionseffekt besagt, dass Anleger überwiegend dazu neigen, kleine Gewinne zu realisieren und Verluste zu vergrößern. Der Grund dafür ist, dass wir Menschen unterschiedlich starke Einschätzungen gegenüber Verlust bzw. Gewinn vornehmen. Bei Börsengeschäften schmerzen Verluste etwa doppelt so intensiv, wie ein Gewinn in gleicher Größe Freude bereitet. Außerdem scheut der Mensch das Risiko, außer er verliert gerade, dann ist er sehr risikofreudig. Dahinter verbirgt sich auch eine innere Blockade. Nach dem Prinzip »Die Hoffnung stirbt zuletzt« wird viel zu lange an einer Verlustposition festgehalten in dem Glauben, dass diese schon wieder in den Gewinn laufen wird. Der Trader denkt sich, solange das Minus nur auf dem Papier steht, ist es ja nicht real. Außerdem weiß er, dass er frei von Schmerzen bleibt, solange er sein Wertpapier nicht verkauft. Geht sein Trade immens ins Minus, hofft der Trader nur noch, dass der Kurs wenigstens den Einstandskurs wieder erreicht. Je weiter der Kurs sich von dieser Marke entfernt, desto mehr betet er darum, wenigstens sein investiertes Geld wieder zurückzubekommen. Viele glauben selbst dann noch an die Rückkehr ihrer Kurse, wenn sämtliche fundamentalen Daten sowie Berechnungen der technischen Analyse dagegensprechen. Sofern es einen Trading-Gott gäbe, würden sie ihm heiligst versprechen, nie wieder solche dummen Trades zu machen, Ehrenwort!

Selbst Profis nehmen positive und negative Erträge unterschiedlich wahr. Erwirtschaftet ein Trader einen Gewinn, so verursacht dieser Anfangsgewinn das stärkste positive Gefühl. Zwar werden weitere Gewinne im Verlauf des Trades ebenfalls positiv wahrgenommen, jedoch mit einer sich immer weiter abschwächenden Wirkung. Es tritt sozusagen ein Gewöhnungseffekt für Gewinne ein. Umgekehrt verläuft es im negativen Fall. Die ersten Verluste hinterlassen psychologisch gesehen die tiefsten Spuren. Mit der Zeit tritt jedoch auch hier ein Gewöhnungseffekt ein und die nachfolgenden Verluste werden nicht mehr in der gleichen Intensität wahrgenommen, wie hoch sie auch sein mögen. Es entsteht beim Trader ein Gefühl der Gleichgültigkeit: *»Ach, ob ich das Geld nun auch noch verliere oder nicht, ist doch egal!«*

In der Praxis bewirkt der Dispositionseffekt also, dass Gewinne viel zu früh und Verluste viel zu spät realisiert werden. Dieses Verhalten wird bei Tradern und Anlegern immer wieder beobachtet, obwohl es der goldenen Börsenregel widerspricht: »Gewinne sinnvoll laufen lassen und Verluste klug begrenzen.« Man muss kein Finanzexperte sein, um zu erkennen, dass dies genau das Gegenteil dessen ist, was die meisten tatsächlich tun.

Um sich vor dem Dispositionseffekt zu schützen, sollte an erster Stelle ein ausgearbeiteter Trading-Plan stehen, der ein sinnvolles Geldrisiko berücksichtigt. Ebenso empfiehlt sich eine konsequente Verlustbegrenzung durch Einhalten von Stopp-Loss-Kursen. Auch wenn die Realisierung von Verlusten schwerfällt, kann dadurch ein möglicher Totalverlust vermieden werden.

4.6 Emotionale Trading-Fallen

Falle 1: Kleines Konto – große Probleme

Menschen messen dem Wert eines Geldbetrages unterschiedliche Bedeutung zu. Wächst ein 1000-Euro-Konto um 10 Euro, so wird dieser Gewinn höher bewertet als bei einem 10.000-Euro-Konto. Obgleich die Gewinnsumme die gleiche ist (Framing-Effekt).

Diese verzerrten Wahrnehmungen können bei Tradern mit kleinen Konten zu großen Problemen führen. Denn die meisten Trading-Einsteiger erwarten vor allem schnelle und hohe Gewinne, weshalb sie in der Regel zu viel riskieren. Gemessen an der Kontogröße lässt sich feststellen: Je kleiner das Konto, desto höhere Risiken werden eingegangen.

Bekannt ist die 1-Prozent-Regel. Demnach sollte ein Trader nicht mehr als 1 Prozent seines gesamten Handelskontos pro Trade riskieren. Anfängern wird sogar zu 0,5-Prozent-Risiko geraten. Bei einer Kontogröße von 5000 Euro läge der Risikobetrag dann bei 25 Euro pro Trade. Es kann vorkommen, dass man mit einem kleinen Handelskonto keine sinnvollen Stopps platzieren kann. Wer etwa mit 1000 Euro Kapital den Dax im Ein-Stunden-Chart tradet, dessen Risiko dürfte klugerweise pro Trade bei maximal nur 1 Prozent des Kontos liegen, also 10 Euro. Nimmt man ein CFD-Kontrakt mit der Wertigkeit 1 Dax-Punkt gleich 1 Euro, so hat der Trade eine Stoppgröße von 10 Dax-Punkten. Kalkuliert man realistischerweise die Kursdifferenzen (Spreads) mit ein, die beim An- und Verkauf immer entstehen, dann wären die Stopps noch kleiner. Unter diesen Voraussetzungen wird man in dieser Zeiteinheit vermutlich nur sehr wenige geeignete Trades finden. Die Folge ist, dass der Trader nun unlogische Stopps setzen wird, was zu einem unsauberen Handel führt, oder er sich gezwungen sieht, in eine kleinere Zeiteinheit zu wechseln. Dort wird er zwangsläufig einen volatileren Markt traden, der vielleicht gar nicht seiner Persönlichkeit entspricht. Aus der Not heraus findet sich der Anfänger auf einmal in der Königsklasse des Tradings wieder – dem Scalp-Trading. Solche extremen Märkte beherrschen nur sehr erfahrene Trader, da sie mit sehr hohen emotionalen Belastungen verbunden sind. Die Wahrscheinlichkeit, ausgestoppt zu werden, ist in dynamischen, sprunghaften Märkten durch die Häufigkeit der Signalgebung enorm hoch. Der Trader muss sich also entscheiden: Entweder stockt er sein Konto auf, um langsamere Märkte und somit höhere Zeiteinheiten zu traden, oder er muss an seiner mentalen Stärke arbeiten. Denn nicht jeder erträgt es, in kurzen Zeitabständen viele Male ausgestoppt zu werden, was in Tick- und Minuten-Charts völlig normal ist. Es gäbe natürlich auch die Möglichkeit, sich dergestalt zu disziplinieren, dass man in schnellen Märkten nur einen oder zwei Trades am Tag macht. Aber die Disziplin bringen nur wenige ungeübte Trader auf. Der für Anfänger eher ruhigere Trendhandel ist unter diesen Voraussetzungen kaum möglich.

Aus psychologischer Sicht sollte man die Wirkung eines falschen Handelsstils nicht unterschätzen. Wenn ein Trading-Anfänger wegen eines zu kleinen Kontos nur allzu oft mit unrealistischem Geldrisiko und Stopps tradet, dann prägt sich dies im Gehirn ein. Gerade im Zusammenhang mit starken emotionalen Reizen entstehen im Gehirn stabile neuronale Verknüpfungen, die zur Folge haben können, dass solche Trading-Aktivitäten sich zu unbewussten Routinen entwickeln. Es ist dann sehr schwer, sich diese Verhaltensweise wieder abzugewöhnen. Wesentlich sinnvoller ist es, sich von Anfang an ein richtiges Trading-Verhalten anzugewöhnen. Dazu benötigt man aber das Wissen, um zu entscheiden, welcher Handelsstil zur Persönlichkeit und zur Kontogröße passt.

Ein weiterer Nachteil von kleinen Konten sind die zu erwartenden kleinen Gewinne. Anfänger neigen dazu, Gewinne aus Angst vor Verlusten schnell zu realisieren. Gleichzeitig sind ihnen diese kleinen Gewinne zu unbedeutend. Das zu erreichende Ziel scheint so zur Qual zu werden, Hoffnungslosigkeit breitet sich aus. Während des Handels begleiten sie Gedanken wie: »Von solchen Minigewinnen bezahle ich ja gerade mal mein Mittagessen.«

»Wie lange soll ich denn noch warten, bis ich jemals vernünftig Geld an der Börse verdiene? Ich will doch auch mal mit einem großen Konto traden!« Das Ziel, mit dem Trading baldmöglichst passable Gewinne zu erzielen, scheint bei diesen geringen Kontobewegungen unerreichbar. Aus der Not heraus sind sie bereit, ihre Risiken enorm zu erhöhen. Sie übernehmen als Trader oft das gewohnte Anlageverhalten des Kleinsparers und investieren den ganzen Anlagebetrag für eine Position und verzichten auf einen Stopp-Loss. Das kann beim Trading schnell zu fatalen Folgen führen, da die zu groß gewählten Beträge nach wenigen Minus-Trades das gesamte Konto auslöschen können. Professionelles Trading ist so unmöglich. Die großen Kontoschwankungen führen unweigerlich zu starken emotionalen Belastungen und veranlassen den Trader zu weiteren unklugen Trading-Entscheidungen. Statt konsequent einem ausgearbeiteten Handelsplan zu folgen, werden vorwiegend Trades aus Angst eingegangen. Diese werden dann von Gedanken begleitet wie: »Ich will mein Geld wiederhaben!« »Alles oder Nichts!« »Dem Markt zeige ich es jetzt aber!« »Ich will auch mal einen großen Gewinn!« »Das muss doch jetzt mal klappen!«

In dieser Verfassung betreibt der Trader keinen strukturierten Börsenhandel mehr, sondern er verfolgt nur noch das Ziel, im Recht zu sein. Das ist, wie Sie bereits in diesem Buch gelernt haben, ein menschliches Bedürfnis, weil es existenziell unser Selbst bestätigt. Ich erinnere mich noch gut an einen meiner Trades im Dow-Jones-Index. Ich wurde an dem Tag einige Male unglücklich ausgestoppt, nichts gelang mir. Dann wollte ich noch einen letzten Trade an diesem Tag wagen – ohne Stopp ging ich in den Markt, weil ich nicht schon wieder vom Markt »abgestraft« werden wollte. So empfand ich zu der damaligen Zeit das Ausgestopptwerden. Dieses Mal wollte ich mit meiner Entscheidung recht behalten. Die amerikanische Notenbank hatte, kurz nachdem ich in den Trade eingestiegen war, überraschend drastisch die Zinsen gesenkt. Bei meinem Trade wäre ein 30-Punkte-Stopp sinnvoll gewesen. Der Kurs lief weiter und weiter, immer weiter gegen mich. Ich erstarrte vor Schock und resignierte. Ich konnte mir den Verlauf meines Minus-Trades nicht mehr mit ansehen und setzte alles auf eine Karte, überließ dem Konto die Entscheidung, wie es mit meinem Trade weitergehen sollte, und schaltete den Computer ab. Um 22 Uhr, kurz vor Handelsschluss, öffnete ich meine Charts und sah, dass der Dow Jones dramatisch gestiegen war und mein Trade mit gut 1000 Punkten im Minus lag. Solch eine Kursbewegung an einem einzigen Tag hatte es schon seit Jahren nicht mehr im Dow Jones gegeben. Zu meinem eigenen Trost kann ich sagen: Ich war dabei! Aber leider in die falsche Richtung. Recht behalten hätte ich übrigens am nächsten Tag, als der Markt komplett die Gewinne des Vortages wieder abgab und sogar noch weit mehr verlor. Meine Position wäre gut im Plus gewesen. Aber ich war am Abend zuvor am Höhepunkt der Monsterbewegung aus nackter Verzweiflung und aus Angst, noch mehr Geld zu verlieren, aus dem Trade ausgestiegen. Es war der bisher teuerste Trade meines Lebens!

Eines hat mich dieser Tag aber unwiderruflich gelehrt: Recht zu haben kann man an der Börse nicht erzwingen und man sollte immer und zu jedem Zeitpunkt mit allem rechnen!

Falle 2: Denken – glauben – hoffen

In der Realität ist die Wirklichkeit ganz anders!

Beim Traden werden wir ständig von unserem Verstand beschäftigt. Gerade Anfänger interpretieren jede noch so kleine Kursbewegung bis ins Detail und versuchen, sie in einen Zusammenhang zum aktuellen Kursgeschehen zu stellen. Dahinter verbirgt sich - richtig! - der Wunsch nach Sicherheit. Der Trading-Anfänger hofft, eine Logik zu erkennen, die ihm dabei helfen könnte einen gewinnbringenden Trade einzugehen. Manchmal ist das möglich, meistens nicht. Die zufälligen Ergebnisse der Analysen lassen so manchen Trader schier verzweifeln. Denn der Markt scheint immer genau das Gegenteil von dem zu unternehmen, was der Trader denkt, hofft oder glaubt. Wodurch entsteht das? Zum einen ist es die Unkenntnis über die Marktverläufe, zum anderen ein natürlicher Mechanismus des Teils unseres Gehirns, der für das Denken zuständig ist - der Verstand.

Was wir denken, das glauben wir zu sein. Das Ego kreiert ununterbrochen unsere Realität. Kein Wunder also, dass wir als Trader ständig davon überzeugt sind, dass die Kursverläufe von Wertpapieren vorhersagbar seien. Wir sind gerade zu Beginn der Lernphase felsenfest davon überzeugt, dass nur die Logik hinter diesen Kursverläufen zu verstehen sei. Profis, so meinen die Anfänger, können das. Doch das ist ein großer Irrtum. Börsenkurse können ebenso wenig vorhergesagt werden wie die Lottozahlen. Aber Ihr Verstand lässt Sie das unermüdlich glauben. Das ist sein Job. Und er macht ihn gut.

Hätten Sie so viel Hartnäckigkeit wie Ihr Verstand, verfügten Sie binnen eines Tages über so viel Disziplin wie ein erfahrener Profi-Trader.

Sicherheit und Kontrolle sind nun mal die größten Bedürfnisse des Menschen. Das Ego will die Welt, in der es lebt, verstehen. Deshalb versuchen auch die meisten Trader, ihre Probleme im Börsenhandel mit logischem Denken zu lösen. In einigen Bereichen des Tradings mag es funktionieren und ist auch die geeignete Herangehensweise. Es ist natürlich sinnvoll, seinen Verstand einzusetzen, um wiederkehrende Kursmuster zu entdecken und darauf ein profitables Regelwerk aufzubauen. Auch Money- und Risikomanagement basieren auf Logik und sind extrem nützlich, um ein erfolgreicher Händler zu werden. Dazu zählen auch die Berechnungen von Stopps und des Chance-Risiko-Verhältnisses. Also der Teil beim Trading, mit dem Sie erkennen können, wie groß das Verhältnis von Gewinn zu Verlust ist.

Es ist aber ganz wichtig, zu verstehen, dass Börsenkurse selbst dauerhaft keiner Logik folgen, auch wenn es immer wieder mal Kursverläufe gibt, die logisch aussehen. Sie sind und bleiben zufällig! Zwar lassen sich gewisse logische Abfolgen in den Kursverläufen erkennen, zum Beispiel Trends, doch weiß niemand genau, wie lange diese wirklich anhalten werden. Wäre es anders, wäre Börse ein Kinderspiel ohne Risiko.

Da die ständigen Kursschwankungen beim Trader Unsicherheit erzeugen können, versucht er, dieses Problem auf der Verstandesebene zu lösen. Doch gerade das ist zum Scheitern verurteilt. Woher kommt diese Idee? Nun, der Mensch hat von Kindesbeinen an gelernt, Probleme mit dem sogenannten Ego zu lösen. In der Schule wurde kluges Denken bewertet und benotet. Wer viel wusste, bekam eine gute Zensur. Eine gute Zensur erzeugte Glücksgefühle. Danach sehnt sich der Mensch auch noch heute und will mehr davon. Er fühlt sich bestätigt. Das Gleiche geschieht im Berufsleben. Machen wir alles richtig, wiegen wir uns in Sicherheit, dass wir unsere Anstellung behalten dürfen und unsere existenzielle Sicherheit damit bewahrt bleibt. Diese Sprache versteht unser Verstand, sie entspricht der erlernten Logik, der er selbst folgt. Auf dieser Verstandesebene lösen wir die alltäglichen Probleme. Es ist infolgedessen nur allzu verständlich, dass Trader annehmen, dass generell alle Probleme beim Traden über logisches Denken gelöst werden können. Der Gedanke ist nicht ganz falsch. Doch die Ursachen der Trading-Probleme können nicht allein von unserem Ego gelöst werden, denn der Mensch wird hauptsächlich von seinen Emotionen gesteuert, erst in zweiter

Instanz von seinem Verstand! Auch wenn Ihr Verstand versucht, Ihnen das Gegenteil 24 Stunden am Tag einzureden. Es ist so, als würden Sie am Meer stehen und vor sich das viele Wasser und den Himmel sehen. Und nun mit Ihren Händen das Wasser in die Luft werfen in der Hoffnung, dass es sich mit der Luft vermischt. Es sind zwei getrennte Elemente, die einen eigenen Weg benötigen, um sich miteinander zu verbinden. Beim Wasser ist es der Verdunstungsprozess. Beim Trading die Selbsterkenntnis mit schrittweiser Veränderung der Verhaltensweisen. Wir müssen erst unsere unbewussten Verhaltensweisen erkennen und verstehen lernen, um unseren Verstand dazu zu benutzen, das richtige Verhalten einzuüben.

Zu vermuten, wohin ein Aktienkurs geht, zu hoffen, dass ein Markt sich erholen wird, überzeugt zu sein, dass ein Wert wieder steigen muss, zu spekulieren, weshalb eine Währung nicht weiter fallen oder steigen kann, das alles sind nachvollziehbare Gedanken unseres Verstandes, aber kein hilfreiches Instrumentarium um im Trading dauerhaft erfolgreich zu werden. Profis wissen: Je weniger man beim Trading seinem Wunschdenken folgt, desto profitabler wird man.

Emotionsgetriebene, unkontrollierbare, zufällige Systeme kann man nicht mit dem Verstand bändigen. Sie sind im wahrsten Sinne »außer Kontrolle«. Sie sind wie, eine wildgewordene Herde, die richtungslos davon rennt. Niemand weiß wohin sie laufen wird. Und Sie können viel Energie aufwenden um das herauszufinden. Sie werden mit Ihrem Verstand niemals eine befriedigende Antwort finden. Dennoch wird Ihr Verstand weiterhin versuchen Sie davon zu überzeugen, dass es ihm gelingen wird, denn er ist dazu da, Probleme zu lösen. Und er hat die meiste Zeit seines Daseins nichts anderes getan als das. Das haben wir ihm Tag für Tag so beigebracht. Er tut, was er gelernt hat, mehr nicht. Und so wurde er mit der Zeit die Problemlösungsmaschine unseres Gehirns. Er ist bemüht, jedes Problem zu lösen, so unsinnig der Lösungsvorschlag auch sein mag. Sein Ziel ist, recht zu haben!

Nur der Einsatz eines festen Regelwerkes, das uns von den dauernden Mutmaßungen und Interpretationen zum weiteren Geschehen der Märkte befreit, bietet einen stabilen Ausgleich zum gedankengetriebenen Handeln. Profi-Trader warten auf ihre Einstiegssignale, sie traden Tatsachen mit kleinem Risiko, keine Vermutungen.

Falle 3: Vergleichen

Das Vergleichen ist das Ende des Glücks
und der Anfang der Unzufriedenheit.
Sören Kierkegaard

Wer sich mit anderen vergleicht, vergisst, dass Trading ein individueller Prozess ist. Der Mensch neigt immerfort dazu, insbesondere jene Anteile, die er an sich selber nicht mag, mit anderen zu vergleichen. Daher schneidet er natürlich schlechter ab. So wird ein Vorbild zum falschen Motivator. Das führt allzu oft in eine Frustspirale und raubt positive Energien.

Trading ist ein anonymes Geschäft. Keiner kennt den anderen. Vorhaltungen wegen Fehlverhalten gibt es nicht, keinen Einzigen, der einen kritisiert, niemanden, der sich über die Leistungen beschwert oder mehr fordert. Gerade diese Bedingungen machen diesen Beruf so attraktiv. Und doch taucht immer wieder ein böser Kritiker auf – derjenige in uns!

Je unerfahrener der Trader ist, desto häufiger vergleicht er sich mit anderen. Wer macht eine stabile Performance? Wer hat das bessere System? Wer macht beständigere Gewinne? Wer hat den kleinsten Draw-down? Wer die größere Rendite? Wer macht weniger Verluste? Wer wendet die technische Analyse präziser an? Wer hat die letzte große Bewegung oder gar den Crash besser vorausgesehen? Wer sieht perfektere Einstiege?

Anfänger vergleichen sich ständig mit Profis und vergessen dabei vollkommen, wie sinnlos das ist. Schließlich brauchte es viele Jahre, um so routiniert zu handeln. Und diese Händler haben hart an ihrer mentalen Stärke gearbeitet, um ihr Handelssystem konstant umsetzen zu können. Sich als ungeübter Trader mit Profis zu vergleichen ist, als würde ich am Computer Formel-1-Videospiele spielen und mich fragen, warum ich eigentlich nicht in Monaco auch Formel-1-Rennfahrer bin.

Wie Vergleiche durch Börsenmedien angefeuert werden, zeigt die Artikelserie einer Wochenzeitung mit der Überschrift »Verpasste Chancen«. Vorgestellt wird jeweils eine Aktie, die in den letzten Monaten eine riesige Aufwärtsbewegung zurückgelegt hat. Der Autor weiß vermutlich gar nicht, was er damit bewirkt. Sicher ist, er nutzt das Wunschdenken eines unerfahrenen Kleinanlegers:

Aktien zu irgendeinem Zeitpunkt zu kaufen und zu hoffen, dass man ganz oben aussteigt. Wo, bitte schön, ist da ein duplizierbares System? Aber solch journalistischer Unsinn kann dazu führen, dass Trader in die Vergleichsfalle tappen und sich sagen: »Siehste, andere haben wieder fett abgesahnt. Und ich?«

Die Straße des Vergleichens führt immer in eine Sackgasse. Wieso will man sich mit einem anderen messen? Beim Trading kommt es vor allem darauf an, seinen persönlichen Handelsstil zu finden. Dieser ist immer geprägt von den individuellen Anlagen und Fähigkeiten. Oberstes Gebot beim Trading ist, sich gut zu fühlen, der Handel muss leicht von der Hand gehen. Es geht nicht darum, genauso gut wie ein anderer zu sein, sondern eher darum, sich zu fragen: »Was könnte ich von einem anderen lernen?« Vorausgesetzt, Sie möchten an einem gewissen Punkt noch etwas lernen.

Wer sich durch Vergleiche von sich wegbringen lässt, vertraut sich nicht. Und kein hundertprozentiges Selbstvertrauen in sich und seinen Handelsstil zu leben ist der Performance-Killer schlechthin beim Trading!

Was nützt es mir, wenn ein Scalp-Trader 100 Prozent Rendite pro Jahr erwirtschaftet und hierzu 100 Trades am Tag durchführt. Ich hingegen als Positions-Trader nur zwei Trades am Tag einstelle und folglich unglücklich über meine Jahresperformance von 20 Prozent bin, obwohl mir Scalp-Trading weder liegt noch ich in der Lage wäre, 100 Trades am Tag zu machen!

Mit wem vergleiche ich mich da eigentlich? Das ist ein perfekter Weg, um die Lust am Trading zu verlieren und sich zunehmend selbst zu frustrieren.

Das Trading bietet viele Möglichkeiten, die Märkte zu interpretieren, jeder auf seine Weise. Die Frage sollte daher nicht lauten: »Sind die Betrachtungsweisen der Anderen die besseren?«, sondern: »Fühle ich mich mit diesen bei meinem Trading wohl?« Wer sich beim Handeln ausgeglichen und zufrieden fühlt, der hat viel erreicht. Glücklich in einem Beruf zu sein ist eine der wichtigsten Säulen unseres Daseins. Wüssten die Menschen, wie wertvoll dieser Aspekt für ihre Gesundheit ist, würden sie aktiv daran arbeiten, dem Konkurrieren untereinander ein Ende zu bereiten. Denn jedes negative Empfinden beeinflusst jede einzelne Zelle unseres Körpers, schwächt unseren gesamten Energiehaushalt.

Vergleichen ist eine Volkskrankheit. Wir tun es nicht nur beim Trading, sondern in unserem gesamten Dasein. Ständig überprüfen wir, wie gut wir sind, wie liebenswert, attraktiv, originell, intelligent, wohlhabend, einzigartig, witzig und vieles mehr. Dahinter verbirgt sich der Wunsch, etwas wert zu sein. Denn wer weniger wert zu sein scheint als ein anderer, der wird weniger geliebt und hat weniger Vorteile in einer Gruppe. Dieses Programm trägt der Mensch schon seit zigtausend Generationen in sich. Heutzutage braucht der Verstand aktive Entscheidungen, um sich von diesem meist unbewussten Verhaltensmustern zu lösen. Da der Mensch ein soziales Wesen ist, war Zugehörigkeit früher überlebenswichtig. Entwicklungsbiologisch gesehen geht es beim Thema Sich-Vergleichen um Konkurrenz. Die Frage war in der Frühzeit: »Welchen Stellenwert habe ich innerhalb der Gruppe? Bin ich der Ernährer, der Erzeuger, das Oberhaupt?« Bei den Frauen ging es um andere Attribute, sie wollten sicher sein, dass sie und ihre Nachkommen wert sind, versorgt und beschützt zu werden.

Beim Vergleichen ging es damals physisch wie emotional ums Überleben, deshalb ist es auch heute noch ein starkes Bedürfnis des Menschen, sich gegenseitig zu prüfen. Während meiner langjährigen Ausbildung als Trainer für Persönlichkeitsbildung war eines der Hauptthemen das Sich-Vergleichen. Viele seelische Krankheiten finden ihren Ursprung in Vergleichssituationen: Burn-out, Depressionen, Empfinden von Lebensunlust oder gar Sinnlosigkeit. Permanente Vergleiche, seien sie von anderen und von einem selbst, und die damit verbundene Destruktivität können beim Menschen starke Gefühle von Hoffnungslosigkeit und Wertlosigkeit erzeugen. Der vergleichende oder verglichene Mensch glaubt, nicht anzukommen – weder bei anderen noch bei sich selbst. Er richtet den Fokus zu sehr auf andere und verliert so den Bezug zu seinen Wertvorstellungen. Doch andere sind und bleiben andere und sind daher weder erreichbar noch vergleichbar.

Die Fragen, die man sich stellen sollte, müssen auf einen selbst gerichtet sein: »Was kann ich gut?« »Was sind meine Talente?« »Wo liegen meine Grenzen?« »Was macht mich zufrieden?« »Worum geht es mir?« »Was macht mich glücklich?« »Was sind meine Ziele?« »Was gibt mir Sinn?« »Was fühlt sich für mich leicht an?« »Was brauche ich, um mich gut zu fühlen«. Und für das Trading: »Verbessert es meinen Handelsstil?« »Fühle ich mich damit beim Trading entspannter?«, »Erziele ich damit bessere Ergebnisse?«

Wer einmal erleben möchte, wie gut es sich anfühlt, sich nicht mehr mit anderen vergleichen zu müssen, dem sei folgende Übung ans Herz gelegt: Gehen sie bewusst immer wieder mit dem Satz im Herzen durch den Tag:

»So wie ich bin, bin ich absolut gut und liebenswert.« Dem Vergleich werden dadurch Berechtigung und Energie entzogen!

Warum erlauben wir uns eigentlich, uns ständig mit anderen zu vergleichen? Tatsache ist, dass wir gar nicht wirklich wissen, was andere von uns denken, wir befürchten nur, dass sie Schlechtes über uns denken. Meistens ist es unsere eigene Interpretation, es ist unsere eigene Sichtweise auf die Dinge, nicht die der anderen! Fest steht, dass wir beim Vergleich immer schlechter abschneiden als geplant, weil wir den Fokus immer auf das richten, was wir nicht haben oder nicht können. Einem unbekannten Trader ist es aber vollkommen egal, welche Rendite wir erwirtschaften, ob wir eine große Bewegung oder einen Crash vorhergesehen haben oder wissen, wie die Märkte sich aufgrund der technischen Analyse nun weiter entwickeln werden.

Jeder kann wählen: »*Worauf schaue ich?!*« Als ich einst argentinischen Tango lernte, hatten alle Schüler Angst, sich zu blamieren, wenn sie zu den Tanzabenden mit den Profis kommen sollten. Viele ließen es genau deswegen sein. Mein großartiger Tanzlehrer Alejandro sagte zu uns dann: »Ihr braucht keine Angst zu haben. Die Besseren vergleichen sich immer mit den noch Besseren, nie mit den Schlechten!« Beim nächsten Tanzabend waren alle Schüler anwesend.

Das Suchen am Negativpol – was das Vergleichen nun mal ist – tut immer weh und man ist selbst dabei meistens der Verlierer. Man ist sozusagen Täter und Opfer in einer Person. Aber es sind nur unsere Gedanken. Mehr nicht. Mit unseren Gedanken kreieren wir die Realität. Wichtig ist hierbei, sich immer wieder bewusst zu machen: Es ist nicht die Realität, sondern nur unsere Realität. Jeder hat es in jeder Sekunde seines Lebens selbst in der Hand – unfrei oder frei zu sein. Man muss sich nicht alles glauben, was man denkt!

Zum Abschluss noch ein Satz, der dieses Thema gut auf den Punkt bringt:

Immer wieder gibt der Mensch Geld aus, das er nicht hat,
für Dinge, die er nicht braucht,
um Leuten zu imponieren, die er nicht mag.
Danny Kaye

Falle 4: Ungeduld

Viele reizt beim Trading das schnelle Geschäft. Deshalb handeln viele in den kleinen Zeiteinheiten. Im Volksmund heißt es: Zeit ist Geld. Auf die Börse bezogen kann das zutreffen. Jedenfalls dann, wenn man jede Bewegung auf dem Chart als ein Abbild entgangener Gewinne oder Verluste sieht. Verluste, die man vermeiden konnte, sind natürlich großartig. Aber entgangene Gewinne zählen für viele Trader zu den unerfreulichsten Erlebnissen. Solche Ereignisse können nervös machen und Gedanken aufkommen lassen wie: »Immer wenn ich nicht dabei bin, kommt so eine Superchance« »Was für eine Bewegung – was für ein Gewinn. Und leider alles wieder ohne mich!« Solche Momente provozieren beim Trader leicht unüberlegtes Handeln. Übertrading kann die Folge sein oder die Erhöhung der Positionsgröße, um damit die verpassten Chancen nachzuholen.

Wer sich beim Trading von solchen Erlebnissen derartig beeinflussen lässt, macht sich unnötig Stress und schafft die Grundlage für Fehlverhalten. Es geht nicht darum, ob Sie einen Gewinn hätten machen können, sondern ob es innerhalb dieser Bewegung ein Einstiegssignal gab, welches Ihrem Trading-Plan entsprach. Gab es eines, wäre die nächste Frage: Warum haben Sie es nicht gehandelt? Waren Sie nicht am Computer? Dann hatten Sie eben Pech. Saßen Sie aber am Computer und hatten Angst, das Signal zu gebrauchen, weil Sie direkt vorher schon einmal ausgestoppt wurden? Dann sollten Sie an dem Thema arbeiten, wenn es häufiger vorkommt!

Wer mit konstruktiven Gedanken an entgangene Chancen herangeht, wird immer objektiv bleiben und etwas dazulernen. Alles andere ist Zeitverschwendung und hat mit professionellem Trading nichts zu tun.

»Ich fange mein Leben noch einmal ganz von vorne an!« Sie kennen solche Sätze. Das ist Quatsch! Leben kann man nicht von vorne anfangen, man kann seinem bestehenden Leben höchstens eine neue Ausrichtung geben. Und so, wie man sein Leben nicht nachholen kann, kann man auch Börsenbewegungen nicht nachholen. An der Börse, wie im Leben, gibt es nur eine Zeiteinheit – das Hier und Heute. Das Jetzt zählt, die Gegenwart, nicht die Vergangenheit. In der Vergangenheit kann man nicht mehr reich werden, nur in der Zukunft.

Eine der größten Schwierigkeiten beim Trading ist die Ungeduld. Viele Einsteiger, die mit dem Traden anfangen, wollen möglichst schnell ans Ziel kommen. Das Machen steht an erster Stelle. Klar, so gehen wir ja auch täglich an unsere Aufgaben. Die meisten jedenfalls. Oder gehen Sie zur Arbeit, schalten Ihren Computer an, öffnen Ihr Programm und warten erst einmal zwei Stunden, bis Sie irgendwann mal einen Satz schreiben? Vermutlich nicht. Beim Trading besteht die Arbeit aber genau aus dieser Situation – warten! Warten auf gute Chancen, warten auf Ihr Setup, so wie Sie es haben wollen. Dafür braucht es allerdings Geduld, Geduld und nochmals Geduld. Während der gesamten Trading-Ausbildung wird einem immer wieder unglaublich viel Geduld abverlangt. Da die allermeisten heute keine Geduld mehr haben, weil sie von sich und den alltäglichen Rahmenbedingungen des Lebens ständig zum Tun getrieben werden, unterwerfen sie sich diesem Reiz und handeln in Zeiteinheiten, die nur sehr erfahrene Trader handeln sollten: kleine Zeiteinheiten im Minuten- oder Tick-Chart.

Mit Entspannungsübungen und Meditation können Sie Geduld hervorragend einüben. Denn für profitables Trading benötigen Sie in jedem Fall Geduld!

- Geduld – die Marktregeln des professionellen Tradings zu verstehen.
- Geduld – sein System zu finden.
- Geduld – mit Verlusten umgehen zu lernen.
- Geduld – das richtige Moneymanagement anzuwenden.
- Geduld – auf die nächste Trading-Chance zu warten.
- Geduld – das ein Trade sich gewinnbringend entwickelt.
- Geduld – beständig seinen Trading-Plan umzusetzen.

Geduld ist eine der schwersten umzusetzenden Eigenschaften, um an den Märkten effizient zu handeln.

Gerade weil die vielen entgangenen Chancen, die man immer wieder bedauert, so verlockend waren und an jeder Ecke scheinbar eine neue Chance lauert. Gefährlich wird es, wenn man vor lauter Ungeduld nach Trading-Alternativen in anderen Zeiteinheiten sucht. Der Trader wechselt dann vom Minuten-Chart zum Stunden-Chart, geht wieder auf den Tages-Chart und wechselt alsbald in den Tick-Chart. Es ist wichtig Trading-Chancen nicht vorwegnehmen zu wollen oder sie in Zeiteinheiten zu suchen, die man üblicherweise gar nicht handelt, nur damit man auf jeden Fall fündig wird, um etwas handeln zu können. Achten Sie darauf, dass Sie Ihr Setup finden und nicht erfinden. Sie wissen, was Sie finden müssen, Sie haben es vertraglich mit sich vereinbart. Es steht alles ganz genau in Ihrem Trading-Plan – hoffentlich!

Die Märkte können einen dauernd dazu verleiten, aktiv zu werden, obwohl man es gar nicht möchte. Gerade Trading-Anfänger kennen das: Sie öffnen ihre Charts und wollen sofort handeln. Warum? Weil es möglich ist. Denn niemand kontrolliert sie und nirgendwo ist so viel los wie in der großen weiten Welt der Spekulation. Wenn man diesen Impuls bei sich verspürt, sollte man den Computer sofort wieder ausschalten. Erst wenn Sie die Charts öffnen mit der Absicht, auf Ihr spezielles Einstiegssignal zu warten, so wie Sie es mit sich im Selbstvertrag vereinbart haben, dann fahren Sie die Trading-Plattform wieder hoch. Sie müssen sich selbst konditionieren, niemand tut es sonst für sie. Gewöhnen Sie sich solche kleinen Tricks an, Ihr Gehirn wird es entsprechend nachhaltig verankern. Sie können zur Unterstützung auch gezielte Hypnose oder Selbsthypnose anwenden. Diese Methoden haben eine starke Wirkung und können helfen, gezielt das beim Trading umzusetzen, was Sie wirklich wollen.

Nicht jeder Mensch verhält sich beim Thema Geduld gleich. Dem einen fällt es leichter als dem anderen. Das hat, wie vieles andere auch, mit der Persönlichkeitsstruktur eines Menschen zu tun. Menschen sind eben nicht alle gleich. Oder um es noch deutlicher zu sagen: Jeder ist anders! Hinzu kommt, dass die meisten Menschen in der westlichen Welt fast zu jeder Zeit über die lebenserhaltenden Dinge verfügen. Haben wir Hunger, gehen wir zum Kühlschrank oder kaufen etwas. Wollen wir Kommunikation, benutzen wir das Telefon oder den Computer. Sind wir krank, gehen wir zum Arzt und lassen uns ein Medikament verschreiben usw. Selbstkontrolle ist da nicht mehr erforderlich.

Das sah bei unseren Urahnen doch noch anders aus: Hatten diese Hunger, mussten sie im Zweifelsfall viele Stunden geduldig auf die Jagd gehen in der Hoffnung, fündig zu werden. Kommunikation mit anderen war nur möglich, wenn ihre Gruppenmitglieder in unmittelbarer Nähe waren. Bei Krankheit hieß es vor allem, geduldig auf Besserung zu warten. Um eine Feuerstelle zu erschaffen, musste man entweder tagelang gehen, um das Feuerholz von anderen Stämmen zu holen, oder, wenn man schon so weit war, es selbst mit Holz, Stroh und viel Ausdauer selbst erzeugen.

Der Mensch von heute hat eine ganz andere Vorstellung von Ausdauer und Geduld. Die Zeit ist zwar nicht schneller geworden, aber die Möglichkeiten, ein Ziel zu erreichen, sind wesentlich kürzer und selbstverständlicher. Das prägt – auch beim Trading.

Wenn Sie wissen möchten, ob Mangel an Geduld Ihnen die Performance raubt, dann sollten Sie einen Zeitraum wählen, in dem Sie sich selbst daraufhin prüfen. Eine gute Ergänzung ist das Führen eines Trading-Journals mit Einträgen zum emotionalen Befinden. Dafür reicht schon ein kleiner Satz oder ein Stichwort: »Bin aus Ungeduld schnell in den Markt gesprungen. Sah nach einer tollen Chance aus. Entsprach aber nicht meinem Einstieg laut Trading-Plan. Wurde ausgestoppt – Minus-Trade.«

Verzicht und Geduld zu üben funktioniert auch im Alltag. Ob es das Weglassen des gewohnten Stück Kuchens zum Nachmittagskaffee ist oder eine Zuvorkommenheit im Straßenverkehr oder an der Supermarktkasse. Das Leben bietet uns genügend Möglichkeiten, Geduld zu üben. Ob man sie nutzt, liegt an jedem von uns selbst!

Schaden wird es jedenfalls nicht: weder dem Alltagsleben noch dem Trading.

So denken und handeln die Profis

Geduld ist beim Trading unerlässlich. Wer sich Geduld antrainiert, der wird sie in allen Lebensbereichen spüren. Man kann nicht in einer Sache geduldig sein und in einer anderen nicht. Sie profitieren also auf allen Ebenen Ihres Lebens davon. Somit ist es auch unwichtig, in welchem Bereich Sie beginnen, Geduld einzuüben. Wenn Sie beim Autofahren geduldiger werden, so wird sich diese Qualität auch bei Ihrem Trading bemerkbar machen. Ist Geduld fortan Ihr Lernfeld, dann legen Sie sich ein kleines »Geduldbüchlein« zu. Schreiben Sie am Ende des Tages auf, in welchen Situationen Sie heute geduldig waren. Um Erfolge zu erzielen, braucht es ständige Wiederholung und Kontrolle. Nur so wird es zu einer dauerhaften Gewohnheit.

4.7 Das neuronale Netz

Menschen glauben, in ihren Entscheidungsmöglichkeiten vollkommen frei zu sein. Sie glauben auch, dass der bloße Wille zur Veränderung genügt, um ein Ziel zu erreichen. Wäre es wirklich immer so einfach, wäre die Umsetzung, sein Gewicht zu reduzieren oder mit dem Rauchen aufzuhören, für alle Menschen eine Leichtigkeit – ist sie aber nicht! Tatsache ist, selbst einfachste Handlungsabläufe kann der Mensch sich nur schwer wieder abgewöhnen. Denn die Macht der Gewohnheit ist der härteste Klebstoff der Welt! Beim Trading weiß man, wie wichtig es ist, Gewinne sinnvoll laufen zu lassen und Verluste strikt zu begrenzen, also sich neues Verhalten angewöhnen. Trotzdem sind die meisten Trader dazu nicht in der Lage. Selbst Profis scheitern noch nach Jahren an dieser einfachen Regel.

Warum fällt es uns so schwer, unser gewohntes Verhalten zu verändern? Die Ursache dafür ist das sogenannte neuronale Netz. Es ist die Schaltzentrale des menschlichen Gehirns und besteht aus mehreren Hundert Milliarden Nervenzellen, den sogenannten Neuronen und der Glia. Jede Nervenzelle hat etwa 10.000 Verbindungen zu benachbarten Neuronen und sendet pro Sekunde oft Hunderte von elektrischen Impulsen über seine Kontaktstellen – die Synapsen. Jede dieser Gehirnzellen ist so komplex, dass sie es mit der Struktur einer Großstadt aufnehmen könnte. Zu jedem Zeitpunkt sind so Aberbilliarden von Impulsen in unserem Gehirn aktiv.

Man kann die Nervenzellen auch als Speichermodule, als Akkus unserer Fähigkeiten und Erfahrungen bezeichnen. Sie verwahren unsere Lebenserfahrungen wie eine Festplatte, wie die Daten eines Computers. Alles, was wir denken, fühlen und aktiv umsetzen, hat hier eine Verbindung untereinander. Jedes Erlebnis wird wie auf einer Perlenkette aufgezogen – Akku für Akku – für immer! Und jeder Akku ist mit vielen Tausend anderen Akkus um sich herum verbunden. Wie bei einem Computernetzwerk. Dadurch sind all unseren Gedanken, Erinnerungen und Emotionen verknüpft. Je zahlreicher diese Verknüpfungen sind, desto mehr beherrschen wir eine bestimmte Handlung und fühlen die dazugehörigen Emotionen.

Unser Gehirn ist unermüdlich aktiv und entscheidet selbst, welche Erlebnisse abgespeichert werden. Hier spielen vor allem zwei Gefühlsbereiche mit hinein: Angst und Freude. Eine neuronale Verknüpfung ist umso stabiler, je öfter wir eine Handlung wiederholen bzw. je stärker diese mit einer Emotion verbunden ist. Ein Beispiel: Wird ein Kind unerwartet von einem 10-Meter hohen Sprungbrett gestoßen, kann diese angstauslösende Situation (starke Emotion) sehr schnell zur Bildung eines stabilen neuronalen Netzes führen, welches das Kind künftig sehr ängstlich auf Höhe, Wasser und Tiefe reagieren lässt. Auch bei ständiger Wiederkehr einer bestimmten Handlung (zum Beispiel Kartoffelchips essen vor dem Fernseher) entwickelt sich ein stabiles neuronales Netz, das mit zunehmender Wiederholung zu einer ausgeprägten Gewohnheit wird. Bildlich gesprochen: Aus dem Trampelpfad unseres Verhaltens wird ein Wanderweg, daraus eine Landstraße und in der Vollendung eine Autobahn.

Wer beim Trading dieselben Missgeschicke immer wiederholt, wird so ein festes neuronales Netz in seinem Gehirn entstehen lassen, dass mit der Zeit selbstaktiv wirkt. Genauso, wie man es sich angewöhnt, beim Fernsehen Kartoffelchips zu essen, so kann man sich auch beim Trading sämtliche unliebsamen Verhaltensweisen angewöhnen. Das kann sich schlimmstenfalls zu einem Automatismus entwickeln, der unbewusst ausgelöst wird, sobald eine bestimmte Trading-Situation eintritt. Dann tradet nicht mehr der Trader, sondern er wird quasi von seinem Unbewussten getradet.

Die Macht des neuronalen Netzes bietet natürlich genauso viele Vorteile. Denn alle routinierten Abläufe beim Trading vereinfachen und erleichtern den Handel, außerdem sorgen sie für eine sichere und entspannte Umsetzung. Je früher Sie damit anfangen, desto fehlerfreier können Sie Ihr Trading durchführen und umso schneller konstant profitabel werden. Damit aus einem beabsichtigten Verhalten eine routinierte Angewohnheit wird, müssen Sie diese nur regelmäßig praktizieren. Das braucht etwas Zeit, denn das menschliche Gehirn gleicht, was seine Veränderungsgeschwindigkeit anbelangt, eher einem behäbigen Tanker als einem rasanten Motorboot. Die Wissenschaft hat nachgewiesen, dass alles was wir mindestens sechs Wochen lang diszipliniert wiederholen, in unserem Gehirn ein derart starkes neuronales Netz installiert, dass es von diesem Zeitpunkt an uns immer leichter fällt, es kontinuierlich durchzuführen. Es wird nach dem bekannten Prinzip »Steter Tropfen höhlt den Stein« zur Routine.

Um den Lernprozess zu beschleunigen, können Sie eine Art Lernturbo zuschalten – die Glückshormone Dopamin und Serotonin. Denn wenn wir etwas gerne tun, dann erzeugt das positive Gefühle. Die damit verbundenen Hormone (Dopamin, Serotonin) sind sozusagen der Dünger für das Wachstum der neuen neuronalen Verknüpfungen. Sie unterstützen diesen Lernprozess maßgeblich. Wenn wir also etwas mit Freude und Lust lernen, dann verschaltet sich das Gehirn an den Stellen schneller. Machen Sie also lieber kleine Schritte mit Freude als große mit ständigen Frusterlebnissen. Niemand zwingt Sie, in wenigen Monaten ein professioneller Trader zu werden, es sei denn Sie selbst. Achten Sie also darauf, dass Sie sich bei Ihrer Trading-Ausbildung so angenehm und wohl wie möglich fühlen. Verstehen Sie jetzt, warum es so schädlich für Ihre Motivation und Ihren Lernprozess ist, wenn Sie sich durch überhebeltes Trading, falsches Moneymanagement, Nachkaufen im Verlust etc. selbst ständig Angstauslöser kreieren? Sie schaffen sich damit die falsche neuronale Netzumgebung! Die beim Trading so wichtigen Stützpfeiler wie Disziplin, Geduld, Beharrlichkeit und Beständigkeit sind dann nur schwer zu erreichen.

So denken und handeln die Profis

Lassen Sie es gerade zu Beginn Ihres Tradings langsam angehen! Achten sie darauf, dass Sie so wenige Störgefühle wie möglich erleben. Handeln Sie deshalb mit einem kleinen Risiko. So klein, dass Ihnen der Verlust vollkommen egal ist. Weniger bei dieser Übung ist definitiv mehr! Beginnen Sie, die Frequenz dann zu erhöhen, wenn Sie an sich bemerken, dass Sie das neu Gelernte vollkommen entspannt und angstfrei umsetzen können. Seien Sie gut zu sich und belohnen Sie sich für Ihre Disziplin, auch das unterstützt den Lernprozess. Traden Sie gerade am Anfang vorrangig aus dem Grund, um Sicherheit bei der Umsetzung des Systems zu erlangen, und nicht, um Geld damit zu verdienen!

4.8 Wunderwaffe Disziplin

Beim Trading, so heißt es, ist die Königstugend entscheidend: Disziplin, Disziplin, Disziplin. Denn nur wer über ausreichend Selbstkontrolle verfügt, um seinen Trading-Plan nach den immer gleichen Rahmenbedingungen umzusetzen, wird beim Trading dauerhaft Erfolg haben. Ihnen ist sicher bekannt, dass Trader nicht an ihrem Handelssystem selbst scheitern, sondern an dessen präziser Ausführung. Zahlreiche Studien belegen das: Erst die konstante und exakte Umsetzung des eigenen Regelwerks führt zu messbaren Ergebnissen und zum Erfolg.

Nachlässigkeit führt beim Traden zu ungenauen Ergebnissen und kann verheerende Folgen nach sich ziehen. Denn niemand kennt das Potenzial des nächsten Trades – wird es ein Verlierer oder gleicht er die letzten Minus-Trades komplett aus und bringt uns zusätzlich einen satten Gewinn?

Disziplin ist Selbstbeherrschung und eine selbst bewirkte Verzichtübung. Sie ist die Fähigkeit, sein erwünschtes Verhalten dauerhaft aufrechtzuerhalten, indem man den Kräften, die von den individuellen und äußeren Ablenkungen ausgehen, entgegenwirkt, um seine Zielvorgabe einzuhalten. Damit verbunden ist die Absicht, zugunsten seines Ziels auf eigene Bedürfnisse, Handlungen und Wünsche bewusst zu verzichten.

Der Mensch ist in der Regel froh, wenn er nicht diszipliniert sein muss, da er diese Form des Verhaltens als Last empfindet. Sich zu disziplinieren gehört deshalb nicht zu unseren Lieblingsbeschäftigungen. Viele meinen, sie wären diszipliniert, weil sie regelmäßig zur Arbeit gehen. Doch eine abhängige Arbeit hat nichts mit Disziplin zu tun. Sie tun es, weil Ihr Chef Sie dafür bezahlt. Sie befinden sich in einem Abhängigkeitsverhältnis. Ohne Arbeit kein Geld. Und Sie können sich die Arbeit in der Firma nicht selbst geben, sondern der Chef stellt Ihnen diese Arbeitsmöglichkeit zur Verfügung. Beim Trading geben Sie sich die Arbeit selbst und müssen sie auch komplett nach eigenen Maßstäben umsetzen.

In den meisten Fällen wird Arbeit als Muss und Belastung in unserem Leben empfunden. Wir sind deshalb froh, wenn wir während unserer arbeitsfreien Zeit keine Verpflichtungen eingehen müssen. Sich unterordnen und anpassen, Verzicht üben und durchhalten – also alles, was Disziplin ausmacht, wollen wir dann nicht erleben. Aber wann trainieren wir bewusst unseren »Muskel« Disziplin? Prüfen Sie es selbst – in welchen Situationen Ihres Lebens fokussieren Sie sich auf diszipliniertes Verhalten?

Bestimmt geht es Ihnen wie den meisten anderen auch, Sie zwingen sich selten, diszipliniert zu sein. Diese Tatsache ist mit ein Grund, weshalb die Anwendung von Disziplin beim Trading so ungeheuer schwerfällt. Bewusster Verzicht durch Selbstkontrolle gehört nicht zu unseren alltäglichen Verhaltensformen. Im Allgemeinen spulen wir unsere Routine ab und entscheiden uns selten, ein neues Verhalten einzuüben und dauerhaft umzusetzen. Aber genau das ist speziell für erfolgreiches Trading notwendig. Sie schöpfen dieses Mal nicht aus vorhandenem Können, sondern Sie müssen sich diese neue Eigenschaft, die Disziplin, erst mühsam aneignen. Was beim Trading besonders schwerfällt, da viele Einflüsse uns ablenken und wir ständig von sehr starken Emotionen begleitet werden.

Disziplin ist vor allem dann erfolgreich anwendbar, wenn sie zielgerichtet ist. Je genauer Sie wissen, welches ihr Ziel ist, desto besser gelingt es Ihnen, diszipliniertes Verhalten einzuüben.

Woran liegt es, dass es Tradern so schwerfällt, ihren Handelsplan diszipliniert umzusetzen? Stopps werden unbedacht versetzt oder wieder gelöscht, Gewinne zu früh realisiert, ein Wiedereinstieg in den Markt wird nicht gewagt, Positionen werden unbedacht erhöht. Dies und vieles mehr sind Verzweiflungshandlungen, ausgelöst durch die eigenen Emotionen. Denn kleinste Ausreißer im eigenen Verhalten führen oft zu einer Kettenreaktion von Missgeschicken mit fatalen Folgen.

Es ist wichtig, dass Sie ein Handelssystem traden, welches zu Ihnen passt. Denn Ihre Überzeugung lässt Sie absolutes Vertrauen in das System haben und Sie sind motiviert, es diszipliniert umzusetzen. Wenn Sie z.B. ungern in kurzen Zeiteinheiten handeln, dann werden Sie auch keine Motivation finden, dieses Regelwerk diszipliniert anzuwenden. Beim Trading fördert die Disziplin vor allem die Umsetzung eines Systems, das man gerne tradet, und nicht die Absicht, Geld zu verdienen!

Der größte Gegenspieler der Disziplin ist die Angst. Sie entsteht dann, wenn das Risiko zu hoch ist. Trader sollten daher darauf achten, dass sie nicht zu viel riskieren. Ein zu hohes Geldrisiko ist der Disziplin-Killer Nr. 1. Wer spürt, dass er zu unruhig tradet, wenn er 1 Prozent seines Handelskontos pro Trade riskiert, der sollte es einmal mit 0,5 oder 0,25 Prozent versuchen. Niemand zwingt uns, mit Angst zu traden, außer wir selbst!

Ein weiterer Punkt ist die Nähe zum Trading. Nicht jeder ist in der Lage, seelenruhig vor seiner Trading-Plattform zu sitzen und die Bewegungen des Marktes gelassen hinzunehmen. Neigt ein Trader dazu, in solchen Fällen ins aktuelle Trading-Geschehen einzugreifen, sollte er mit festen Gewinnzielen arbeiten oder sein System teilautomatisieren.

Um mangelnde Disziplin als Risikoaspekt beim Trading völlig auszuschalten, bietet sich der Einsatz eines vollautomatischen Handelssystems an.

4.9 Disziplin braucht eine Richtung

Wenn Sie nicht wissen, wohin Sie wollen, dann kommen Sie irgendwo beziehungsweise nirgendwo an. Das ist bei einer Autofahrt nicht anders als beim Traden. Geben Sie Ihrem Trading eine Richtung. Legen Sie genau fest, was Sie wann und wie Sie es tun wollen beim Handeln. Viele Trading-Anfänger weigern sich, einen Trading-Plan zu schreiben. Aber genau dieser ist unverzichtbar für diszipliniertes Verhalten. Er ist Ihr Fahrplan durch die Welt der Märkte. Ich plädiere bei meinen Klienten immer dafür, dass sie sich ihren Businessplan wie eine Doktorarbeit binden lassen und dann sichtbar neben Ihren Trading-PC stellen. Als Anfänger sollten Sie sich angewöhnen, diesen Businessplan vor Ihrer Trading-Arbeit täglich einmal durchzulesen. Das wird Sie noch einmal daran erinnern, was und wie Sie traden wollen. Schreiben Sie sich außerdem Ihr individuelles Trading-Setup auf eine DIN-A4-Seite und versehen Sie es mit einer Grafik/einem Foto eines Beispiel-Trades. Hängen Sie dieses Motivationsblatt sichtbar über oder neben Ihren Trading-PC. Sie können es auch wie ein wertvolles Bild einrahmen. Das unterstützt Ihr Unbewusstes, sich daran zu erinnern, was und wie Sie wirklich traden wollen. Denn der Trading-Plan ist eine Vereinbarung mit sich selbst. Sie werden erleben, wie machtvoll so eine einfache Unterstützung sein wird.

4.10 Disziplin braucht Emotionen

Undiszipliniertes Verhalten beim Traden hat vor allem mit Ihren Gefühlen zu tun. Platon drücke es so aus: »*Der Reiter lenkt die wild galoppierenden Pferde.*« Der Reiter steht für die Vernunft, die galoppierenden Pferde für die Emotionen. Die Vernunft versucht, die Gefühle zu zähmen. Wenn das nicht gelingt, siegt die Unvernunft.

Ihre Emotionen veranlassen Sie vielleicht, beim Trading Dinge zu tun, die Sie eigentlich nicht möchten. Bei sehr erfahrenen Tradern kann man dann erkennen, dass es ihnen oft an Emotionalität fehlt. Sie haben sich sozusagen störende Emotionen wie Verlustangst mit der Zeit abtrainiert. Bei Trading-Anfängern entdeckt man oft das Gegenteil. So war es auch bei mir. Ich erinnere mich nur allzu gut daran, als ich mich von den Geschehnissen der Märkte derart emotional durchschütteln lies, dass ich meinen Laptop am liebsten gegen die Wand geschmissen hätte. So erging es mir mehr als einmal! Und ich bin wahrlich ein ausgeglichener und ruhiger Mensch! Jetzt bleibe ich absolut gelassen beim Trading. Es hat mit dem Prozess der Arbeit zu tun. Denn wer dauerhaft an seinem Trading-Gehirn arbeitet, dessen Persönlichkeit verändert sich. Heutzutage rege ich mich kaum noch über irgendwelche überraschenden Situationen in meinem Leben auf. Ich habe mich daran gewöhnt, die Dinge so zu nehmen, wie sie sind. »Es ist, wie es ist« ist zu meinem Leitspruch geworden. Fährt mir jemand ins Auto, bleibe ich auf der Sachebene: Wer haftet für den Schaden? Muss das Auto in die Werkstatt? Wer beim Trading ständig mit den Abläufen emotional assoziiert ist, der befindet sich unentwegt im Gefühlschaos, wird zu unsinnigen Handlungen gezwungen und tradet meist mehr, als es dem Trading-Budget guttut. Seien Sie ehrlich: Wäre es Ihnen nicht auch am liebsten, Sie wären im Besitz einer Trading-Maschine? Sie zahlen einfach einen bestimmten Betrag ein und am Monats- oder Jahresende hat sich der Betrag deutlich erhöht. Und genau an diesem Beispiel können Sie erkennen, worum es beim Trading geht: nämlich um Emotionen. Sie müssen es schaffen, die Gelassenheit eines Zen-Meisters beim Trading zu entwickeln. Gewonnen – verloren – egal! Zum fünften Mal in Folge ausgestoppt worden – egal! Natürlicher Draw-down von minus zehn Prozent – egal! Und wann ist uns etwas egal? Wenn wir emotional nicht assoziiert, nicht beteiligt sind. Ich hatte mal eine Freundin, die liebte Landhaus-Zeitschriften über alles. Jede freie Minute träumte sie vom beschaulichen Leben auf dem Land. Ihr Heim ähnelte einem Gutshof wie in einem stylischen Magazin für Country-Living. Sie liebte das Landleben. Doch sobald eine echte Spinne in ihrer Wohnung rumkrabbelte, stand sie vollkommen panisch auf dem Wohnzimmertisch und rief ohne Unterbrechung: *»Norman, mach' sie weg, mach' sie weg!«*

Wenn Sie diszipliniert traden wollen, dies aber nicht können, weil Sie sofort von Ihren Gefühlen übermannt werden, dann verkleinern Sie die Angstauslöser oder schaffen Sie sich rigorosen emotionalen Abstand. Was ich nicht weiß, macht mich nicht heiß!

Unsere Gefühle unterliegen nicht unserem Willen. Wir können nicht einfach beschließen, verliebt zu sein, uns zu freuen oder Schuldgefühle einzustellen. Unsere Emotionen lassen sich aber mithilfe von kleinen Tricks kontrollieren. Wir können zum Beispiel unsere Einstellung gegenüber etwas ändern: Sie haben die Wahl – Sie können sich über Minus-Trades maßlos ärgern, oder sich mehr und mehr bewusst machen: Ohne Verluste gibt es beim Trading keine Gewinne. Und je häufiger Sie hintereinander ausgestoppt werden, desto größer wird die Chance, dass Sie beim nächsten Trade gewinnen.

Wenn Sie Ihre Emotionen kontrollieren wollen, dann machen Sie es ausschließlich mit positiven Worten. Würde ich Sie bitten: »Denken Sie jetzt nicht an einen rosa Elefanten!« Woran würden Sie dann wohl denken? Eben, an den rosa ... Wenn Sie sich beim Trading in der Situation befinden, dass der Kurs gerade gegen Ihre Position läuft und droht, diese auszustoppen, dann hilft es Ihnen nicht, Ihre Angst zu kontrollieren, indem Sie sich sagen: »Ich habe keine Angst, ausgestoppt zu werden!« Wörter wie »keine« oder »nicht« wirken in unserem Gehirn wie ein Verstärker. Sie können die Frage anders stellen, dann verstehen Sie, was ich meine: »Was habe ich nicht? ANGST.« Da Sie sich also bei Ihrer Aussage »Ich habe keine Angst, ausgestoppt zu werden« auf die Angst konzentrieren, wird in Ihnen zu dem Wort Angst ein Gefühl entstehen. Vor allem wenn Sie Situationen beim Trading erlebten, die stark angstbesetzt waren. Solche Begriffe oder Situationen sind in unserem Gehirn direkt mit einer entsprechenden Emotion verknüpft. Es ist wie beim Memory-Spiel: Die Vorstellung von Verlustangst oder ausgestoppt zu werden, aktiviert sofort das dazugehörige neuronale Netz – und somit die dazugehörige Emotion. Und sofort reagiert Ihr Emotionszentrum, das limbische System, und Sie werden zu einer Handlung gezwungen. Der Mechanismus funktioniert wie bei einem Lichtschalter. Ich betätige den Schalter (denke das angstauslösende Wort) und der Strom schießt blitzschnell zur Lampenfassung (Emotionszentrum) und die Glühbirne leuchtet (ich werde zu einer Handlung gezwungen).

Angstauslösende Gedanken oder Geschehnisse können Sie zu einer angstvollen Handlung zwingen. Erinnern Sie sich an das Kind, das vom 10-Meter-Sprungbrett gestoßen wurde? Um seine kompletten Ängste zu reaktivieren, könnte es reichen, wenn es im Fernsehen eine Szene mit einem Sprungbrett sähe.

Disziplinlosigkeit verursacht die dümmsten Handlungen. Vielleicht stellen Sie Ihre Trading-Position vorzeitig glatt, nur um mitzuerleben, wie Ihr Trade vor dem eigentlichen Stoppkurs dreht und ins Plus läuft. Doch leider ohne Sie! Oder Sie versetzen den Stopp weiter Richtung Verlust – und bewirken damit einen noch größeren Minus-Trade. Oder Ihre Angst veranlasst Sie, den Stopp zu löschen, kaufen stattdessen weitere Positionen im Verlust dazu, verbilligen Ihren Verlusttrade und begehen somit den Kardinalfehler!

Die beste Art, sich vor diesen Auslösern zu schützen, ist, sich nicht erst in einer Angstsituation zu befinden. In diesem Moment gibt es gerade zig Gründe weshalb Sie Angst haben könnten. Doch weil diese Situationen momentan nicht eintreten oder Sie bei diesen Erlebnissen auch nicht dabei sind, können Sie völlig entspannt bleiben. Nicht anders ist es beim Traden. Wenn Sie nicht gerade erleben, wie Ihr Trade droht, ausgestoppt zu werden, oder Ihr Take Profit um einen Punkt verfehlt wird, dann erleben sie auch keine Angst, die Sie veranlassen könnte, in den Trade einzugreifen. Sie traden also disziplinierter. Wenn Sie die aufsteigenden Emotionen beim Trading nicht aushalten können, dann gibt es eine Alternative, disziplinierter zu traden: Halten Sie sich von Ihren Trades fern! Niemand zwingt Sie, jedes Zucken des Marktes live mitzuerleben – außer Sie selbst! Gehen Sie eine Position ein, klicken Sie Ihren Chart weg, und wenn es Ihnen sinnvoll erscheint, wieder nach dem Rechten zu schauen, dann schalten Sie sich wieder ins Live-Geschehen ein. Gestalten Sie Ihr Trading so, wie Sie es emotional aushalten können!

4.11 Disziplin braucht Energie

Obgleich unser Gehirn nur 2 Prozent des menschlichen Körpergewichts ausmacht, verbraucht es mehr als 20 Prozent der zugeführten Energie. Beim Sauerstoffverbrauch sind es sogar 50 Prozent. Die Hauptenergiequelle unseres Gehirns ist Glukose, also Zucker. Es wurde in zahlreichen Studien nachgewiesen, dass unsere Willenskraft nachlässt, wenn unserem Gehirn Glukose fehlt. Es ist somit essenziell, sich ausreichend mit glukosehaltigen Nahrungsmitteln zu versorgen. Allerdings spielt es eine entscheidende Rolle, welche Form von Zucker wir zu uns nehmen. Einfachzucker, wie er in Süßgetränken vorkommt oder in Süßigkeiten wie Schokolade, Traubenzucker oder Würfelzucker, schafft einen schnellen Energieschub. Dieser wird vom Körper aber genauso schnell wieder verdaut und seine Wirkung hält nur 15 bis 20 Minuten vor. Da unser Gehirn keine Energievorräte speichern kann, ist es wesentlich gesünder, Glukose in Form von Mehrfachzucker zu sich zu nehmen. Dieser befindet sich z.B. in Produkten wie Getreide, Obst oder Gemüse. Sie geben die Glukose langsamer frei und versorgen unser Gehirn so konstant und lang anhaltend mit dem wichtigen Zuckerstoff. Ich weiß, einige werden jetzt vermutlich einwenden, dass sei doch Unsinn: Vollkornbrot essen, damit ich disziplinierter trade. Ich gebe zu, das Bild ist etwas ungewöhnlich, aber hier geht es um biologisch-chemische Tatsachen, die seit Zigtausenden von Jahren in unserem Körper Bestand haben. Unser Gehirn ist extrem egoistisch. Wenn es nicht bekommt, was es braucht, und das ist vor allem Glukose, dann macht es, was es muss – die Körperfunktionen schützen. Ihrem Gehirn ist es egal, ob Sie gerade diszipliniert traden oder Geld verlieren. Wenn es zu wenig Glukose bekommt, dann erschöpft es Sie und zieht Ihnen die Kraft aus den überflüssigen Bereichen ab. Konzentrations- und Willensschwäche sind die Folge.

Sie würden nicht anders verfahren, wenn Sie während einer Autobahnfahrt feststellen müssten, dass Sie nur noch fünf Liter Benzin im Tank haben, die nächste Tankstelle aber in 100 Kilometer Entfernung liegt. Sie würden sicherlich auch zuerst die Geschwindigkeit drosseln, um Benzin zu sparen.

Ein anschauliches, wenn auch sehr trauriges Beispiel für diesen Mechanismus unseres Gehirns sehen Sie immer wieder in den Nachrichten, wenn über Hungerkatastrophen berichtet wird. Die hungernden Kinder haben scheinbar sehr große Köpfe im Verhältnis zu ihrem Körper. Grund dafür ist das Glukose-Prinzip. Das Gehirn nimmt die geringen Glukosemengen, die dem Kleinkind noch zur Verfügung stehen, zuerst für sich in Anspruch, um seine Hirnfunktionen aufrechterhalten zu können. Was übrig bleibt, und das ist meist nicht viel, gibt es erst dann an die Organe weiter. Das hat zur Folge, dass der Kopf im Verhältnis zum Körper übergroß wirkt. In Wirklichkeit ist der Kopf normal groß und alle anderen Organe und Muskeln sind aufgrund von Glukosemangel zusammengeschrumpft.

Ebenfalls wichtig für geistige Höchstleistungen unseres Gehirns sind Proteine, also Aminosäuren. Teilweise werden sie vom Körper selbst hergestellt, teilweise müssen sie über Nahrungsmittel zugeführt werden. Sie sind deshalb so wichtig, weil sie der Rohstoff zur Herstellung von Botenstoffen sind, sogenannten Neurotransmittern wie Acetylcholin. Ohne Acetylcholin wäre es dem Menschen nicht möglich, zu lernen oder sich zu erinnern. Außerdem fördern die Neurotransmitter die Konzentrationsfähigkeit. Reichhaltig vorhanden sind sie in Sojaprodukten, Nüssen und Getreide wie etwa Haferflocken. Eine weitere Aminosäure ist Tyrosin. Es fördert Botenstoffe wie Dopamin, Noradrenalin, Adrenalin. Sie machen uns wach, aktiv und motiviert. Man findet sie in Hülsenfrüchte, fettarmen Milchprodukten und Fisch. Damit wir entspannt und ruhig sind und uns wohlfühlen bei unseren geistigen Höchstleistungen, brauchen wir noch die Aminosäure Tryptophan. Diese liefern uns Nahrungsmittel wie Walnüsse, Haferflocken oder magerer Käse.

Sie sehen, eine ausgewogene Ernährung kann Ihnen sehr dabei helfen konzentrierter und disziplinierter zu traden. Und es wird schon seinen guten Grund haben, weshalb Spitzensportler guter Ernährung so viel Bedeutung beimessen!

4.12 Disziplin braucht Ordnung

Äußere Ordnung fördert innere Ordnung. Das haben wissenschaftliche Studien bewiesen. Außerdem beeinflusst sie das Risikoverhalten. Bei einem Experiment konnten Studenten sich entscheiden, einen kleinen Geldbetrag sofort mitzunehmen oder aber einen größeren Betrag zu einem späteren Zeitpunkt. Jene Studenten, die in einem chaotischen Durcheinander saßen, wiesen interessanterweise eine deutlich geringere Selbstdisziplin auf. Zudem waren sie sofort bereit, eine kleine Summe einzustecken, statt für den größeren Geldbetrag eine Woche zu warten.

Die Forscher fanden ebenso heraus: Wer anfängt, seine Selbstbeherrschung auf einem Gebiet zu trainieren, kann diese wesentlich einfacher auch in anderen Bereichen verbessern. Selbstdisziplin scheint sozusagen ansteckend zu sein. Es ist davon auszugehen, dass Trader, die in ihrem alltäglichen Leben Ordnung halten, auch beim Trading auf Struktur und Ordnung achten und dieses zu diszipliniertem Verhalten führt.

Es ist häufig zu beobachten, dass erfolgreiche Trader in ihrem Alltagsleben festen Strukturen folgen und diese auf ihr Trading übertragen. Sie geben damit Ihrem Unbewussten den Impuls: »Ich habe eine Struktur und folge ihr.« Diese Routinen vereinfachen das Trading und unterstützen automatisierte Verhaltensweisen. Sie fördern die Willenskraft und Disziplin, ohne dass man vorher eine bewusste Entscheidung zu dem gewünschten Verhalten treffen muss.

Äußerst wirkungsvoll sind übrigens auch unterstützende Fotos oder Motive, die eine Zentriertheit wiedergeben. Wissenschaftlich nachgewiesen ist auch die ausgleichende und beruhigende Wirkung von Düften. Wer zum Beispiel morgens mit einer wohltuenden Duftlampe meditiert und diese während des Tradings einsetzt, kann von der entspannenden Wirkung beim Handel profitieren.

4.13 Disziplin braucht Kontrolle

Ob Sie überhaupt diszipliniert traden, wissen Sie nur, wenn Sie Ihr Trading regelmäßig kontrollieren. Ansonsten bleibt es nur eine vage Vermutung. Erst die Rückmeldung zeigt, wie diszipliniert Sie handeln.

Händler, die ihr Trading nicht regelmäßig überprüfen und daraufhin anpassen, wissen nicht, was sie tun. Sie traden – ja, aber professionell ist das nicht. Es ist, als würden Sie jeden Morgen in einem See Ihr Frühstück angeln, ohne zu wissen, ob sich darin überhaupt Fische befinden. Auswertungen Ihres Tradings sind daher äußerst wirkungsvoll. Nur so haben Sie eine Chance, herauszufinden, was gut funktioniert und was Sie besser lassen sollten. Besonders wenn Sie mehrere Handelssysteme parallel traden, brauchen Sie eine Kontrolle. Stellen Sie sich vor, erst nach einiger Zeit finden Sie heraus, dass Ihr System doppelt so viel Rendite erwirtschaftet hätte, wenn Sie die Stopps nur um wenige Punkte verändert hätten. Oder dass Ihr System A Ihnen so viele Verluste eingebracht hat, dass es alle Gewinne von System B verschlungen hat. Mit der Selbstkontrolle können Sie auch Details Ihres

Tradings genau filtern: »*Wann ist mein System profitabel?*« »*An welchem Tag, im Vor- oder Nachmittagshandel?*« »*Gibt es Tage, Wochen oder Monate, an denen es besser funktioniert?*« Gold z.B. steigt in der zweiten Jahreshälfte mehr als in der ersten. Auch emotionale Zustände können überprüft werden: Wie sehr beeinflussen Sie unangemeldete Störgefühle Ihres Alltags? Mit einer detaillierten Excel-Tabelle können Sie praktisch alle Parameter Ihres Tradings kontrollieren, die Ihnen wichtig sind.

Viele traden einfach wild und für sie selbst unüberschaubar drauflos. Sie jagen Einstiegssignale, als gäbe es morgen keine Börse mehr. Sie verfallen in eine Art Trading-Rausch und sind wie von Sinnen. Das sorgt zwar meist für Beschäftigung, aber für keine befriedigenden Trading-Ergebnisse. Damit Sie sich über Ihre Handlungen bewusst werden, legen Sie sich einen To-do-Zettel neben ihren Trading-Computer. Darauf sollte in wenigen Worten Ihr Setup beschrieben sein. Überprüfen Sie nach jedem Trade, ob Sie das Setup wirklich so getradet haben. Auch Piloten haben Checklisten, die sie vor jedem Flug genau durchgehen. Jagdbomber-Piloten checken vor ihrem Start bis zu 150 Funktionen. Vielen privaten Tradern fehlt diese sehr wichtige Prüf-Instanz. Sie wollen traden, nicht Trades verwalten. Aber erinnern Sie sich? Disziplin braucht messbare und erreichbare Ziele! Sie haben keinen Vorgesetzten oder Chef, dem gegenüber sie Rechenschaft ablegen müssen. Sie sind nur sich selbst gegenüber verantwortlich. Nicht jeder verfügt über diese notwendige und sehr wichtige Selbstkontrolle. To-do-Zettel helfen Ihnen auf sehr einfache Weise dabei, sich selbst zu kontrollieren. Eine weitere wirkungsvolle Methode sind tägliche Aufzeichnungen ihres Tradings, die Sie so detailliert notieren, als würden Sie sie einem Vorgesetzten als Handelsbericht vorlegen müssen. Sie werden feststellen, dass diese Aufzeichnungen Ihre Trading-Ergebnisse wesentlich verbessern. Ich rate meinen Klienten, am Abend einen Tagesbericht ihres Tradings zu verfassen und diesen sich dann selbst zuzumailen.

4.14 Disziplin braucht Mut

Um Gewinne sinnvoll laufen zu lassen, brauchen Sie Disziplin und Mut. Das gilt auch für das Pyramidisieren einer Position, Verluste auszuhalten oder Wiedereinstiege zu wagen. Wenn Sie Ihre Komfortzone verlassen, dann wachsen Sie! Es heißt: Leid lässt die Seele erblühen. Das merken Sie meist erst hinterher, weshalb viele es so schwer haben, den ersten Schritt in die richtige Richtung zu gehen. Am Anfang fühlt man sich immer unwohl mit seiner neuen Entscheidung. Man befürchtet, einen Fehler zu machen. Das ist vollkommen normal, denn Ihr Gehirn möchte nur sehr ungern von seiner alten Gewohnheit loslassen. Neues und vor allem Unsicheres mag unser Gehirn nicht. Erst die Wiederholung bringt aber die nötige Ruhe ins Geschehen. Ich vergleiche es immer mit einer Autofahrt in London. Wenn Sie das Fahren auf der »falschen Seite« nicht gewohnt sind, dann kostet es Sie zunächst Mut und Konzentration. Am Anfang fühlen Sie sich nervös und unsicher. Aber je häufiger Sie das ausprobieren, desto sicherer fühlen Sie sich dabei. Und irgendwann ist es normal für Sie und Sie praktizieren es vollkommen selbstverständlich. Genauso verhält es sich mit Disziplin. Anfangs sträuben Sie sich, sich gegen Ihren Hauptimpuls zu verhalten und das damit verbundene negative Gefühl auszuhalten. Aber wenn Sie sich überwinden, neue Wege zu gehen, dann gewöhnen Sie sich mehr und mehr daran und erkennen schnell den Vorteil. Es braucht Mut, aber es lohnt sich! Selbsthypnose und spezielle Hypnose-Coaching-CDs für Trader können Sie bei dieser Überwindungsangst wirkungsvoll unterstützen.

4.15 Disziplin braucht Verzicht

Wer etwas Neues möchte, der muss auf etwas Altes verzichten. Er muss seine geliebte Komfortzone verlassen. Und das auch noch freiwillig. Menschen hassen in der Regel Veränderungen, und seien sie noch so logisch und nachvollziehbar. Wenn Sie zehn Signale traden und sich damit völlig überfordert fühlen, weil das zu großen Trading-Problemen führt, dann ist es sinnvoll, eine Veränderung vorzunehmen. Handeln Sie statt zehn Setups nur eins oder zwei. Das wird Ihnen anfangs vielleicht schwerfallen, denn erstens müssen Sie sich entscheiden, welche der zehn Strategien Sie aufgeben, und zweitens müssen Sie auch noch freiwillig die Kraft aufbringen, die acht anderen Signale bewusst zu ignorieren. Aber Disziplin liebt nun mal die Einfachheit. Je einfacher eine Handlung, desto besser können Sie sie umsetzen. Seien Sie ehrlich: Was macht es für einen Sinn, zehn Signale schlecht zu handeln anstatt ein oder zwei Setups entspannt und erfolgreich? Nicht viele Trades bringen den Erfolg, sondern gute Trades!

4.16 Disziplin braucht Angstfreiheit

Ungeübte Trader erzielen bessere Ergebnisse mit Demokonten. Kein Wunder, es fehlt ja auch das Risiko, zu verlieren. Das zeigt aber auch, worum es beim Traden wirklich geht – um Angst. Und was macht Tradern am meisten Angst? Geld zu verlieren. Angst frisst Disziplin. Denn sobald das Konto scharf ist, funktionieren die ganzen Abläufe plötzlich nicht mehr. Wenn Sie bemerken, dass Sie Ihr System nicht diszipliniert umsetzen, dann reduzieren Sie Ihr Geldrisiko! Es ist doch vollkommen nebensächlich, ob Sie 1 oder 0,1 Prozent Ihres Handelskontos riskieren. Keiner zwingt Sie, sich beim Traden schlecht zu fühlen, außer Sie selbst! Oder befürchten Sie, dass Ihr Broker Sie abends anruft und sich beschwert, weil Sie heute mit zu wenig Geldrisiko getradet haben? Und wenn Sie erkennen, dass Ihr System mit diesem geringen Risiko nicht umsetzbar ist, und Sie sich deshalb gezwungen sehen, ein hohes Risiko zu traden, dann brauchen Sie ein neues System. Eines, welches zu Ihrem Risikoniveau passt! Wichtig ist, dass Sie die Ruhe und Gelassenheit für ein erfolgreiches und diszipliniertes Trading entwickeln. Der Rest kommt dann von allein.

4.17 Disziplin braucht Vorbilder

Wenn wir jemanden nachahmen, dann erzielen wir auch ähnliche Resultate. In meiner Schauspielausbildung erarbeitete ich das »Als-ob-Prinzip« nach Stanislawski. Berühmt wurde diese Schauspiel-Methode vor allem in New York durch das Actors Studio von Lee Strasberg. Hier lernten auch so bedeutende Darsteller wie Marlon Brando, James Dean, Robert De Niro und Marilyn Monroe ihr Handwerk. Bei dem »Als-ob-Prinzip« geht es darum, sich so intensiv wie möglich mit der Person oder Situation zu identifizieren, die Sie darstellen wollen. Natürlich hat kein Schauspieler je einen Menschen wirklich getötet, um bei Bedarf solche Rolle zu spielen, aber nach dem »Als-ob-Prinzip« fragt er sich, welche Situation wohl vergleichbare Gefühle erzeugen würde. Hier mögen Gefühle wie Wut, Ausweglosigkeit, Hass, Verzweiflung und viele mehr angebracht sein. Diese Momente vergegenwärtigt sich der Nachahmer erneut, indem er sich die Situation so genau wie möglich vorstellt, sodass die entsprechenden Gefühle entstehen und die Rolle des Täters nun gespielt werden kann. Ahnen Sie, worauf ich hinaus will? Aber kommen wir zurück zum Trading: Suchen Sie sich ein Vorbild aus der Trader-Branche. Studieren Sie diesen Menschen so genau wie möglich. Finden Sie alles über ihn heraus, wie er über das Trading denkt, wie er selbst handelt, was er Ihrer Meinung nach richtig macht. Wenn Sie traden, dann fragen Sie sich, wie diese Person in dieser Situation wohl reagieren würde, was sie zu dem Trade sagen, was denken würde. Traden Sie Ihren Trade, als ob Ihr Vorbild ihn tradet. Sie können sich zur Unterstützung ein Foto von ihm an Ihren PC kleben oder als Bildschirmschoner benutzen. Es ist sozusagen immer bei Ihnen, wenn Sie traden, und mit ihm seine förderlichen Verhaltensweisen, die Sie bei Ihrem Trading unterstützen. Sie werden sehen, wie wirkungsvoll das ist. Es ist ein sehr einfaches und machtvolles Motivationsinstrument.

4.18 Disziplin braucht Wiederholung

Wie haben Sie gehen gelernt? Durch Wiederholung! Wie haben Sie sprechen gelernt? Durch Wiederholung! Wie haben Sie Autofahren gelernt? Durch Wiederholung! Alles, was Sie gut beherrschen, haben sie durch Wiederholung gelernt. Alles Schlechte übrigens auch. Mit der Disziplin verhält es sich nicht anders. Wenn Sie gewisse Abläufe wieder und wieder ausführen, dann werden Sie disziplinierter. Ein Indiz für ungeübte Abläufe sind Ihre Trading-Probleme. Viele unerfahrene Trader sind sehr geschult darin, immer wieder die gleichen Missgeschicke zu wiederholen. Das ist ärgerlich, zeigt aber, worum es bei Disziplin im Wesentlichen geht – um Wiederholung. Nun müssen Sie es nur noch auf die passenden Trading-Abläufe anwenden. Dazu vereinfachen Sie zunächst die konkreten Handlungsschritte. Wie schon erwähnt: lieber ein Setup richtig als zehn falsch traden. Lieber 0,1 Prozent Risiko entspannt und diszipliniert traden als 1 Prozent gestresst. Dann repetieren Sie diese kleinen Schritte wieder und wieder. Je öfter Sie sich dabei wohlfühlen, desto schneller werden Sie Erfolg damit haben. Seien Sie realistisch, das braucht Zeit. Dann steigern Sie sich angemessen. Ihr Seismograph ist dabei immer Ihr Wohlfühlfaktor. Und so, wie Sie heute entspannt Auto fahren, perfekt Ihre Sprache beherrschen oder souverän einen Sport ausüben, so werden Sie diszipliniert traden können. Wenn Sie Ihr Gehirn dazu bringen, sich kleine Ziele vorzunehmen und umzusetzen, dann schaffen Sie es auch, größere Dinge in Angriff zu nehmen. Denn sobald sich die positiven Gewohnheiten in Ihrem Gehirn eingeschliffen haben, erfordern sie keine Anstrengung mehr.

4.19 Disziplin braucht Motivation

Wenn Sie etwas in Ihrem Leben erreichen wollen, dann brauchen Sie ein lohnenswertes Ziel, das Sie anzieht. Das kann entweder »weg von« etwas sein, das Sie nicht mehr in Ihrem Leben möchten, oder »hin zu« etwas, wonach Sie sich in Ihrem Leben sehnen. Viele Weltklasseboxer wollten mithilfe des Boxsports »weg von« den schlechten Lebensbedingungen, die sie in ihrer Kindheit erleben mussten. Sicher ist, Sie brauchen als Trader etwas, das Sie motiviert. Wenn Ihnen nicht klar ist, wozu Sie die Willensstärke aufbringen sollen, diszipliniert zu traden, dann wird es Ihnen sehr schwerfallen, es umzusetzen. Wenn Sie vor den Charts sitzen und ziellos sind, dann sind Ihnen die einzelnen Trades unwichtig. Vermutlich geht es Ihnen dann nur um eine Beschäftigung oder den Reiz, als Trader ein wenig mitzumischen und ein bisschen am großen Rad der Investmentbanker, die Millionen verdienen, mitzudrehen. Oder Sie wollen sich von anderen Dingen ablenken. Wenn ich als Sportler das Ziel habe, einen Marathon zu gewinnen oder in der persönlichen Bestzeit zu laufen, dann bin ich motiviert, regelmäßig dafür zu trainieren. Wenn es mein heißer Wunsch ist, im Sommer ein Cabriolet zu fahren, dann werde ich motiviert sein, diszipliniert das Geld für die Anschaffung zu sparen. Verschaffen Sie sich Klarheit darüber, was Sie beim Trading motiviert.

Natürlich gibt es auch zu Beginn der Trading-Laufbahn ab und an Momente, wo man in richtige Motivationslöcher fällt. Das gehört dazu. Gönnen Sie sich dann ein paar Tage Pause. Sie werden sehen, dass das Leben auch ohne Börse ganz angenehm sein kann. Gut gemeinte Motivierungssätze, wie »Ich muss durchhalten«, helfen an solchen Tiefpunkten leider nicht weiter.

Wenn Ihrer Disziplin etwas anderes im Wege steht, dann schauen Sie, ob Sie in Ihrem Leben eine mentale Brücke finden, die Ihnen hilft, ans Ziel zu kommen. Hier ein gelungenes Beispiel aus der Praxis: Als das erste Schachspiel zwischen Jan Wahls und dem damals stärksten Schachcomputer *Deep Thought* angesetzt war, war es Jan Wahls mulmig zumute. Er hatte großen Respekt vor den zehn Millionen Stellungen, die der Computer pro Sekunde berechnen konnte. Jan war daher zunächst in einem alles andere als optimalen Zustand, um gegen diesen Riesengiganten aus dem IBM-Forschungszentrum anzutreten. Die Lösung kam von seiner Freundin. Sie wusste, dass Jan gegen Frauen fast noch nie verloren hatte und gegen Frauen immer sehr gut spielte. Sie sagte, er solle sich einfach vorstellen, *Deep Thought* sei eine Frau. Jan Wahls gewann das Spiel – nach 28 Zügen gab der Computer auf.

Einer meiner Klienten konnte beachtliche Erfolge als Sportschütze vorweisen. Er gewann zahlreiche Landesmeisterschaften darin. Als er mir in einer Coaching-Stunde erzählte, dass er aus Angst zu versagen immer wieder

Probleme damit hat, beständig seine Trades einzugehen, bat ich ihn, seinen Ablauf wie ein Sportschütze anzugehen. Ich übertrug seine Fähigkeiten als Sportschütze auf sein Trading-Verhalten, auch indem ich es in eine individuelle Hypnose-CD mitaufnahm. Gewehr laden, anlegen, zielen – Schuss. So, wie er es zigtausendmal auf dem Schießstand einstudiert hatte. Völlig konzentriert, sicher, entspannt und diszipliniert. Schon nach kurzer Zeit war sein Problem gelöst. Er übertrug lediglich dazu eine seiner Fähigkeiten aus einem anderen Bereich auf das Trading. So einfach kann man den Schlüssel zum disziplinierten Trading finden.

Um Motivationslöcher zu überbrücken, hilft auch ein anderer Trick. Setzen Sie sich an Ihre Trading-Station mit der Vereinbarung, nur heute diszipliniert zu traden. Oder wenn das schon zu viel ist, nur für die nächsten paar Stunden. Legen Sie den Zeitrahmen genau fest. Stellen Sie sich dazu den Wecker. Dann sagen Sie zu sich selbst: »Ich bringe heute die Willenskraft auf, so zu traden, wie ich es mir wünsche. Nur heute!« Am nächsten Tag dürfen Sie wieder Ihren gewohnten Trading-Stil umsetzen. Sie können natürlich auch noch einmal Ihre Abmachung befolgen. Vielleicht suchen Sie sich zwei oder drei bestimmte Tage in der Woche aus, an denen Sie diese Regel anwenden. Sie werden feststellen, wie viel leichter es ist, diszipliniertes Verhalten dauerhaft umzusetzen, wenn Sie sich auch erlauben, dem alten Verhalten Raum zu geben. Versuchen Sie daher, Stück für Stück daran zu arbeiten, dass Sie etwas können. Statt sich zu sagen »Mensch, ich kann das nicht«, entwickeln Sie in sich den größten Motivator, nämlich das Gefühl von »Mensch, ich kann das!«

5. Wir traden, was wir glauben

Wir sind das, was wir wiederholt tun.
Vorzüglichkeit ist daher keine Handlung,
sondern eine Gewohnheit.
Aristoteles

Jeder Mensch ist die Summe seiner Gedanken und Gewohnheiten. Das, was er bisher über sich gedacht hat, hat ihn zum größten Teil zu dem gemacht, was er heute ist.

Achte auf deine Gedanken, denn sie werden zu Worten.
Achte auf deine Worte, denn sie werden zu Handlungen.
Achte auf deine Handlungen, denn sie werden Gewohnheiten.
Achte auf deine Gewohnheiten, denn sie werden dein Charakter.
Achte auf deinen Charakter, denn er wird dein Schicksal.

Viele glauben, dass sie unvoreingenommen an ihre Börsenaktivitäten herangehen. Doch sämtliche Gedanken- und Verhaltensmuster beeinflussen Ihr gesamtes Trading. Sie führen sozusagen ständig einen Rucksack mit sich, indem all Ihre Lebenserfahrungen und -erlebnisse sind, die Sie bisher in Ihrem Leben gemacht haben. Der Inhalt dieses Rucksacks prägt die gesamte menschliche Wahrnehmung und lässt in uns feste Denkstrukturen entstehen, sogenannte Glaubenssätze. Es sind Überzeugungen, durch die wir die Welt und uns selbst erleben. Um es mit einem Bild auszudrücken: Schaut jemand durch eine rosa Brille, ist für ihn die ganze Welt rosa. Mit diesen individuellen Ansichten kreiert jeder Mensch seine eigene Realität. Wer von sich sagt, dass er kein Selbstbewusstsein hat, der wird sich dementsprechend verhalten. Sein Lebensumfeld wird ihn mit dieser Charaktereigenschaft wahrnehmen und ihm sein Verhalten spiegeln. Diese Reaktionen wird der Betroffene wiederum als Bestätigung seiner Selbsteinschätzung bewerten und fühlt sich dadurch in seiner Selbstwahrnehmung bestätigt. Ein Teufelskreis.

Unsere Überzeugungen sind geprägt von Eltern, Geschwistern, der Schule, und Gesellschaft sowie von den Medien und durch eigene Erfahrungen. Nach diesen Glaubensmustern handelt der Mensch in fast allen Lebenssituationen. Sie bestimmen sein Denken und Handeln und erschaffen sein Selbstbild. Dieses Gerüst seiner Persönlichkeit gibt ihm Halt und Sicherheit und bestimmt sein Leben: Aus Selbstsicht wird Weltsicht. All dies geschieht überwiegend unbewusst.

Überzeugungen können sehr machtvoll sein. Denn jeder Glaubenssatz hat eine Verbindung zu einer endlosen Kette von Ursache und Wirkung. Sind Sie etwa davon überzeugt, dass die Börse ein Spielfeld für Zocker ist, das nur auf Glück basiert und bei dem vor allem die einflussreichen Trader eine Chance haben, dann wird das Ihr Händlerverhalten beeinflussen. Denn wir traden niemals das neutrale Geschehen an den Märkten, sondern unsere Einstellungen zu uns, dem allgemeinen Leben und den Geschehnissen an der Börse! Sind Sie für die Märkte positiv gestimmt, werden Sie eher Einstiegssignale für steigende Märkte suchen. Haben Sie eine eher negative Sicht auf die Dinge, achten Sie vorwiegend auf Einstiege zu fallenden Kursen.

Glaubenssätze können unterschiedliche Einflüsse auf das Trading haben. Am offensichtlichsten sind sie zu erkennen, wenn wir Marktverläufe prognostizieren, obwohl es keine genauen Hinweise auf deren Entwicklungen gibt. Unsere Handlungen werden dann von unserem Wunschdenken bestimmt. So kann es sein, dass sich eine Position eines Traders im Verlust befindet und seine Überzeugung »Der Markt kann nicht mehr tiefer fallen« ihn animiert, weiterhin an dem Trade festzuhalten. Hartnäckiger und wesentlich versteckter sind unbewusste Glaubenssätze. Sie zeigen sich durch Missgeschicke beim Traden, die immer wieder passieren, ohne dass man es eigentlich möchte. Doch man scheint geradezu machtlos gegen sein eigenes Verhalten zu sein. Etwa gegen den Trend zu handeln.

Es ist für das Trading äußerst wichtig, dass Sie Ihre Glaubenssätze kennen, denn sie sind der Fahrplan Ihrer Entscheidungen. Jeder Mensch hat Tausende von diesen bestimmenden Überzeugungen. Wenn Sie Ihre Überzeugungen kennen lernen wollen, dann schreiben Sie alles auf, was Sie über sich, Ihr Trading und vor allem den Börsenhandel denken. »Ich will beim Trading kein Geld verlieren.« »Ich habe keine Disziplin.« »Andere sind besser als ich.« Machen Sie das täglich eine halbe Stunde, sieben Tage lang. Sie werden danach deutliche Zusammenhänge zu Ihrem Trading-Verhalten erkennen können.

Ihre unbewussten Handlungsmuster können Sie auch gut durch Selbstbeobachtung finden. Notieren Sie sich bei jedem Trade Ihre Gedanken, die Sie zu sich und dem Trade hatten. »Ich glaube, der Kurs dreht jetzt. Bevor der Markt mich wieder reinlegt, steige ich lieber aus.« Der Kern-Glaubenssatz ist hier: »Der Markt legt mich rein.« Wer das glaubt, tradet nicht neutrale Kursbewegungen, sondern gegen einen fiktiven Gegner. Das könnte Sie zu einer Kampfsituation bewegen, die der Realität nicht angemessen ist, denn die Börse ist kein Mensch oder Ihr Feind. Sie könnten dadurch unbewusst ermutigt werden, sich in eine Konfliktsituation zu begeben. Sie traden dann Ihre Emotion, nicht Ihre Position.

Schreiben Sie auch Ihr allgemeines Befinden während des Tradens auf. Fühlen Sie sich sicher, risikofreudig oder haben Sie gerade persönlichen Ärger in Ihrem Leben?

Sie können natürlich negative Glaubenssätze auch in positive umwandeln. Wie das geht, erfahren Sie später.

5.1 Warum es so schwer ist, sein Verhalten zu ändern

Probleme sind noch nicht gefundene Lösungen.

Regelmäßig zum Jahresanfang fassen viele Leute gute Vorsätze für das neue Jahr. Sie wollen ihr Gewicht reduzieren, mehr Sport treiben, weniger arbeiten, liebevoller zum Partner sein und mit dem Rauchen aufhören. Meistens bleibt es bei den Vorsätzen, schon nach wenigen Tagen oder Wochen befinden sie sich im alten Laufrad ihrer Gewohnheiten wieder. Beim Trading ist es nicht anders: Sie wissen, dass Sie Gewinne sinnvoll laufen lassen sollten, weil vor allem die großen Gewinne die vielen kleinen Verluste ausgleichen. Und Sie wissen auch, dass Sie Stopps setzen sollten, um Ihr Kapital zu erhalten. Trotzdem scheitern Sie immer wieder daran, und obwohl Sie schon deswegen ein Konto in Grund und Boden getradet haben, basteln Sie immer wieder an Ihrer Stopplogik. Sie wissen, wie Sie es richtig machen müssen, aber Sie können es trotzdem nicht! Wieso ist es so schwer, sein Verhalten zu verändern?

Weil unser Verhalten mit Emotionen verknüpft ist. Und gespeicherte Emotionen sind viel stärker als irgendein rationales Argument. Hier kämpft die

Mücke gegen den Elefanten. Unser Gehirn kann jederzeit auf bereits Erlebtes zurückgreifen und schätzt in Bruchteilen einer Sekunde ein, ob etwas wichtig oder unwichtig, gut oder gefährlich für uns ist. Dies geschieht in unserem limbischen System, der emotionalen Schaltzentrale unseres Gehirns. Hier werden unsere Gefühle produziert, abgeglichen und bewertet. Die Hormonproduktion kommt in Gang und bestimmt unser Verhalten.

Der Mensch ist ein Gewohnheitstier und meistens hat unser innerer Schweinehund uns an der Leine – statt wir ihn. Die Ursache dafür finden wir in unserem Gehirn. Genauer gesagt im neuronalen Netz. Es ist die oberste Schaltzentrale des Menschen. Alle Gewohnheiten sind hier in Form von zig Milliarden Gehirnzellen hinterlegt und mit Emotionen verbunden. Haben Sie einen Gedanken oder führen Sie eine Handlung aus, dann werden in diesem Moment die dazugehörigen neuronalen Verknüpfungen aktiviert. Sie können es mit der Bedienung der Tastatur Ihres Computers vergleichen. Drücken Sie den Buchstaben R, erscheint auf Ihrem Bildschirm ein R. Allerdings hat das neuronale Netz keine abgeschlossenen Grenzen. Alles ist mit allem verbunden, wie bei einem Fischernetz. Die Wirkung dieser Verschaltungen können wir in den banalsten Handlungen unseres Lebens erleben: Schalten wir den Fernseher ein, bekommen wir plötzlich Appetit auf Chips, weil wir uns das Verhalten »Fernsehen + Chips essen« angewöhnt haben.

Dieser Gleichklang ist es, der es uns so schwer macht, unsere Gewohnheiten zu durchbrechen, denn wir schöpfen immer aus dem Vorhandenen. Wenn Sie sich »neu« verhalten möchten, dann müssen Sie dafür erst einmal die neuen neuronalen Verknüpfungen herstellen. Wie beim Erlernen einer Fremdsprache. Auch hier können Sie nur Vokabeln benutzen, die Sie vorher gelernt haben. Wenn Sie also neue Fähigkeiten einsetzen möchten, dann müssen Sie sich diese erst antrainieren. Das ist, je nach Aufgabe, unterschiedlich schwer. Beim Trading ist es meist schwerer, weil die Zusammenhänge komplexer und mit unserer stärksten Schutz-Emotion, der Angst, verbunden sind. Aber natürlich ist es möglich.

Da unsere Gewohnheiten überwiegend unbewusst aktiviert werden, ist auch eine Veränderung über das Unbewusste sehr sinnvoll. Es geht jedoch ebenso gut über aktive Verhaltensänderungen. Meiner Erfahrung nach ist eine Mischung aus beidem am effektivsten schnellsten und sinnvollsten.

Beim Trading hat man sich besonders zu Beginn viele schädliche Gewohnheiten antrainiert: keine Stopps setzen, Stopps verändern, zu früh aus einer

Position aussteigen, unsinniges Geldrisiko etc. Diese sind meist mit starken Gefühlen verbunden. Manches Fehlverhalten wird vom Trader seit Jahren praktiziert. Dadurch sind besonders starke neuronale Verknüpfungen entstanden, was die Abänderung dieses Verhaltens wesentlich schwerer macht.

Alte Gewohnheiten können im Gehirn nicht gelöscht werden. Sie ruhen sozusagen – wie Glühbirnen, die gerade keinen Strom bekommen. Eignen Sie sich neue Fähigkeiten an, wird dadurch das Wachstum neuer Gehirnzellen angeregt. Je intensiver und häufiger Sie diesen Lernprozess wiederholen, desto stärker wird er zu einer natürlichen Gewohnheit, was für das Gehirn weniger Anstrengung bedeutet und somit künftig von uns wesentlich leichter ausgeführt werden kann. Mehr und mehr entwickelt sich daraus eine unbewusste Kompetenz. Das bedeutet, Sie praktizieren etwas, ohne viel darüber nachdenken zu müssen. Beim Trading vereinfacht das die Handlungsabläufe enorm! Das ist auch der Grund, weshalb Profi-Trader davon sprechen, dass erfolgreiches Trading langweilig ist. Sie spulen wieder und wieder unbewusste Kompetenzen ab. So wie wir in unserem täglichen Leben die meisten Handlungen ausführen: Türen öffnen, Anziehen, Zähneputzen, Autofahren, Treppensteigen. Da wir gerade zu Beginn des Tradings nicht über diese Autopilot-Funktion unseres Gehirns verfügen, kostet es uns viel Anstrengung. Wir fühlen uns überfordert, verzetteln uns und versuchen, mit einfachen Lösungen schnell ans Ziel zu kommen. Vor allem um Verluste zu vermeiden. Das ist verhaltenspsychologisch gesehen auch der einzig richtige Weg, da unser Gehirn nur maximal sieben Eindrücke gleichzeitig bewusst aufnehmen kann. Im selben Moment werden von unserem Gehirn jedoch Hunderttausende Sinneseindrücke unbewusst verarbeitet. Der Mensch wäre vollkommen überfordert, müsste er all diese Informationen bewusst verarbeiten. Um diese Aufgabe zu bewältigen, würde unser Gehirn so viel Energie verbrauchen, wie der Mensch gar nicht in der Lage wäre zu sich zu nehmen. Ihr Gehirn würde dann schon beim Essen Ihres Frühstücksmüslis mehr Energie verbrauchen, als Sie mit dem Müsli zu sich nehmen. Unser Gehirn arbeitet deshalb ständig auf Sparmodus. Das führt zu extremen Vereinfachungen unseres Denkens und Handelns, auch beim Trading. Sogenannte Sinnesfilter, die durch das Unbewusste gesteuert werden, entscheiden unentwegt, welche Ihrer Prägungen (Glaubenssätze, Erfahrungen, Erlebnisse) für die aktuelle Entscheidung von Bedeutung sind. Ist zum Beispiel Ihre Angst vor Verlusten sehr groß, dann werden die unbewussten Programme Sie dazu veranlassen, sich so zu verhalten, dass Sie keine Verluste machen werden.

Was allerdings dazu führen kann, dass Sie Ihren Trading-Plan nicht mehr diszipliniert einhalten (Stopps rausnehmen, oder Stopps versetzen, Gewinne zu früh realisieren etc.). Und somit genau das erleben werden, was Sie eigentlich vermeiden wollten – Verluste! Um gegen diese Mächte bewusst angehen zu können, benötigen Sie Selbstkontrolle.

5.2 Selbstkontrolle

Sein Verhalten bewusst zu kontrollieren ist eine sehr anspruchsvolle Aufgabe. Wer das erleben möchte, braucht dafür nur in die Stille zu gehen. Schließen Sie Ihre Augen und versuchen Sie, nur Ihre Gedanken mitzubekommen.

Selbstkontrolle ist eine Fähigkeit, die uns schon seit der Kindheit begleitet. Sie ist uns teilweise angeboren und wir erlernen sie durch unsere Eltern.

In einer Langzeitstudie des Forscherehepaars Avshalom Caspi und Terrie Moffitt wurde nachgewiesen, dass Selbstbeherrschung schon im Kindesalter vorhergesagt werden kann. Um das zu beweisen, begleiteten die beiden Wissenschaftler 1037 Kinder von der Geburt an bis zu ihrem 32. Lebensjahr. Das Forscherpaar testete den Charakter der Kinder mit drei, fünf, sieben, neun und elf Jahren. Dafür befragten sie die Kinder selbst und holten Informationen und Beurteilungen von Eltern und Lehrern ein. Den Fokus legten sie bei den Befragungen auf die Eigenschaften, die mit Selbstkontrolle zu tun haben: Beharrlichkeit, Geduld oder Sorgfalt.

Es war deutlich zu erkennen: Das Maß der Selbstkontrolle war ein Erfolgsindikator. Je weniger diese Eigenschaft ab dem dritten Lebensjahr ausgeprägt war, desto schlechter entwickelten sich die Kinder – und zwar deutlich. Disziplinlose Kinder hatten später öfter gesundheitliche Probleme, waren schlechter in der Schule, verdienten weniger Geld, verübten häufiger Verbrechen und wurden eher drogensüchtig.

Zu gleichen Ergebnissen führte auch eine Studie, die Caspi und Moffitt in Großbritannien mit 500 zweieiigen Zwillingen durchführten. Trotz gleicher Gene neigte derjenige Zwilling, der schon als Kind weniger selbstbeherrscht war, auch im späteren Leben eher zu undisziplinierterem Verhalten. Daraus zog man das Fazit: Wer bereits als Kleinkind gewissenhaft und diszipliniert ist, der wird auch später mit höherer Wahrscheinlichkeit erfolgreich.

Selbstkontrolle beim Trading ist also etwas, das wir uns bewusst antrainieren müssen, wenn wir diese Fähigkeit nicht ausreichend genug erlernt haben. Allerdings ist es umso schwerer, je weniger die Grundlagen dafür in der Kindheit gelegt wurden.

Die modernen Lebensumstände machen das Erlernen von Willensstärke nicht gerade einfacher. Der Ur-Mensch musste sich früher auf den Weg machen, um ein paar Nüsse oder Beeren zu finden, sonst wäre er verhungert. Heute geht man in die Küche und steht vor einem prall gefüllten Kühlschrank. Zudem musste man tagelang durch die Wildnis laufen, um Feuerholz zu sammeln. Heute zieht man sein Feuerzeug aus der Hosentasche. Früher brauchte es viele Tage, um an Wissen und Informationen zu gelangen. Im Zeitalter von Google & Co ist das alles nur ein paar Klicks entfernt. Disziplin war also früher Bestandteil des natürlichen Lebens. Heute ist es eine bewusste und freiwillige Entscheidung, auf die wir lieber verzichten, um uns unseren gewohnten Vorlieben zu widmen.

Selbstkontrolle lernt man umso besser und schneller, je größer die Notwendigkeit ist. Was es benötigt, ist der Wille. Ein kraftvoller Motor ist ein starker Motivator. Wir müssen uns fragen: »Was treibt uns an, was überzeugt uns, was gibt uns den unbedingten Willen, ans Ziel zu kommen?« Sie brauchen etwas, das Sie wie ein starker Magnet zu Ihrem Ziel zieht. Wenn Sie diesen Magneten finden, geht alles leichter und schneller.

5.3 Wie Veränderung wirklich gelingt

Gras wächst nicht schneller, wenn man dran zieht.

Wenn Sie etwas herstellen wollen, dann benötigt es Zeit, bis es fertig ist. Ein Modedesigner hat anfangs eine Idee, er zeichnet eine Skizze, besorgt sich das Material, schneidet ein Muster zu, schließlich werden die Stoffteile nach Vorlage zusammengenäht – und fertig ist das Kleidungsstück.

Verhaltensveränderung entsteht wie ein Kleidungsstück– es ist ein Entwicklungsprozess. Viele Trader meinen, wenn sie etwas erkannt und verstanden haben, dann können sie es auch sofort in die Tat umsetzen. Leider ist das nur sehr selten der Fall. Grund dafür ist unser neuronales Netz, so wie ich es oben beschrieben habe. Eine Erkenntnis ist noch lange keine neu gewonnene Gewohnheit. Wenn Sie dauerhaft Ihr Verhalten verändern möchten, dann braucht Ihr Gehirn dafür entsprechende Impulse. Nur so entstehen im neuronalen Netz neue Verknüpfungen, die ein langfristiges und zuverlässiges Verhalten garantieren werden. Das geschieht durch Wiederholungen und wird durch positive Gefühle noch forciert. Wer sich eine stabile Veränderung seines Handelns wünscht, muss ein neues Verhalten mindestens 400 Mal zuverlässig in Folge wiederholen. Anfangs wird es ungewohnt und schwer sein, die neuen Erkenntnisse konsequent durchzuführen. Wir kennen dieses Problem als Disziplinlosigkeit auch aus anderen Situationen, zum Beispiel wenn wir unser Gewicht reduzieren wollen, das Rauchen beenden, oder regelmäßig Sport treiben möchten.

Ihr Gehirn wird immer wieder versuchen, die alten, gewohnten Wege zu gehen. Wollen Sie sich beim Trading nun angewöhnen, Gewinne konstant sinnvoll laufen zu lassen, dann wird Ihr Gehirn anfangs versuchen, eher der bekannten Strategie zu folgen und z.B. Gewinne schnell zu realisieren. Das geschieht so oft, bis ausreichend neuronale Verknüpfungen für das neue Verhalten vorhanden sind. In der Regel braucht das drei Monate. Sie müssen sich also mindestens drei Monate lang so verhalten, wie es Ihr Ziel vorgibt und von Ihnen verlangt. Nach den ersten sechs Wochen fällt es Ihnen schon bedeutend leichter, das neue Verhalten regelmäßig anzuwenden.

Am besten können Sie sich Ihr neues Verhalten antrainieren, wenn eine Kontrollinstanz es begleitet. Ein Ausbilder oder Coach, der Ihr neues Verhalten überwacht, wäre ideal. Auch Routinen sind sehr wichtig. Denn alles, was Sie regelmäßig durchführen, können Sie leichter umsetzen. Ich selbst unterstütze meine Klienten dabei mit gezielten Hypnoseprogrammen. Diese Programme beschleunigen beim Trader, sein neues Verhalten unbewusst anzuwenden. Dazu verwende ich spezielle Visualisierungen und geführte Hypnosen. Damit soll beabsichtigt werden, dass der Trader die erwünschten Handlungen ohne viel Anstrengung beim Trading umsetzen kann.

Damit neue Verhaltensabläufe routiniert durchgeführt werden können, ist es sinnvoll, Kontrollmechanismen einzusetzen. Nehmen Sie sich Piloten zum Vorbild. Sie prüfen präzise vor jedem Abflug sämtliche Punkte ihrer Liste. Um das neue Verhalten beim Trading zu unterstützen, ist so eine Checkliste eine ideale Ergänzung. Schreiben Sie alle wichtigen Punkte des neuen Verhaltens auf die Liste, die Sie berücksichtigen wollen. Sehr hilfreich ist auch eine Skizze Ihres Setups, die Sie zu Beginn auf der Checkliste sehen. So haben Sie immer genau Ihren Einstieg vor Augen.

Beispiel für eine Trading-Checkliste:

Trading-Datum:

Trading-Zeit:

Trade Nr.:

Trading-Wert: Aktien, Indizes, Währung, Rohstoffe

Gehandelte Zeiteinheit: Tick / 1 Min. / 5 Min. / 10 Min. / 1 Std. / 4 Std. / Tag

Setup: Markttechnik, Retracement, Gleitender Durchschnitt, Bollinger Bänder etc.

Kurzskizze des Setups: (eventuell Rückseite benutzen oder Extrablatt)

Maximales Geldrisiko des Trades:

Entspricht dem %-Anteil meines Kontos:

Trade-Ergebnis: Gewinner / Verlierer / Break-even

Wie hoch war der Gewinn / Verlust: (Punkte, Pips, Geldbetrag)

Entsprach der Trade zu 100% meinen Regeln? Ja / Nein

Wenn NEIN – warum habe ich ihn trotzdem gemacht?

Habe ich den Trade nach meinen Regeln gehandelt? Ja / Nein

Falls NEIN – warum nicht und wie genau habe ich mich anders verhalten?

Verbesserungen:

Was genau kann mich dabei unterstützen, das zu erreichen?

Emotionales Empfinden vor, während und nach dem Trade:

Vor:

Während:

Nach:

Habe ich diese Checkliste komplett ausgefüllt? Ja / Nein

Falls NEIN – warum nicht?

Fazit: Ich weiß, dass ich Disziplin nur erreiche, wenn ich mich diszipliniert verhalte!

Überprüfen Sie dann Ihre Checkliste vorher oder nachdem Sie den Trade eingegangen sind und haken Sie die einzelnen Punkte ab bzw. kommentieren sie diese. Gut ist es, wenn Sie diese Checkliste in Papierform vor Ihrem Trading-PC liegen sehen. Das unterstützt Sie unbewusst, sich an Ihre Abmachung auch wirklich zu halten!

Erkennen Sie während des Trades, dass dieser nicht Ihrem gewünschten Verhalten entspricht, brechen Sie den Trade sofort ab, unabhängig davon, ob Sie in der Verlust- oder Gewinnzone sind. Das ist wichtig, denn sonst gewöhnen Sie sich falsches Verhalten an.

Eine gute Kontrolle erreichen Sie auch, wenn Sie regelmäßig ein gutes Trading-Journal führen. Je detaillierter, desto sicherer werden Sie Ihre neuen Gewohnheiten einhalten. Ein Trading-Tagebuch ist mehr als nur die Buchhaltung ihres Tradings. Es hat die Funktion eines Chefs oder Vorgesetzten, der Ihr Verhalten in positiver Absicht kontrolliert. Die Aufzeichnungen zeigen Ihnen wie Ihr Verhalten Ihre Resultate beeinflussen. Denn wer zuhause allein vor seinem Trading-PC sitzt, der wird von niemandem beaufsichtigt. Sie können traden, wie Sie wollen, keiner wird Ihre Handlungen überprüfen, und seien sie noch so unsinnig. Das kann zu einem Problem werden. Die Analyse und Kontrolle der eigenen Arbeit ist beim Trading eine der wichtigsten Grundlagen für den Erfolg. Ansonsten droht schnell Ungenauigkeit durch Disziplinlosigkeit. Strikte Kontrollmechanismen sind einer der stärksten Hilfsinstrumente, wenn Sie sich das neue Verhalten antrainieren wollen.

Sie können Ihr Trading natürlich auch von Ihrem Partner oder einem Freund überprüfen lassen. Erklären Sie ihm dazu, was Sie genau beim Trading umsetzen wollen, und legen Sie ihm detailliert Ihre Tages- oder Wochenergebnisse vor. Auch hier bietet ein klar geführtes Trading-Journal beste Dienste. Erstellen Sie ebenso ein kurzes Protokoll dieses Kontrollgesprächs und notieren Sie, was Sie gut umgesetzt haben und wo Sie Ihr Trading noch verbessern können. Sie werden sehen, wie wirkungsvoll dieser Check für das Erreichen Ihrer Ziele ist.

6. Trading & Stress

Die Menschen werden nicht durch die Ereignisse,
sondern durch die Sicht der Ereignisse beunruhigt.
Epiktet

Profi-Trader wissen: Gerade zu Beginn ist Trading unglaublich stressig. Ständig kreist der Gedanke über einem: »Was habe ich denn jetzt schon wieder falsch gemacht?« Immerzu passiert das Gegenteil von dem, was man gedacht hat. Das führt schnell zu Irritation, Frust und Hoffnungslosigkeit. Solche Ereignisse sind natürlich nicht neu und passieren auch in vielen anderen Bereichen unseres Lebens.

Stress kommt aus dem Englischen und bedeutet ursprünglich Druck, Zug, oder hohe Beanspruchung eines Materials. Um 1930 herum bezog der Naturwissenschaftler und Mediziner Hans Selye (1907–1982) das Wort zum ersten Mal auf den Menschen und seine körperlichen Belastungen. Selye machte deutlich, dass Stress eine Reaktion auf eine Bedrohung ist – und nicht die Bedrohung selbst.

Entscheidend ist also, wie wir eine Situation, die stressen könnte, bewerten und darauf reagieren.

Profi-Trader wissen, Stress ist beim Trading immer gegenwärtig. Denn jeder Trade wird von Unsicherheit begleitet. Wohl die meisten Menschen streben nach Sicherheit und empfinden Situationen als angenehm, wenn sie diese kontrollieren können. Ist das nicht der Fall, entsteht schnell Stress. Auslöser dafür sind unsere Körper- und Hirnfunktionen, die maßgeblich durch Hormone gesteuert werden. Die wichtigsten Stresshormone sind Adrenalin, Noradrenalin, Dopamin und Cortisol. Die bekanntesten Stressarten sind der »Adrenalinstress« und der »Cortisolstress«. Adrenalinstress wird sehr schnell ausgelöst. Man spricht hier gern vom sogenannten »Tropfen, der das Fass zum Überlaufen bringt«. Anders beim Cortisolstress, den man als Dauerstress bezeichnen kann. Situationen und Umstände halten das Stressniveau dann dauerhaft hoch. Wesentlich gefährlicher ist der Cortisolstress, da er Körper und Geist mehr belastet.

Es gibt zwei Arten von Stress:

- Eustress = positiver Stress
- Disstress = negativer Stress

Den Eustress kann man durchaus als Motivator betrachten, da er unsere Leistungsfähigkeit steigert. Beim Disstress kommt es mehr zur Leistungsminderung. Er ist verbunden mit einem Gefühl von Bedrohung und Versagen. Leichter Stress kann anregend und lernfördernd sein, weshalb er durchaus erwünscht ist, weil er einfach ein Antriebsmotor für uns ist.

6.1 Kampf-Flucht-Reaktion

Der amerikanische Physiologe Walter B. Cannon (1871–1945) ging davon aus, dass ein Emotionsreiz zwei gleichzeitig ablaufende Reaktionen hervorruft. Die physiologische Erregung und die Wahrnehmung der Emotion. Cannon war der erste Wissenschaftler, der im Zusammenhang mit Stress erkannte, dass unser Stammhirn – das Reptiliengehirn, welches als der stammesgeschichtlich älteste Teil unseres Gehirns bezeichnet wird – reflexartig auf alles überraschend Neue reagiert.

Dieser Teil unseres Gehirns agiert selbstaktiv und noch vor der Bewusstwerdung im Bruchteil einer Sekunde. Er bewertet Situationen als gefährlich oder ungefährlich. Hier entsteht auch der Reflex des Wegziehens unserer Hand von einer heißen Herdplatte oder beim Trading die Versetzung eines Stopps aus Angst, ausgestoppt zu werden.

Laut Cannon haben Mensch und Tier vor allem zwei Möglichkeiten, auf eine Bedrohung zu reagieren – Kampf oder Flucht. Eine weitere ist Erstarrung.

Zur Vorbereitung auf diese Reaktionen nimmt der Körper physische Veränderungen vor: Das Stresshormon Adrenalin wird im verstärktem Maße ausgeschüttet, bestimmte Muskeln spannen sich an und werden vermehrt durchblutet, Herzschlag und Blutdruck erhöhen sich und die Schweißbildung nimmt zu. Der gesamte Körper ist in Alarmbereitschaft und mit entsprechender Energiezufuhr versorgt. Oberstes Prinzip – das eigene Überleben sichern!

Zu Urzeiten wurden diese körperlichen Stressreaktionen in Form von Kampf oder Flucht aktiv umgesetzt. Die Auslöser dafür konnten der Angriff eines menschlichen Gegners ebenso sein wie die Bedrohung durch ein gefährliches Tier.

Diese physischen Vorbereitungen auf lebensgefährliche Situationen sind zwar durchaus sinnvoll, aber der zivilisierte Mensch wird kaum noch solcherart bedroht.

Heute ist die Kampf-Flucht-Reaktion bei der Bewältigung der meisten Stresssituationen nicht mehr hilfreich. Zwar erleben wir in unserem Alltag und auch beim Trading zahlreiche Stressmomente, aber diese tragen wir natürlich nicht kämpferisch aus, indem wir z.B. unseren Chef körperlich angreifen oder bei jedem Minus-Trade unseren Computer zerstören. Sondern wir übertragen diese Stressimpulse unbewusst auf das Börsengeschehen, indem wir einen indirekten Kampf mit dem Markt eingehen.

Nicht abgebauter Stress in Form von Stresshormonen, Fett und Zucker, die nicht verarbeitet werden, kann unseren Körper durch Langzeitbelastungen schädigen. Denn die Stressreaktion ist von Natur aus nur als kurze Belastung für Gefahrensituationen angelegt. Heutige Stressoren sind aber meist über Stunden, Tage, Wochen, Monate oder gar Jahre aktiv. Zum Beispiel in zwischenmenschlichen Beziehungen, im Beruf oder auf existenzieller Ebene. Somit bleibt ein erhöhtes Stressniveau über lange Zeit bestehen, das nicht mit Bewegung, Ruhe oder Entspannung körperlich abgebaut wird. Dadurch bleibt der Körper ständig »unter Strom«. Der Organismus verliert sein natürliches Gleichgewicht und kehrt nur sehr schwer zu seinem normalen Ruheniveau zurück. Die Folge sind Gefäßveränderungen, Muskelanspannungen, Schlafstörungen und seelische Belastungen bis hin zum Burn-out-Syndrom und Depressionen sowie zahlreichen organischen Schäden.

Beim Trading zeigen sich die drei von Cannon aufgestellten Handlungsmuster wie folgt:

- **Kampf:** Übertrading, Positionserhöhung, Stopps löschen
- **Flucht:** Vorschnell eine Position auflösen, Trades kurz vor Erreichen der Stopps glattstellen
- **Erstarrung:** Handlungsunfähigkeit, Position nicht mehr beobachten, keine Trades mehr machen

6.2 Stress durch Kontrollverlust

Der Mensch hat das Bedürfnis, die Geschehnisse in seinem Leben zu kontrollieren. Was er nicht unter Kontrolle hat, verursacht ihm ein Gefühl von Unsicherheit.

Trading ist geprägt von Unsicherheit, da es keinem festen System folgt. Die ständigen Kursbewegungen sind zufällig und werden vor allem durch die Emotionen der Beteiligten stark beeinflusst. Für unerfahrene Teilnehmer ist Trading deshalb oft Stress pur!

Stress entsteht hier vor allem durch eine der beiden stärksten menschlichen Emotionen. Neben Liebe ist das die Angst. Die größte Angst des Menschen ist der Verlust seiner Existenz. Da dem Geld in der Gesellschaft der westlichen Hemisphäre eine sehr wichtige Bedeutung für die Existenz zukommt, löst Geldverlust bei vielen das Gefühl von Existenzangst aus. Ein weiterer, sehr wichtiger Angstauslöser beim Trading ist der Kontrollverlust.

Sieht ein Trader zum Beispiel, dass sich ein Kurs negativ zu seinem eingegangenen Trade verhält, bewertet das Angstzentrum im Stammhirn (Reptiliengehirn) diese Situation automatisch als lebensbedrohliche Situation und zwingt den Trader im Zweifelsfall, durch unlogisches Verhalten ins Geschehen einzugreifen. Im Nachhinein bewertet der Trader diese Reaktion als unsinnig und kontraproduktiv zu seiner eigentlichen Absicht, profitabel zu traden.

Auch andere typische Verhaltensweisen beim Traden werden oft durch Stress verursacht: Mit Spontan-Trades Verluste ausgleichen zu wollen, Stopps wahllos zu versetzen, zu löschen oder gar nicht erst zu platzieren. Gedankliches Einsinken in den Chartverlauf und dadurch den Gesamtüberblick zu verlieren. Umherspringen in den verschiedenen Zeiteinheiten, auf der Suche nach Chancen – statt Chancen auf Grundlage seines Regelwerks zu suchen.

Risikoveränderung durch Vergrößern oder Verkleinern des Geldeinsatzes. Übertrading – es werden zu viele Trades eingegangen. Handelssysteme werden vermischt und der eigene Handelsansatz wird nicht mehr korrekt durchgeführt. Trading auf Grundlage von Gedanken wie »Höher kann der Kurs nicht steigen« oder »Tiefer kann die Aktie nicht fallen«.

Sähe man einem Trader, der sich im erhöhten Stresszustand befindet, bei seiner Arbeit zu, könne man leicht den Eindruck gewinnen, da sitzt jemand wie ferngesteuert an seiner Trading-Plattform. Stress verleitet uns nämlich zu Handlungen, die von alten Gewohnheiten und oft von kindlichem Verhalten geprägt sind. Deshalb ist es gerade zu Beginn so wichtig, das Trading-Handwerk so professionell wie möglich zu lernen. Denn in Stresssituationen greift das Gehirn gern auf altbekannte oder unsinnige Verhaltensweisen zurück. Hat man sich als Trading-Anfänger etwa angewöhnt, Stopps in Notsituationen einfach zu löschen, um nicht zu riskieren, ausgestoppt zu werden, kann diese für das Gehirn sehr bekannte »Notlösung« bei Stress schnell wieder aktiviert werden.

Das Tragische ist, dass diese Handlungen unbewusst passieren. Noch bevor wir uns über die Tragweite dieser Aktion im Klaren sind, haben wir ins System eingegriffen und sind auch noch überzeugt davon, richtig gehandelt zu haben. Es gibt zahlreiche Beispiele, in denen Stress die Ursache für Fehlverhalten mit katastrophalen Folgen war. So hatte etwa der sehr erfahrene Kapitän der Titanic kurz vor der schweren Kollision mit einem Eisberg bei seinem Ausweichmanöver die Geschwindigkeit seines Ozeanriesen stark gedrosselt. Es ist jedoch ein ungeschriebenes Gesetz in der Schifffahrt, dass man bei Schiffen dieser Größe die hohe Geschwindigkeit beibehält, damit ein Ausweichen in einer Gefahrensituation überhaupt möglich ist.

6.3 Stress erkennen und besiegen

Starke Stressverstärker beim Trading sind hohe oder häufige Geldverluste. Sie sollten daher immer nur kleine Risiken eingehen. Wer aus existenziellen Gründen tradet, kann schnell in eine Stressspirale geraten. Dies gilt auch, wenn Sie ohne einen ausgearbeiteten Handelsplan traden.

Es sind vor allem die physischen und psychischen Reaktionen, die anzeigen, dass man überfordert ist. Typische Anzeichen von Stress beim Traden sind:

1. Häufige Fehlentscheidungen
2. Starke Angstgefühle
3. Innere Anspannungen
4. Nervosität
5. Entscheidungsunfähigkeit
6. Überreaktion
7. Andauernde Erschöpfungszustände
8. Traurigkeit/anhaltende Hoffnungslosigkeit
9. Kopfschmerzen
10. Verspannungen
11. Rückenschmerzen
12. Rückzug
13. Nachtschweiß
14. Schlafstörungen
15. Unregelmäßiges Essen
16. Bauchschmerzen
17. Übelkeit
18. Herzprobleme
19. Zu viel rauchen/trinken
20. Suchtsymptome

Nicht nur das Traden selbst kann Ihnen Stress verursachen und Ihre Handelsentscheidungen beeinflussen. Auch problematische Ereignisse aus Ihrem Umfeld wie Familie, Partnerschaft, Beruf, Nachbarschaft, finanzielle Nöte, Krankheiten usw.

Bei Dauerstress besteht die Gefahr, wegen kleiner Auslöser stark zu überreagieren. Eine »Alles-oder-Nichts-Mentalität« tritt auf. Der Trader will dann nur noch recht haben und geht unbedacht hohe Risiken ein. Manchmal büßt er so die Gewinne von Wochen und Monaten binnen Kürze wieder ein. Mitunter wird durch diesen Stressauslöser sogar ein Totalverlust des Kontos verursacht.

Vollkommen frei von Stress zu sein ist beim Trading wiederum kaum möglich und auch nicht erstrebenswert. Wissenschaftler haben bewiesen, dass ein zu niedriger Stresslevel hinderlich für das Erreichen unserer Ziele sein kann. Durch Stress entsteht im Menschen das Gefühl, lebendig zu sein, am Leben teilzunehmen, etwas aktiv zu gestalten. In unserer Kultur gehört Stress durchaus zum Streben nach Erfolg dazu. Die Dosis macht den Stress und diese ist bei jedem unterschiedlich. Wichtig ist, eine Balance zu schaffen, in der Dauerstress keine Chance hat.

Hilfreich ist ein persönlicher Stresstest, der Ihnen herauszufinden hilft, was Sie in Stress versetzt. Dazu können Sie sich folgende Fragen beantworten:

1. Was bringt mich beim Traden in Stress?
2. Wie trade ich in stressigen Situationen?
3. Was kann ich in Stresssituationen anders machen?
4. Wie möchte ich mich beim Traden wirklich fühlen und was muss ich tun, um das zu erreichen?

Regelmäßige Entspannung ist gut, um gelassen beim Trading zu bleiben. Genauso Sport, eine gesunde Ernährung und ein ausgleichendes Hobby. Weniger Stress bedeutet weniger Trading-Fehler = mehr Trading-Erfolg!

Stress – fremdverursacht

Es gibt zahlreiche äußere Einflüsse, die Stress verursachen können. Zum Stress, der fremdverursacht ist, gehört alles, was Sie nicht beeinflussen, aber bedenken können. Es ist wichtig, diese möglichen Geschehnisse bei seinem Trading-Ablauf zu berücksichtigen. So können etwa Kurslücken, sogenannte Gaps, zu enormen Verlusten führen. Diese werden in der Regel dadurch ausgelöst, dass Kursdifferenzen zwischen dem Abendschlusskurs und dem Eröffnungskurs des neuen Tages entstehen.

Auch ein Börsen-Crash kann ein enormer Belastungsfaktor sein. In solchen Zeiten sollten Sie den Handel besser so lange einstellen, bis sich die Situation an den Märkten beruhigt hat. Das gilt auch für Naturkatastrophen oder andere stark kurstreibende Ereignisse.

Starker Stress kann aber auch schon durch einen Computerausfall ausgelöst werden, sodass Sie nicht mehr in der Lage sind, Ihre offenen Positionen zu managen. Kürzlich erzählte mir ein Trader, dass er seinem Mitarbeiter während der Mittagspause per Telefon eine Order aufgab. Dieser verwechselte Kurs und Stückzahl miteinander. Als der Trader ins Büro zurückkam, sah er das Desaster. Auf seinem Konto war ein Minusbetrag von 340.000 Euro aufgelaufen. Dieser Betrag überstieg seine gesamten Gewinne und Rücklagen der letzten Jahre.

Überlegen Sie vorher, wie Sie auf solche und ähnliche Geschehnisse reagieren werden, und erstellen Sie einen entsprechenden Notfallplan.

Stress – selbstverursacht

Am häufigsten wird Stress selbst verursacht, weil kein genauer Handelsplan vorliegt. Ständig stellt sich der Trader die Frage: »Was mache ich jetzt?« »Wo setze ich meinen Stopp?« »Wann steige ich in eine Position ein/aus?« »Wohin geht der Markt?« »Werde ich mit diesem Trade Erfolg haben?« Wer ohne einen ausgearbeiteten Handelsplan tradet, befindet sich eigentlich schon im Stress, weil er nie eine tiefe Sicherheit verspürt. Jeder Trade ist für ihn Glücksache und bietet keine Grundlage für einen beständigen Handel. Er tradet nicht routiniert einen Trade nach dem anderen, sondern er tradet nach dem Prinzip: Alles oder nichts! Ich erlebe das sehr häufig bei Tradern. Sie diskutieren stundenlang das Marktgeschehen und was alles gerade hätte passieren müssen damit ihr Trade aufgegangen wäre. Sie besprechen ihre Trades wie ein Fußballspiel: »Der Markt lief dann im Dax runter, direkt zu meiner Unterstützung. Aber kurz vor dem Pivot-Punkt ist er dann wieder abgedreht, hat eine Hammerkerze gebildet, die ist dann erneut getestet worden und ist ein zweites Mal Richtung Unterstützung gelaufen. Hier hat sie dann sogar den gleitenden Durchschnitt 20 der Stundenlinie angetickt, ist wieder hochgelaufen. Hat die Hammerkerze bestätigt und ist dann wieder abverkauft worden. Am Ende wurde meine Order um zwei Punkte nicht ausgeführt.« Puhh ...

Auch ein unlogisches Risiko- und Moneymanagement führt zu Belastungen. Wer den Geldeinsatz beim Trading nach Lust und Laune bestimmt, wird vom konzentrierten Trading durch Stress abgelenkt. Das gilt ebenso für unprofessionelles Verhalten, wie etwa Positionen im Verlust verbilligen oder das Löschen von Stopps. Selbstüberschätzung ist ein weiterer Aspekt. Wer glaubt, dass er jeden Tag 2, 3, 4 oder 10 Prozent Gewinn aus den Märkten holen kann, der setzt sich selbst enorm unter Druck. Ein gesunder Bezug zur Realität ist hier notwendig, um nicht zu viel von sich abzuverlangen. Und sollten Sie das Gefühl haben, ohne Trading nicht mehr leben zu können, weil Ihr ganzes Leben nur noch vom Trading bestimmt wird, dann haben Sie den Mut, sich professionelle Hilfe zu holen. Es könnte sein, dass Trading für Sie dann zur Sucht geworden ist.

6.4 Die Stress-Ampel – erkenne dich selbst

Es ist sehr nützlich, seine Auslöser für Stress genau zu kennen. So haben Sie die Möglichkeit, sie gezielt anzugehen. Trading-Fehler, die durch Stress ausgelöst werden, rauben Ihnen ein großes Stück ihrer Performance! Hier einige Ideen, wie Sie Ihre Stressauslöser besser kennenlernen können:

Wann geraten Sie in Stress?
Ich gerate in Stress, wenn ...

Beispiele:
Ich unter Zeitdruck bin. Viel Volatilität im Markt herrscht. Ich mehrmals ausgestoppt worden bin. Ich sehe, dass mir der Kurs schon »weggelaufen« ist.

Wie setzen Sie sich unter Stress?
Ich setze mich unter Stress, indem ...

Beispiele:
Ich unbedingt gewinnen will. Ich zu hohe Positionen trade. Ich verschiedene Systeme oder Märkte gleichzeitig handle.

Was machen Sie, wenn Sie im Stress sind?
Wenn ich im Stress bin, dann ...

Beispiele:
Mache ich viele Minus-Trades. Kann ich Verluste nicht gelassen wegstecken. Springe ich schnell unbedacht in einen neuen Trade. Werde ich unkonzentriert. Trade ich zu viel. Werde ich wütend und gerate in Selbstsabotage-Attacken.

Erstellen Sie für diese Punkte eine Liste, schreiben Sie sich anschließend Beispiele auf, wie Sie gegen diese Stressauslöser gezielt vorgehen werden.

6.5 Stressverstärker

Ausgeglichenheit unterstützt die nötige Gelassenheit, die man beim Trading unbedingt braucht. Selbst verursachte Stressfaktoren sollten daher unbedingt vermieden werden. Einer der häufigsten Stressverstärker beim Traden ist Perfektionismus. Ausgelöst wird er meistens durch den Anspruch, Minus-Trades vermeiden zu wollen. Sie setzen sich damit nur unnötig unter Druck. Beim Traden müssen Sie verlieren können, damit Gewinne überhaupt möglich sind. Das unterscheidet diesen Beruf von allen anderen. Verluste im Börsenhandel haben nichts mit mangelnden Fähigkeiten zu tun. Sie gehören einfach dazu! Je früher Sie das akzeptieren, desto schneller werden Sie erfolgreich werden. Investieren Sie die Energie, die Sie aufbringen, um Minus-Trades zu vermeiden, lieber in die Vertiefung Ihres Handelssystems.

Es kann Sie auch Kraft kosten, wenn Sie Ihre Leistungsgrenzen nicht respektieren. Einige Trader schaffen nun mal mehr als andere. Hören Sie auf, sich mit anderen zu vergleichen. Vergleich verursacht Stress!

Stress wird bei einigen auch eingesetzt, um seelische Zustände, die sie nicht spüren wollen, zu verdrängen. Dann wird unbewusst vom Trader Druck gemacht, um die eigene innere Leere, die Gefühle von Hilflosigkeit, Sinnlosigkeit oder Einsamkeit nicht zu spüren. Hier ein Beispiel für einen inneren Konfliktgedanken: »Wenn ich viel trade und mit dem Markt kämpfe, brauche ich meine Unfähigkeit – ein System diszipliniert zu traden – nicht spüren.«

Auch die ständige Aufnahme von Informationen aller Art – diverse Kurse checken, Chartformationen anderer Trader suchen, Börsenbriefe abgleichen, Artikel und Kommentare lesen, Foren auf neue Handelssysteme überprüfen – erfordert enorm viel Aufmerksamkeit. Ständiges Überinformiertsein führt zu Stress. Dahinter verbirgt sich oft der Wunsch nach Sicherheit. »Wer viel weiß, der macht auch keine Fehler!« Gleichwohl sorgt aber gerade die Vertiefung des eigenen Systems für Ruhe und Gelassenheit und Sie gewinnen so die gewünschte Sicherheit.

6.6 Stress & Ziele

Je schwerer es für einen Trader wird, seine Ziele zu erreichen, desto stärker empfindet er sie als Bedrohung. Wenn dies geschieht, ist es angebracht, seine Ziele zu überprüfen. Sind Ihre Ziele wirklich realistisch? Wenn Sie unrealistische Renditeerwartungen haben, dann setzen Sie sich damit enorm unter Druck. Jeder Trade muss dann gelingen, damit Sie Ihr Ziel erreichen. Verluste werden überbewertet und müssen vermieden werden. Viele Trading-Anfänger wollen die Trading-Ziele von Profi-Tradern erreichen. Das ist zum

Scheitern verurteilt, weil sie die Fähigkeiten der eigenen Persönlichkeit nicht berücksichtigen.

Die Unerreichbarkeit von Zielen, Wünschen und Bedürfnissen, wie etwa finanzielle Unabhängigkeit, vom Trading leben oder selbstbestimmtes Arbeiten, verwandelt sich bei zunehmender Erfolglosigkeit mehr und mehr in Gefühle wie Frustration, Hoffnungslosigkeit und Stress. Der Mangel an Kontrolle (»Schon wieder ausgestoppt«), die unzureichende Belohnung (»Immer verliere ich nur«) sowie das Fehlen von Fairness (»Jetzt arbeite ich schon so intensiv und habe trotzdem keinen Erfolg«) können zu starken Stressoren werden.

Konzentrieren Sie sich auf ein Handelssystem, das zu Ihnen passt, und finden Sie heraus, wie viel Rendite es erwirtschaftet. Zäumen Sie das Pferd nicht von der falschen Seite auf, indem Sie einen Handelsstil eines anderen Traders nachtraden, nur weil dieser eine hohe Rendite erwirtschaftet. Sie werden dann die ganze Zeit bewusst oder unbewusst in Konkurrenz mit diesem Trader und seiner Rendite stehen. Das ist das Gegenteil eines entspannten Handels! Und was werden Sie tun, wenn das System dieses Traders nicht mehr funktioniert? Er hat vielleicht schon jahrelange Erfahrungen und kennt die Schwächen seines Handelssystems. Doch Sie müssen dann hilflos mitansehen, wie Ihr Konto den Bach runtergeht!

6.7 Stresssymptome

Jeder Mensch hat seine eigenen Schwachstellen. Das gilt auch für Stresssymptome.

Während der eine durch starke Beanspruchung Probleme mit dem Herzen bekommt, leidet ein anderer unter Körperverspannungen oder Unwohlsein im Magen. Oft zeigt sich, dass lang anhaltende Belastungen körperliche Probleme verursachen. Bei sehr großem Stress kann das auch zu Panikattacken führen. Diese werden begleitet von Herzrasen oder dem Gefühl von Herzinfarkt, Schwindel, Schlaflosigkeit, Kopfschmerzen, Unsicherheit und Angstgefühlen. Sollten Sie solche Symptome an sich feststellen, suchen Sie bitte unbedingt einen Arzt auf und stellen Sie das Trading vorerst ein.

Körperliche Stresssymptome

- Müdigkeit, Schwächegefühl
- Herzklopfen, Pulsrasen, schnelle oder flache Atmung
- Schlafstörungen
- Muskelverspannungen (auch nachts)
- Verdauungsprobleme, z.B. Sodbrennen, Durchfall, Verstopfungen
- Starkes Schwitzen, feuchte Hände
- Hautirritationen, z.B. Jucken, Röte
- Häufiges Urinieren
- Knabbern – an Nägeln, Haaren, Gegenständen
- unkontrolliertes, übermäßiges Essen – nichts essen
- Weniger Lust auf Sex
- Mehr Alkohol, Zigaretten, Medikamente, Drogen, Süßigkeiten

Psychische Stresssymptome

- Nervosität, Unruhe
- Grübelei
- Angst, Panik, Sorgen
- Wut, ausrasten, cholerisches Verhalten
- Stimmungsschwankungen
- Traurigkeit
- Sich überfordert fühlen
- Konzentrations-, Entscheidungsschwäche
- Wenig Leichtigkeit

6.8 Arousal

Arousal ist eine Stressskala, an der Sie erkennen können, in welchem Bereich sich Ihr Stressniveau befindet. Verläuft das Arousal im unteren Drittel der Skala, sind Sie eher antriebslos. Verläuft das Niveau in der Mitte, ist es optimal. Befinden Sie sich mit Ihren alltäglichen Anspannungen im oberen Drittel sind Sie im Dauerstress (Cortisolstress). Kommt dann noch ein kleines Ereignis hinzu, dass sie psychisch überfordert, kann es zu einem Stresspeak (Adrenalinstress) kommen. In solchen Momenten neigt der Trader dazu, dass sich seine Handlungen verselbstständigen, er unreflektiert und unlogisch handelt.

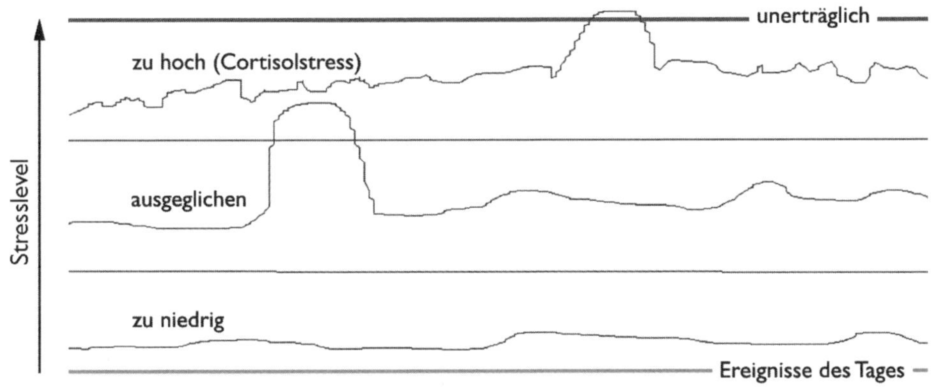

Abb. 4: Stresslevel verschiedener Trader (Arousal)

6.9 Stresspeaks

Stresspeaks sind Ausbrüche auf dem höchsten Stressniveau (Adrenalinstress, »*Schnell auf 180 sein*«). Diese Stressspitzen können Sie beim Traden aus dem Bereich des logischen Handelns bringen. Sie sind der ideale Nährboden für Fehl- und überschnelle Entscheidungen. In diesen Momenten werden Sie vor allem von Ihren Emotionen geleitet. Das Gehirn schaltet in solchen Situationen automatisch auf alte Verhaltensmechanismen um. Diese sind seit Jahrtausenden in unserem Gehirn vorhanden und agieren selbstaktiv, also ohne unsere bewusste Entscheidung. Oft sind es auch kindliche Verhaltensmuster. Unser Gehirn ruft sich dieses Schutzverhalten blitzschnell in Erinnerung: »Das hat dir schon mal geholfen – weglaufen und alles liegen lassen« Oder: »Kopf in den Sand – verstecke dich!« Nach dem Trade stellt sich der Trader dann oft die Frage, wie er so reagieren konnte, es fällt ihm schwer, seine Handlung logisch nachzuvollziehen. Was meist auch nicht geht, weil sie unbewusst motiviert war.

6.10 Stress vermeiden – mehr Erfolg!

Es gibt zahlreiche Möglichkeiten, Stress zu vermeiden oder für Balance zu sorgen. Wichtig ist, dass Sie etwas finden, das Ihnen Freude bereitet. Sehr zu empfehlen sind autogenes Training und Meditation. Sie können sich auch mit Audio-CDs unterstützen. Ein Vorteil ist, wenn Sie Entspannungsübungen beherrschen. Dann sind Sie vollkommen unabhängig und können Teile davon zu jeder Zeit, auch während des Tradings, anwenden. Ich gehe später noch vertiefend auf das Coaching-Programm für Trader ein.

Regelmäßiger Sport oder Yoga ist ebenfalls eine gute Möglichkeit, einen seelischen Ausgleich zu finden. Natürlich sind auch andere Hobbys gut geeignet, um sich vom Stress zu befreien: musizieren, singen, Rad fahren, lesen, wandern etc. Langes Surfen im Internet oder Online-Videospiele gehören nicht dazu.

6.11 Bauchgefühl/Intuition

Im Zusammenhang mit professionellem Trading hört man immer wieder, dass Intuition eine wichtige Rolle spielt. Als ich das anfangs hörte, machte mich das eher wütend. Ich dachte mir: »Ja, wie schön, und was ist, wenn ich keine Intuition für den Börsenhandel habe? Kann ich dann überhaupt erfolgreich an den Märkten sein?« Heute weiß ich, dass der Lernprozess selbst der Weg zur Intuition ist.

Von klein auf werden wir in der westlichen Hemisphäre darin geschult, logisch und rational zu handeln. Das Ergebnis: Wir entwickeln uns zu den brillant denkenden Kopfmenschen, die es jedoch verlernt haben, auf ihre innere Stimme zu hören. Rationale Erklärungen sind uns eben vertrauter und angenehmer als das Eingeständnis, dass Gefühle unsere Handlungen steuern. Denn Intuition wird meistens als instinktives Erfassen oder als gefühlsmäßige Ahnung wahrgenommen.

Diese Ahnungen sind letztlich Erfahrungen. Autofahrer, die in der Großstadt leben, verursachen im Verhältnis zu Menschen aus der Kleinstadt weniger Unfälle mit Radfahrern. Das zeigten wissenschaftliche Studien. Der Grund dafür ist, dass es Autofahrer in der Großstadt aufgrund ihrer Erfahrungen gewohnt sind, plötzlich Fahrradfahrern zu begegnen. Sie ahnen die Gefahrensituation förmlich voraus. Oder anders gesagt – intuitiv rechnen sie ständig mit der Möglichkeit, und wenn sie ihnen wiederfährt, benötigen sie eine geringere Reaktionszeit, sie zu erfassen, um entsprechend zu handeln.

Beim Trading ist es dasselbe. Je mehr Erfahrungen Sie beim Trading sammeln, desto stärker wird Ihr Gefühl für die weitere Entwicklung der Kursverläufe. Es liegt dann an Ihnen, ob Sie diesen Empfindungen Raum geben. Wenn ich heute die Kursverläufe der Charts beobachte, dann bekomme ich nach großen Bewegungen das Bild einer Soldatentruppe, die sich versammelt. Sie stehen eine Zeitlang unruhig auf der Stelle, um dann alle alsbald in die entgegengesetzte Richtung zu rennen. Am Anfang meines Tradings hätte ich nicht gedacht, dass es so etwas wie Ahnungen gibt. Heute weiß ich, dass auch ich Intuitionen habe – weil ich Erfahrungen gesammelt habe. Denn Intuition ist Wissen aus dem Unbewussten, durch Wiederholung erlernt. Aber Vorsicht! Auch Intuition ist keine Garantie für hundertprozentige Kursvorhersagen!

6.12 Essen Sie sich reich

Der Satz »Du bist, was du isst« gilt auch für das Thema Trading & Stress. In Stressmomenten greifen wir meist schnell zu ungesunden Sachen: Chips, Schokolade, Cola, Pizza. Gesünder ist es, den Körper mit dem zu versorgen, was ihm in Stresssituationen wirklich hilft.

Die moderne Wissenschaft weiß heute, wie wichtig Glukose (Zucker) für unser Gehirn ist. Etwa bis zu einem Drittel unserer täglichen Glukosezufuhr nimmt unser Gehirn für seine Arbeitsleitungen in Anspruch. Den Rest überlässt es den Organen und Muskeln. Bei Nahrungsknappheit kann sich das Verhältnis noch enorm verändern, denn das Gehirn verhält sich dann egoistisch und beansprucht den Großteil der Glukose für sich. In unserem Körper regiert das Gesetz: Das Gehirn zuerst!

In medizinischen Studien wurde nachgewiesen, dass Glukosemangel unsere Willenskraft deutlich senkt. Wenn Sie mit Trading also beständig Erfolg haben wollen, dann achten Sie auf die ausreichende Zufuhr von guter Glukose. Gut bedeutet, Nahrungsmittel zu sich zu nehmen, welche die Glukose gleichbleibend und lang anhaltend an den Körper abgeben. Kristallzucker und Weißmehlprodukte verursachen nur einen schnellen Glukose-Kick, bald drauf folgt Müdigkeit und Willensschwäche.

Besser sind Getreideprodukte wie z.B. Hafer, ein klassisches gehirn- und nervenstärkendes Getreide, Kartoffeln, Obst, Gemüse. Mit dem Anstieg von Stress steigt auch der Proteinbedarf: Fisch, fettarmes Fleisch, Milch- oder Sojaprodukte, Hülsenfrüchte können hier helfen. Unser Gehirn braucht auch Flüssigkeit, um konzentriert arbeiten zu können. Täglich zwei Liter sind ein Muss! Am besten gutes Mineralwasser, verdünnte Säfte ohne Zucker oder

Kräutertees. Ideal sind auch Ginseng oder Ingwerwasser. Kaffee oder Tee maximal zwei Tassen pro Tag.

Hilfreiche Mineralien gegen Stress sind Magnesium und Kalium. Magnesium findet man in Haferflocken, Getreide, Nüssen, Soja, Mineralwasser. Kalium in vielen Obst- und Gemüsesorten, Tomaten, Bananen. Ideale Stress-Snacks sind Bananen, Datteln oder Feigen.

6.13 Der »Das will ich auch«-Effekt

Der ehemalige Vorstandssprecher der Deutschen Bank, Hilmar Kopper, sagte einmal, die Menschen wollen immer mindestens so viel Rendite wie die, die sie kennen. Weil das so ist, kaufen Anleger oft unbedacht die gleichen Aktien wie Freunde, Nachbarn, Kollegen oder abonnieren Börsenbriefe, deren Trader angeblich Traumrenditen erwirtschaften. Neben dem Lotto-Glücksspiel ist der Börsenhandel für viele anscheinend die einzige Chance, mit wenig Aufwand Reichtum zu erlangen. Kein Wunder, dass zahlreiche Börsenzeitschriften ihre Leser mit den immer gleichen Überschriften zum Kauf animieren: »Mit 30.000 Euro in 12 Jahren zum Millionär«, »Der sichere Weg zur ersten Million«. Die Million hat eine magische Wirkung und eine große Sogkraft auf den Menschen. Sie steht für Reichtum, Unabhängigkeit, Anerkennung – nie mehr arbeiten müssen. Das trifft auch auf andere runde Zahlen zu wie 100 Prozent Rendite oder Dax 10.000. Menschen messen gern solchen Zahlen eine Bedeutung zu, aber sie haben keine. Sie verursachen höchstens den »Das will ich auch«-Effekt. Solche Versprechungen können Trader und Anleger veranlassen, unüberlegt zu handeln und Wege zu bestreiten, die nicht die ihren sind. Ich selbst bin diesem Phänomen einige Male mit fatalen Folgen aufgesessen. Heute weiß ich, es gibt immer zwei Seiten der Medaille. Und je mehr die Börsenkurse in ungeahnte Höhen hochgejubelt werden, desto misstrauischer werde ich. Verstehen Sie mich nicht falsch: Es ist nicht verkehrt optimistisch zu sein. An der Börse kümmert sich aber keiner um die Verwirklichung Ihrer Wünsche, deshalb müssen Sie sich um Ihr Risiko kümmern!

6.14 Der Mythos vom Dax-Fahrplan

Es klingt verlockend, schon vorher wissen zu können, wohin die Kurse an den Märkten gehen werden. Und moderne Analysemethoden, z.B. die technische Analyse, scheinen das auch zu ermöglichen. Jedenfalls lassen das einen die Analysten glauben. Damit nähren sie beim Trader den Wunsch nach Sicherheit. Realistisch ist das nicht und machbar schon gar nicht. Sicher ist an der Börse, dass nichts sicher ist!

Den Dax nach Fahrplan gibt es genauso wenig wie Kurse, die wie auf Schienen laufen. In der Nachbetrachtung scheint das zwar möglich, aber hinterher ist jeder schlauer. Auch Dax- oder zeitpunktgenaue Kursprognosen sind letztlich reine Glückssache. Die Fahrpläne für Kursabläufe sind mindestens so unzuverlässig wie die der Bahn. Nur eines ist sicher: Die Kurse verlaufen aufwärts, seitwärts und abwärts. Ich zeige Ihnen gleich, wie Sie selbst mit solchen Vorhersagen zum Börsenmeister werden können.

Menschen neigen dazu, positive wie negative Annahmen aus der Vergangenheit in die Zukunft zu projizieren. Das suggeriert ein Gefühl von Sicherheit. Sie glauben an das, wovon sie selbst überzeugt sind, und sie suchen unbewusst nach Informationen, die ihre eigene Meinung bestätigen. Doch nur weil ein Fonds die letzten fünf Jahre eine bessere Performance erwirtschaftet hat als der Dax, ist das keine Garantie dafür, dass er dies auch im nächsten Jahr schaffen wird. Banken und Vermögensberater wollen uns das gerne glauben machen, aber die wollen meist auch nur Ihr Bestes – Ihr Geld!

Was eben noch gleichmäßig in die eine Richtung verlief, kann im nächsten Moment schon die andere Richtung einschlagen. So funktioniert die Börse. Die meiste Zeit verhalten sich die Kurse an den Märkten wie ein Heringsschwarm.

Natürlich kann es sein, dass ein Analyst immer mal eine Glückssträhne mit seinen Prognosen hat, aber keiner kann die Kurse dauerhaft voraussagen. Ich zeige Ihnen, wie einfach diese scheinbare Sicherheit von Vorhersagen erzeugt werden kann. Stellen Sie sich vor, Sie verschicken 100.000 Börsenbriefe. In 50.000 Briefen behaupten Sie, dass der Dax in diesem Monat steigen wird. In den anderen 50.000 Briefen behaupten Sie, dass der Dax am Monatsende auf jeden Fall tiefer stehen wird.

Der Monat ist vorbei und die eine Hälfte Ihrer Börsenbrief-Leser ist erfreut über die genaue Prognose. Nun teilen Sie diese 50.000 Leseradressen erneut auf. Wieder bekommt die eine Hälfte eine Prognose über einen positiven

Verlauf, die andere über einen negativen Verlauf des Börsenbarometers. So machen Sie das Monat für Monat weiter. Nach dem zehnten Monat bleiben 100 Kunden übrig, die völlig begeistert über Ihre Dax-Vorhersagekünste sind. So schnell kann man den Status eines Börsengurus erlangen.

6.15 Nichts ist unmöglich

»Nichts ist unmöglich«, diesen Satz benutzte einst ein japanischer Autohersteller als Werbespruch für seine Fahrzeuge. Er wurde auch zum Leitspruch des Unternehmens und machte es zum größten Autohersteller der Welt.

Bis in die Sechzigerjahre hinein war es reine Science-Fiction, dass Menschen auf dem Mond landen könnten. Neun Jahre später spazierte der erste Mann auf dem Mond und die ganze Welt schaute ihm zu. Als Reporter trug ich Anfang der Neunzigerjahre mein erstes tragbares Telefon in einem Koffer, es wog etwa fünfzehn Kilogramm. Heute ist das Mobiltelefon so klein, dass ich mich manchmal selbst anrufen muss, weil ich es nicht mehr in meiner Garderobe wiederfinde.

Ob monströse Riesenbauten, Flugzeuge mit über fünfhundert Passagieren an Bord oder Spitzenleistungen in Medizin und Sport, all das ist möglich, weil es Menschen gibt, die daran glauben, dass ihre Ideen Wirklichkeit werden.

Was erfolgreiche Trader von erfolglosen Tradern unterscheidet, ist ihr Ehrgeiz. Wenn Sie an sich glauben, dann schaffen Sie das scheinbar Unmögliche – ein erfolgreicher und dauerhaft profitabler Trader zu werden. Was Sie dafür brauchen, ist der unermüdliche Wille und die Bereitschaft, sich zu verbessern und zu steigern, die Konsequenzen dafür auszuhalten, die Kraft zum Durchhalten aufzubringen sowie sich die richtigen Informationen von erfahrenen Profis zu besorgen. Dann, versichere ich Ihnen, werden Sie es schaffen!

7. Das Selbsthilfe-Programm für Trader

Die Seele denkt nie ohne Bild.
Aristoteles

Um ein erfolgreicher Trader zu werden, benötigen Sie vor allem:

1. Disziplin
2. Disziplin
3. Disziplin

Profi-Trader bestätigen die ersten drei Punkte immer wieder. Aber natürlich beinhaltet professionelles Trading weitere Gesichtspunkte wie zum Beispiel:

- Professionelles Verständnis der Marktgeschehnisse
- Professioneller Umgang mit Geldrisiko
- Profitables Handelssystem
- Flexibilität
- Ständige Überprüfung des eigenen Tradings
- Bereitschaft, aktiv an seiner Persönlichkeit zu arbeiten

Die ersten fünf Punkte dieser Liste sind vermutlich in etwa einem Jahr erlernbar. Am schwersten ist der letzte Aspekt: »Die Bereitschaft, aktiv an seiner Persönlichkeit zu arbeiten«. Natürlich zeigt sich diese Bereitschaft auch schon bei den zuvor genannten Punkten. Denn wer nicht bereit ist, herauszufinden wie Profis im Markt agieren, der verzögert unnötig seinen Entwicklungsprozess und verursacht dadurch vermeidbare Verluste. Dasselbe gilt für das Geldrisiko. Es braucht den unbedingten Willen, mit einem für sich stimmigen Risiko- und Geldmanagement zu traden. Wer nur wild und planlos drauflostradet und sich kein profitables und getestetes Regelwerk ausarbeitet, der sucht den Erfolg auf gut Glück. Es braucht Ausdauer und Engagement, ein gutes Handelssystem zu erarbeiten – und Mut! Denn unbewusst schwingt immer die Angst mit, dass man dieses Regelwerk nicht für sich findet, weshalb viele Trading-Anfänger diese unabdingbare Aufgabe nicht angehen. Vielleicht aus dem unbewussten Gedanken heraus: Wer sich der Realität nicht stellt, um herauszufinden, ob der Plan funktioniert, der kann immer noch die Hoffnung haben, dass sein Trading trotzdem zum Erfolg führt. Sehr vielen genügt diese Illusion, manchmal über Jahre. Das ist auch ein Grund dafür, weshalb der Trading-Erfolg dann so lange auf sich warten lässt.

Auch der vorletzte Aspekt erfordert eine bewusste Einstellung: Sich und seine Trades ständig zu überprüfen, um sicher zu sein, dass alle Parameter noch stimmen. An den Trading-Aufzeichnungen scheitern die meisten Anfänger.

Wer sich also auf den Weg macht, ein erfolgreicher Trader zu werden, der macht sich in erster Linie auf den Weg zu sich selbst! Denn Trading bedeutet vor allem Selbsterkenntnis und Persönlichkeitsveränderung: bereit zu sein, die wichtigsten Punkte dieser Arbeit zu verstehen, sie professionell anzuwenden, und den Willen aufzubringen, die unbequemen Konsequenzen dieses Weges durchzustehen. Ich sehe Traden-Lernen als ein Selbstcoaching-Programm. Denn ohne die Bereitschaft, dauerhaft an sich zu arbeiten, werden Sie es nicht schaffen. Sonst bleibt erfolgreiches Trading nur Glücksspiel. Das hat es dann mit allen anderen Berufen auf dieser Welt gemeinsam, die nicht professionell und praxisnah gelernt wurden. Oder würden Sie sich von jemandem am Herzen operieren lassen, der vorher nur ein paar Bücher dazu gelesen hat und im Internet einige Webinare angesehen hat? Trading hat so die Qualität eines Hobbys, mit denselben Ergebnissen. Ganz nach dem Motto: »Schau mal, ich habe meine Wohnung komplett selbst renoviert!« Antwort: »Ja, sieht man!« Sie sollten den oft steinigen Weg, der diese Selbstausbildung mit sich bringt, nicht unterschätzen. Sie sind Schüler und Lehrer in einer Person. Und Sie müssen dabei auch noch die Disziplin und den Mut aufbringen, sich selbst zu kontrollieren, sich zu maßregeln, um sich danach auch wieder selbst zu motivieren. Es ist fast so, als würden Sie als Hobbysportler versuchen, sich zum Olympiasieger zu entwickeln, ohne professionelle Hilfe!

Denk- und Verhaltensveränderungen sind in der Regel ein ungewohnter und zeitintensiver Prozess. Sie basieren im Wesentlichen auf Wiederholungen, Wiederholungen und Wiederholungen. Der Mensch ist zwar in der Lage, schnell etwas Neues zu lernen, aber er braucht Disziplin und die Zeit für die regelmäßige Umsetzung. Und das ist vollkommen normal! Sie haben auch nicht in zwei Tagen Gehen, Schreiben oder Sprechen gelernt. Trading ist ein Prozess wie das Erlernen einer Sprache. Anfangs hören Sie einfache Begriffe, die bauen Sie zu einem Satz zusammen, daraus werden mehrere Sätze, dann komplexe Inhalte. Sie beginnen sie zu sprechen und erweitern Ihr Wissen immer mehr. Am Ende können Sie perfekt in dieser Sprache kommunizieren und erleben über das Feedback der anderen, ob Sie alles richtig gemacht haben.

7.1 Die Kraft der inneren Bilder

Der Mensch hat in seinem Gehirn eine Unmenge an inneren Bildern und die dazugehörigen Emotionen abgespeichert. Denken Sie an die Terroranschläge des 11. September auf das World Trade Center. Sie haben sofort eigene Bilder dazu präsent. Menschen nehmen Informationen vor allem visuell auf, das haben Forscher in jüngster Zeit erneut bestätigt. Wir erfassen Zusammenhänge am besten über Bilder. Jeder von uns macht es eigentlich täglich, ohne sich dessen bewusst zu sein. Innere Bilder sind Vorstellungen, die wir in uns tragen. Sie bestimmen maßgeblich unser Denken, Fühlen und Handeln. Der Mensch nutzt diese Bilder für seine Ideen und Visionen, für das, was er erstrebenswert findet und was er vielleicht einmal in seinem Leben erreichen will.

Wer schon einmal einen Trance-Zustand erlebt hat, der weiß, wie es ist, wenn scheinbar aus dem Nichts plötzlich Bilder in sein Bewusstsein aufsteigen. Manchmal erlebt man solche Momente auch kurz vor oder nach dem Schlaf. Diese inneren Bilder kommen aus dem sogenannten Unbewussten. Auch Träume sind innere Bilder. Es sind im Gehirn abgespeicherte Realitäten. Sie helfen uns bei der Orientierung in unserem Leben. Wir nutzen sie auch, um Handlungen zu planen oder in die Zukunft zu blicken. Durch innere Bilder gleicht der Mensch seine eigene Vorstellung von den Dingen und der Welt ab. Sie geben ihm Halt und Richtung. Grundlage für innere Bilder können biologische Konditionierungen sein, persönliche Überzeugungen oder kulturelle Werte. Alles kann unser Wesen bestimmen und damit unsere Weltsicht beeinflussen.

Innere Bilder werden auch sehr wirkungsvoll zur Unterstützung von Heilungsprozessen benutzt oder um erwünschte Ziele zu erreichen. Dabei helfen uns die sogenannten Spiegelneuronen. Das menschliche Gehirn kann bei inneren Bildern nämlich nicht zwischen Fiktion und Wirklichkeit unterscheiden. Stellen wir uns eine Situation vor, so werden im Gehirn dieselben Areale aktiviert, als würden wir die Situation wirklich erleben.

Diese Fähigkeit kann sehr förderlich sein, um erwünschte Verhaltensweisen beim Trading zu erzielen. Im Spitzensport werden solche Hilfsmethoden regelmäßig angewendet und sind nachweisbar ein wichtiger Schlüssel zum Erfolg. Um die Kraft der inneren Bilder für sich brauchbar zu machen, gibt es die aktive und die passive (geführte) Methode. In der Regel wirken geführte Anwendungen besser, weil der Trader sich während der Begleitung wirkungsvoller entspannen kann. Wichtig dabei ist jedoch, dass auch die erwünschten inneren Bilder (Trading-Ziele) angesprochen werden.

7.2 Die Macht der Suggestionen

Suggestionen sollen eine Person nicht von etwas überzeugen, das nicht wahr ist, sondern sie zu dem befähigen, was ihr möglich ist. Sie nutzen also mit Suggestionen bereits vorhandene Fähigkeiten und vorhandenes Wissen. Suggestionen können den Glauben, dass etwas unmöglich sei, auflösen und die Überzeugung wecken, dass es doch möglich ist. Eine Suggestion ist ein Vorschlag, der umgesetzt wird, weil er überzeugt. Und dieser Vorschlag wird vom Klienten umgesetzt, weil ihm die Suggestion überzeugend erscheint.

Innere Bilder folgen dem eigenen Überzeugungs- oder Gedankenmuster. Wenn ein inneres Bild mit den persönlichen Überzeugungen übereinstimmt, entwickelt es Kraft und Wirkung. Placebos sind ein Beispiel dafür. Wenn ein Klient glaubt, dass bestimmte Dinge bei ihm eintreten werden, so stellt er sich vor, wie es passiert, und hat die Tendenz, es zu erzeugen. Je intensiver die Vorstellung, desto stärker die Wirkung auf den Körper. Die intensive Vorstellung eines Bisses in eine saure Zitrone beispielsweise aktiviert genau die Empfindung wie ein realer Biss. Um einer Suggestion nachdrücklich Wirkung zu verleihen, ist es hilfreich, sie mit starken emotionalen Reizen zu unterstützen. Das geschieht, indem man sich die gewünschte Situation so deutlich wie nur irgend möglich vorstellt. Wichtig ist dabei, so viele Sinne wie möglich anzusprechen: Was sieht man in der gewünschten Situation, was spürt man genau, was gibt es dabei zu hören, zu riechen? Entsprechende Bilder unterstützen die Sinneswahrnehmung zusätzlich.

In den Medien sind Suggestionen sowohl bildliche Vorstellungen als auch von ihnen geschaffene Überzeugungen. Wir begegnen ihnen ständig in unserem Leben. Ob in der Werbung mit Sätzen wie »Ich rauche gern!«, »MARS macht mobil ...« oder in der Politik: »Die Renten sind sicher«, oder in zahlreichen Schlagzeilen in den Print-Medien. Ihre Wirkungskraft ist umso größer, je intensiver die emotionale Verbindung ist. Eine besonders starke Beeinflussung erfahren wir deshalb durch unsere Mitmenschen: Eltern, Familienmitglieder, Nachbarn, Kollegen, Freunde und Partner. Was uns eingeredet wird, setzt sich irgendwann als Überzeugung fest und wir denken gar nicht mehr über den Wahrheitsgehalt der Aussagen nach.

Beeinflussungen finden aber nicht nur über andere statt, sondern auch durch uns selbst. Der Mensch erschafft durch seine eigene Weltsicht ein globales Meinungsbild von sich und von anderen. Daraus entwickelt er sein persönliches Selbstbild, aus dem heraus er denkt, fühlt und handelt. Bewusst oder unbewusst lebt er auch seine negativen Überzeugungen: *»Ich kann nichts«*, *»Ich habe keine Disziplin«*, *»Ich habe kein Selbstbewusstsein«*, *»Aus mir wird nie etwas«*, *»Ich bin ein ängstlicher Mensch«*, *»Die anderen mögen mich nicht«*, *»Ich bin zu blöd für das Trading«*. Sie kennen solche oder ähnliche Sätze vielleicht auch von sich. Sie sind unsere inneren Begrenzungen. Sie geben unserem Leben eine Richtung, die Erfolg verhindert. Denn unser Denken bestimmt unsere Handlungen, unsere Lebensgeschichte.

Ob durch Kindheit, Konsumwelt oder Medienmüll, von allem werden wir beeinflusst, meist ohne es zu merken. Durch positive Suggestionen können wir diesen negativen Beeinflussungen etwas entgegensetzen. Wer sich mit ihrer Hilfe eine Richtung gibt, der geht sein Leben zielorientiert und erreicht seine Lebensziele einfacher und schneller, das gilt auch fürs Trading. Sie können negative Glaubensmuster mithilfe von Suggestionen in positive Überzeugungen umwandeln. Spüren Sie dazu genau in sich hinein und formulieren Sie klare, einfache und kraftvolle Sätze, von denen Sie bedingungslos überzeugt sind. *»Ich folge meinem Handelsplan, wie eine Kerze der nächsten folgt!«* *»Der Erfolg ist schon da – wunderbar!«* Je bildlicher Sie Ihre positiven Suggestionen formulieren, umso wirkungsvoller sind sie. Denn unser Unbewusstes kommuniziert in Bildern. Suggestionen sind deshalb so machtvoll, weil sie direkt an das Unbewusste gerichtet werden. Je mehr es Ihnen gelingt, ihr Unbewusstes mit positiven, zielgerichteten Suggestionen beim Trading zu unterstützen, desto schneller und wirkungsvoller erreichen Sie Ihre gewünschten Ziele. Profi-Trader wissen, wie einschränkend Denk- und Glaubensmuster beim Traden sein können, und arbeiten deshalb konzentriert an der Maxime: »Ich trade, was ich sehe, nicht, was ich denke.«

7.3 Hypnose

Die Idee, körperliche und seelische Veränderungen durch das Unbewusste zu erreichen, ist nicht neu. Hinweise drauf finden sich schon vor mehr als 2000 Jahren bei den Griechen. Die meisten Menschen lernen Hypnose jedoch durch zweifelhafte Fernsehsendungen kennen. Dies ließ den Eindruck entstehen, Hypnose sei etwas Mystisches oder gar Gefährliches. Das Gegenteil ist der Fall. Auch die Annahme, man verliere bei Hypnose vollkommen die Kontrolle, ist falsch. Durch Hypnose erlangt man mehr Kontrolle – nicht weniger! Menschen nehmen auch nicht Hypnose in Anspruch, damit man ihnen beim Kontrollverlust behilflich ist. Im Gegenteil. Menschen bitten um Hilfe, weil sie sich mehr Kontrolle in ihrem Leben wünschen. Hypnose ist dazu das wirkungsvollste Mittel, das mir bis jetzt bekannt ist. Sie eignet sich hervorragend zur Angstkontrolle, Stärkung des Selbstvertrauens und der Entscheidungskraft, sie fördert die Konzentrationsfähigkeit und kann eindeutig sportliche und berufliche Leistungen verbessern sowie Selbstheilungsprozesse maßgeblich unterstützten.

Hypnose ist ein Vorgang zur Erzielung eines tiefenentspannten Zustands. In der Tiefenentspannung, der Trance, wird die Aufmerksamkeit weg von äußeren Reizen hin zum inneren Erleben gelenkt. Mit Hypnose ist der Vorgang, mit Trance der Zustand gemeint. In Trance kommt es also zu einer tiefen körperlichen Entspannung. Der Klient findet leichter Zugang zu seinen unbewussten Denk- und Verhaltensmustern. Dabei sorgen die Alphawellen für Entspannung. Die Thetawellen machen empfänglich für Suggestionen. Trance öffnet uns automatisch für Suggestionen, vorausgesetzt, man lässt sich bewusst darauf ein.

Normalerweise gelangt alles, was wir zuerst wahrnehmen, nach hinten ins Gehirn, zur Sehrinde, und erst anschließend nach vorne zur bewussten Entscheidung ins Stirnhirn. Das bedeutet, dass alles gedanklich kontrolliert wird. Unter Hypnose oder im Trance-Zustand gelangt das Gehörte, also die Suggestion, ungefiltert nach vorne ins Gehirn und erst dann nach hinten, ohne dass es kritisch kontrolliert wird.

Wissenschaftliche Studien belegen, dass unser Gehirn unter Hypnose alles Bildhafte besonders gut aufnehmen kann.

Menschen vermuten nach der ersten oder zweiten Sitzung nicht, dass sie hypnotisiert wurden. Der Grund dafür ist, dass ihnen der Bewusstseinszustand durchaus vertraut ist, sie aber, beeinflusst durch die Medien, eine andere Vorstellung vom Hypnosezustand haben. Jeder kennt Trancezustände, täglich erleben wir sie in zahlreichen Momenten unseres Alltags, sie werden nur nicht mit Hypnose in Verbindung gebracht. Das kann das konzentrierte Fahren auf der Autobahn sein, das Warten an einer roten Ampel oder versunkenes Lesen eines spannenden Buches.

Hypnose ist keine Form von Schlaf, auch wenn es häufig so aussieht. Das Gehirn befindet sich im hypnotischen Zustand in einer lebhaften Wachsamkeit, bei dem bestimmte Gehirnprozesse allerdings anders ablaufen als im bewussten Erleben.

Die klassische Hypnose arbeitet mit direkten Suggestionen. Dem Klienten werden bestimmte Botschaften »eingeredet«. Der Ansatz lässt im Gegensatz zur modernen Hypnotherapie wenig Raum für eigene Inhalte.

Die moderne Hypnose und Hypnotherapie wurde insbesondere von dem amerikanischen Psychiater und Psychotherapeuten Milton Erickson geprägt. Er konzentrierte sich mehr auf die tatsächlichen Belange des Klienten. Ziel ist dabei die Aktivierung der Fähigkeiten und Ressourcen des Klienten. So entsteht eine kommunikative Kooperation von Therapeut und Klient. Der Hypnotherapeut nutzt hierfür Metaphern, Sprachbilder, Analogien und Wortspiele, um im Klienten in Trance neue Ideen und Lösungsmöglichkeiten für seine Probleme anzuregen. Im Vordergrund dieser Methode steht, dass der Klient vor allem seine Lösung für sein Problem selbst findet. Die Kontrolle darüber, welche dieser Ideen angenommen und genutzt werden, bleibt vollkommen dem Klienten selbst überlassen.

Therapeutische- und Bühnenhypnose sind nicht dasselbe. Bei der Bühnen- oder Showhypnose glauben die Probanden so sehr an die Macht des Hypnotiseurs, dass sie vor allem seinen Anweisungen folgen. Dazu sind sie oftmals gar nicht im Trance-Zustand. Sie machen sich sozusagen selbst »zum Affen«, um sich nicht vor einem Millionenpublikum zu blamieren. Teilnehmer von Showhypnosen stehen unter einem enormen Druck, entschuldigen aber ihre öffentlichen Verhaltensweisen damit, dass sie es ja »unter Hypnose« machen. Bei der Showhypnose wird das Thema Hypnose mit einer geheimnisvollen Aura umgeben, die sie nicht hat. Das hypnotische Phänomen ist keine Zauberei, nichts Geheimnisvolles. Es ist ein natürlicher und normaler Geisteszustand, den Sie nutzen können, um Ihr Unbewusstes und Ihren Körper anzuleiten und zu führen. Denn alle Menschen tragen die Fähigkeiten in sich, Stress abzubauen, Angst zu überwinden und erwünschte Gewohnheiten zu forcieren. Blitzhypnose, wie man die Showhypnose auch nennt, ist bisher keine anerkannte Heilmethode.

Jeder Mensch kann hypnotisiert werden. Einzige Voraussetzung dafür ist, dass er es will. Menschen machen in Hypnose aber niemals Dinge, die ihr Unbewusstes ablehnt. In dem Zusammenhang ist wichtig, zu wissen, dass nicht ein Hypnotherapeut seinen Klienten hypnotisiert, sondern der Therapeut seinen Klienten auf eine spezielle Weise anspricht, mit der sich der Klient dann selbst in Trance bringt. Jede Hypnose ist somit eine Selbsthypnose. Dieser Zustand ist unbedenklich, da der Klient zu jedem Zeitpunkt aus seiner Trance aussteigen kann. Er wird dies sogar automatisch tun, wenn er Anweisungen erhält, die gegen seine Interessen verstoßen.

Ob Hypnose jemandem dient, ist natürlich davon abhängig, ob derjenige an die Wirkung von Hypnose glaubt. Jemand, der sich absolut nicht hypnotisieren lassen möchte, der wird auf diesem Weg auch nur schwer Veränderungen erfahren.

Selbsthypnose

Selbsthypnose ist Hypnose ohne direkte Anleitung durch einen Hypnotiseur. Sie geben sich die hypnotische Anleitung komplett selbst. Hypnose ist ein geistiger Zustand, in dem man viel stärker auf Suggestionen reagiert, als es unter normalen Bedingungen der Fall ist. In der Hypnose wird die Kraft der bewussten Kritik unterdrückt. Der Fokus ist eingeschränkt und der Grad der Konzentration, die auf einen Punkt gerichtet ist, ist viel höher als im Wachzustand. Im Moment dieser konzentrierten Wachsamkeit ist es möglich, Suggestionen direkt an das Unbewusste zu richten. Fast alle Forscher und Wissenschaftler, die sich mit diesem Thema beschäftigt haben, stimmen darin überein, dass der Trance-Zustand, den wir Hypnose nennen, ein Bewusstseinszustand mit ganz speziellen abgrenzbaren Qualitäten ist. In diesem Bewusstseinsraum können Sie Bereiche von sich selbst kontrollieren, die normalerweise außerhalb der Reichweite Ihres Bewusstseins liegen. Sie können das zum Beispiel daran erkennen, dass Sie die Geschwindigkeit Ihres Herzschlages oder Ihre Körpertemperatur mithilfe der Gedanken beeinflussen können. Wenn es gelingt, solche selbstaktiven Mechanismen unseres Körpers bewusst zu steuern, welche Kraft kann es dann erst auf andere Bereiche unseres Lebens haben!

Selbsthypnose – was passiert da eigentlich?

Selbsthypnose ist eine Technik, etwas mental vorwegzunehmen. Es geht vor allem darum, zukünftige erwünschte Seinszustände und Fähigkeiten mithilfe der geistigen Vorstellungskraft in unserem Gehirn zu verankern. Da dies im Zustand einer Trance geschieht, spricht man hier auch von Imagination. Dieser spezielle Prozess, der außerhalb unseres Bewusstseins geschieht, führt dazu, dass Denk-, Handlungs- und Körperabläufe tief im Unbewussten verinnerlicht werden und so eine selbstaktive Wirkung forcieren. Sie programmieren sozusagen Ihren eigenen Autopiloten. Achten Sie jedoch darauf, dass Ihre Ziele realistisch sind. Sie müssen sich der Erreichbarkeit Ihres Ziels bewusst sein. Wer seine Ziele bei der Selbsthypnose zu groß wählt, wird sich damit letztlich nur demotivieren. Ziele sind vor allem dann erreichbar, wenn sie einen Teilaspekt des übergeordneten Ziels aufgreifen. Also statt sich zu sagen: »In einem Jahr bin ich ein profitabler, reicher Trader«, lieber die konkrete Umsetzung ansprechen: *»Ich trade konzentriert jeden einzelnen Trade nach meinem Plan.«* Oder: »Ich halte bei jedem Trade mein striktes Geldrisiko ein.« Das ist nur ein Vorschlag. Finden Sie immer Ihre Worte und bilden Sie Sätze, die Ihrer Sprache, Ihrem Denken entsprechen.

Bei der Arbeit mit Selbsthypnose können Ihnen zwei Methoden helfen, Ihre Ziele zu erreichen: Entweder Sie malen sich den Weg zu Ihrem Ziel aus oder Sie stellen sich vor, wie Sie Ihr Ziel bereits erreicht haben. Beides ist gleich wirkungsvoll. Probieren Sie beide Varianten aus und nehmen Sie die, die Ihnen besser entspricht.

Achten Sie bei Ihren Suggestionen auch darauf, dass Sie so viele Sinne wie möglich ansprechen. Je lebhafter und intensiver, desto wirkungsvoller. Anfangs wird das für Sie vielleicht noch etwas ungewohnt sein. Doch je häufiger Sie sich in Selbsthypnose versetzen, desto einfacher und leichter wird Ihnen diese Übung fallen. Bevor Sie loslegen, nehmen Sie sich ein paar Minuten Zeit und schreiben auf, welches Ihre Ziele sind. Selbsthypnosen sind einfacher, wenn man seinen roten Faden, den man in der Trance-Arbeit verfolgen möchte, schon kennt.

Selbsthypnose – die Vorbereitung

Damit Sie sich selbst in eine Hypnose begeben können, benötigen Sie zunächst einen ruhigen und privaten Ort. Achten Sie darauf, dass Sie sich sicher und vor allem ungestört fühlen. Später, wenn Sie geübter in der Selbsthypnose sind, werden Sie in der Lage sein, an fast allen Plätzen in Trance zu gehen. Es wird Ihnen dann sogar leichtfallen, äußere Geräusche und Ablenkungen zur Trance-Vertiefung zu nutzen.

Reservieren Sie sich für Ihre Selbsthypnose einen bestimmten Zeitraum. Verabreden Sie sich sozusagen mit sich selbst zu diesem Termin. Es hilft Ihnen, wenn Sie an die Hypnose mit der Einstellung herangehen, als würden Sie auf Ihr Konto für positive Selbstveränderung einzahlen. Dafür gibt es keinen »besten Zeitpunkt«. Experimentieren Sie mit Ihrer Trance-Arbeit und finden Sie so heraus, wann für Sie der optimale Zeitpunkt ist.

Selbsthypnose – im Sitzen oder Liegen?

Es ist zu empfehlen, die Trance-Induktion im Sitzen vorzunehmen. Im Liegen fällt man schnell in den Schlaf. Suchen Sie sich einen bequemen Stuhl, am besten mit Arm- und Rückenlehnen. Probieren Sie verschiedene Sitzpositionen und entscheiden Sie sich für die komfortabelste. Machen Sie es sich so bequem und gemütlich wie irgend möglich!

Selbsthypnose – wie lange dauert eine Sitzung?

Planen Sie anfangs für eine Hypnosesitzung etwa 20 Minuten ein. Sie werden mit der Zeit ein Gefühl dafür bekommen, wie lange Ihr innerer Rückzug dauern sollte. Die Dauer wird hier maßgeblich von Ihren Zielen bestimmt. Umso öfter Sie üben, desto schneller werden Sie in den gewünschten Trance-Modus kommen und Erfolge erzielen. Sie werden erleben, wie einfach Sie die Selbsthypnose mehrmals am Tag überall nutzen können und dass schon nach einiger Zeit wenige Minuten dafür ausreichen, um erfolgreiche Ergebnisse zu erzielen. Diese Mini-Trancen sollten Sie immer wieder trainieren und in Ihr Leben einfließen lassen.

Selbsthypnose – mit geschlossenen Augen?

Die meisten Menschen schließen bei der Selbsthypnose die Augen. Es funktioniert aber genauso gut mit geöffneten Augen. Sie sollten dann allerdings einen festen Punkt fixieren. Achten Sie auch hier möglichst auf wenig Ablenkung. Sollten sich jedoch Irritationen wie etwa Außengeräusche auftun, die Sie nicht beeinflussen können, dann hilft meist schon ein Satz wie: »Alle Geräusche dürfen sein und bringen mich nur noch tiefer in meine Entspannung.«

Selbsthypnose – wie fange ich an?

Haben Sie eine gute Sitzposition eingenommen und Ihre Augen z.B. geschlossen, dann nehmen Sie zunächst Kontakt mit sich auf. Spüren Sie, wie Sie auf dem Stuhl sitzen, wie Ihre Füße den Boden berühren, Ihre Gliedmaßen den Stuhl. Nehmen Sie sich und Ihren Körper für einen Moment in Stille bewusst wahr. Anschließend beginnen Sie mit der Atemübung: Atmen Sie in aller Ruhe vier oder fünf Mal tief ein und wieder aus. Während der Einatmung zählen Sie dabei bis drei. Dann halten Sie Ihren Atem an und zählen erneut bis drei. Nun atmen Sie aus und zählen bis sechs. Nun warten Sie ein bis vier Sekunden und wiederholen diese Übung. Der Entspannungsprozess kann durch kleine Sätze bei der Ausatmung wie etwa »Ich entspanne mich und lasse alles los« zusätzlich unterstützt werden.

Ich empfehle Ihnen, während dieser Atemübung ein inneres Bild kommen zu lassen. Wählen Sie etwas aus, das zu Ihnen passt. Das kann zum Beispiel ein stiller See sein, das Meer oder wehender Sand, der über eine Wüstenlandschaft schwebt und sanft zu Boden sinkt.

Selbsthypnose – was sind posthypnotische Suggestionen?

Während der Selbsthypnose können Sie einen bewussten Verstärker aktivieren. Diesen nennt man posthypnotische Suggestion. Posthypnotische Suggestionen wirken umso intensiver, je zielgerichteter sie sind. Zum Beispiel indem Sie eine bestimmte Handlung mit einem erwünschten Zustand verknüpfen. Stellen Sie sich deshalb Ihr Ziel so genau und lebhaft wie möglich vor: die Farben, Formen, Gerüche und die Umgebung, alles, was Sie genau in der erwünschten Situation erleben. Sie können sich zum Beispiel während der Selbsthypnose vorstellen, wie sich die Charts Ihrer Trading-Plattform öffnen und Sie gleichzeitig während dieses Vorgangs alle Ihre Ressourcen für ein diszipliniertes Trading aktivieren. Bei häufiger Wiederholung dieser zielgerichteten Suggestion wird das dazu führen, dass sich diese Eigenschaften mit dem realen Geschehen automatisch verknüpfen. Mit dem Aufbau Ihrer Charts auf dem PC-Bildschirm baut sich dann auch Ihre Disziplin auf.

Es ist auf jeden Fall sehr ratsam, sich eine posthypnotische Suggestion zu geben, die Sie darin unterstützt, den Weg zur Trance zu verkürzen. Dazu können Sie am Anfang Ihrer Selbsthypnose sich ein inneres Bild zur Aktivierung vorstellen, welches symbolisiert, wie Sie zügig in Trance kommen. Zum Beispiel können Sie als Bild das bewusste Sitzgefühl im Körper, das Sie wahrnehmen, wenn Sie sich in Selbsthypnose begeben, verwenden.

Während Sie sich Ihre inneren Zielbilder vorstellen, können Sie zusätzlich unterstützende Sätze in Form eines Mantras aufsagen. Diese sollten immer einfach, kraftvoll und positiv formuliert werden, zum Beispiel: »Geduld führt mich zu meinem Ziel – in der Ruhe liegt die Kraft.« Wiederholen Sie diese kurzen, prägnanten Sätze etwa fünf bis acht Mal pro Sitzung.

Es empfiehlt sich, bei der Sprache der Suggestion Sätze zu verwenden, die mit Ihnen und den erwünschten Zielen zu tun haben. Wählen Sie eine Bildersprache, die eindeutig ist. »Ich folge meinem Trading-Plan wie der Trend seinen eindeutigen Bewegungen.«

Suggestionen formulieren

Suggestionen können direkt oder indirekt formuliert werden. Indirekte Suggestionen lassen das Ergebnis offen: *»Es ist mir vielleicht möglich dass …«* Oder: *»Eventuell werde ich …«* Direkte Suggestionen zielen unmittelbar auf das Ergebnis ab: *»Ich werde …«, »Ich bin …«*

Beide Varianten erzeugen dieselbe Wirkung. Bemerken Sie, dass Sie auf eine Formulierung besser reagieren als auf die andere, verwenden Sie nur diese.

Achten Sie darauf, dass Sie die Suggestionen positiv formulieren. Worte wie *»nein«, »nicht«, »keine«* werden leicht vom Unbewussten ignoriert. Daher sind Worte wie *»Ich bin …«, »Ich werde …«, »Ich sollte …«* wesentlich effektiver.

Wie komme ich in Trance?

Nachdem Sie einen ruhigen Ort aufgesucht und einen bequemen Platz eingenommen haben, schließen Sie am besten Ihre Augen und führen sich selbst in die Trance ein. Nehmen Sie dazu Kontakt mit Ihrem Körper auf und praktizieren Sie eine aktive Entspannung. Beginnen Sie bei Ihren Füßen und gehen sie dann gedanklich schrittweise jedes Körperteil durch, bis zu Ihrem Kopf. Sagen Sie innerlich ruhig zu sich selbst: »Ich entspanne meine Füße, meine Füße sind entspannt.« Usw. Fühlen Sie zu Ihren Füßen hin und versuchen Sie, eine Entspannung wahrzunehmen. Sie können diesen Vorgang auch dadurch unterstützen, indem Sie ihn mit ihrem Atemrhythmus kombinieren. Immer wenn Sie sich entspannen, atmen Sie dabei aus. Prüfen Sie selbst, wie weit Sie mit der Körperentspannung gehen müssen, bis Sie eine wohlige innere Schwere, den Trance-Zustand erleben. Manchmal reichen wenige Minuten, manchmal braucht es länger. Sie können dann zusätzlich Augen, Ohren, Kopfhaut, Lippen, die inneren Organe usw. entspannen. Sie werden bemerken, dass sich dieser Entspannungsprozess mit der Zeit verkürzen wird.

Eine andere Möglichkeit, in eine Trance zu gelangen, ist folgende: Mit geöffneten Augen fixieren Sie einen Punkt in Ihrer Umgebung. Ihr Kopf sollte dabei gerade und entspannt sein, schauen Sie möglichst geradeaus. Sagen Sie sich dann innerlich auf, welche vier Dinge Sie aus dem unscharfen Umfeld Ihres Blickfeldes wahrnehmen können, zum Beispiel: »Ich sehe eine silberne Fläche, ich sehe ein blaues Quadrat, ich sehe eine Tasse, ich sehe ein Buch.« Während Sie das tun, bleiben Sie ständig mit der Aufmerksamkeit bei Ihrem fokussierten Ausgangspunkt. Suchen Sie mit Ihren Augen nicht die Dinge auf, die Sie wahrnehmen. Dann sagen Sie sich vier Dinge, die Sie gerade hören. Danach sagen sie sich vier Körperwahrnehmungen, die Sie spüren. Danach machen Sie einen weiteren Durchlauf mit jeweils drei Dingen, die Sie sehen, hören, fühlen. Dann mit zwei Dingen, dann mit einem. Wenn Sie immer dasselbe wahrnehmen, dann zählen Sie es eben erneut auf. Meist werden Ihre Augen schon nach kurzer Zeit müde und Sie möchten sie schließen. Tun Sie es und machen Sie dann nur noch mit den anderen Wahrnehmungskanälen weiter. Sie werden feststellen, dass Sie schon bevor Sie bei eins angekommen sind, in eine schwere Müdigkeit sinken. Dann sind Sie in Trance und können mit Ihren Suggestionen und Visualisierungen weitermachen.

Wie komme ich aus einer Trance wieder heraus?

Sie können sich auf unterschiedliche Art und Weise aus der Trance wieder herausführen. Sagen Sie sich dazu zunächst Sätze wie diese: »Ich weiß, dass ich jederzeit auf meine Ziele hinarbeiten kann.« »Ich kann immer wieder an diesen Ort der Entspannung zurückkehren.« »Die Kraft meiner Visualisierungen und Suggestionen bleibt bestehen, auch wenn ich nicht in Trance bin.« »Ganz langsam, in kleinen Schritten, so wie es für mich richtig ist, werde ich nun wieder in den Wachzustand zurückkehren. Dann werde ich vollkommen wach und erfrischt sein. Ich zähle bis fünf und mit jeder Zahl werde ich einen Schritt wacher und erfrischter sein: eins ...zwei ...drei ...vier ...fünf. Ich bin wach und munter, ganz erfrischt.« Nehmen Sie danach ein paar tiefe, erfrischende Atemzüge und bewegen Sie Ihre Hände, Arme, Beine. Seien Sie mutig und experimentieren Sie mit Ihrer Rückführung in den Wachzustand. Machen Sie es so, dass es für Sie stimmig ist und Sie sich dabei wohlfühlen, dann ist es richtig.

Hier noch einmal der Ablauf für eine gelungene Selbsthypnose:

1. Suchen Sie einen ruhigen Ort auf.
2. Achten Sie darauf, dass Sie nichts bei der Selbsthypnose stört.
3. Nehmen Sie einen bequemen Platz ein.
4. Schließen Sie die Augen, atmen Sie ein paar Mal entspannt ein und aus.
5. Nehmen Sie Kontakt mit dem Ort und ihrem Körper auf – spüren Sie in sich hinein.
6. Führen Sie die Selbstentspannung durch – um sich in Trance zu bringen.
7. Geben Sie sich Suggestionen und sprechen Sie Ihre Mantras, visualisieren Sie Ihre erwünschten Ziele.
8. Bringen Sie posthypnotische Verstärker ein.
9. Führen Sie sich aus der Selbsthypnose wieder heraus.

Woran erkenne ich, dass ich in Trance war?

Dass Sie in Trance waren, merken Sie daran, dass die erwünschten Wahrnehmungen, die Sie sich suggeriert haben, eingetreten sind. Die Arme werden schwer, der Atem ruhiger etc. Auch ist die Zeitwahrnehmung meist ungenau, wenn Sie sich in einer Trance befanden. Oft meint man, die Selbsthypnose sei viel kürzer oder länger gewesen, als sie es tatsächlich war.

8. Denken hilft – manchmal

8.1 Die Übung des positiv-realistischen Denkens

Mit dieser Übung kann der Trader leicht unrealistische Denkmuster, z.B. »Ich verliere immer nur« auf seinen Wahrheitsgehalt hin überprüfen.

Gerade in emotional belastenden Situationen geraten Trader in negative Gedankenspiralen. Sie sagen sich: »Ich verliere immer nur«, »Ich komme mit meinem Trading überhaupt nicht voran« oder »Andere sind wesentlich erfolgreicher als ich«. Solche Glaubenssätze wirken demotivierend und entsprechen meist nicht der Wahrheit. An dem folgenden Klientenbeispiel wird deutlich, wie Sie mit einer kleinen Überprüfung für Klarheit in Ihrer destruktiven Gedankenwelt sorgen.

Klient: *Es hat alles keinen Sinn. Ich trade jetzt schon seit zwei Jahren und komme überhaupt nicht voran!*
Coach: *Angenommen, Sie tragen Ihren Groll Auf einer Skala von 1 bis 10 ein – 10 bedeutet, dass es Ihnen sehr schlecht geht. An welcher Stelle in der Skala befinden Sie sich mit Ihrem Groll?*
Klient: *Acht.*
Coach: *Was sind dabei Ihre schlechtesten Gedanken?*
Klient: *Dass ich meine Zeit nur verschwendet habe, dass ich viel Geld für nichts und wieder nichts investiert habe. Aber auch, dass ich mich vor all meinen Freunden blamiere. Ein Versager bin.*
Coach: *Was wäre in dem Zusammenhang das denkbar schlechteste Szenario als Ausgang?*
Klient: *Ich werde immer wieder von meinen Freunden und meiner Familie wegen meines Versagens aufgezogen, lächerlich gemacht, als Spinner tituliert.*
Coach: *Wie oft ist das bisher passiert?*
Klient: *Noch nie.*

Coach: *Wie realistisch ist es dann, dass Ihre Freunde und Familienmitglieder Sie wirklich verächtlich als Versager und Spinner titulieren werden?*
Klient: *Ja, das ist wohl nicht so realistisch.*
Coach: *Auf einer Skala von 1 bis 10. Wie realistisch ist Ihre Befürchtung?*
Klient: Eins.
Coach: *Frage: Sie befürchten, mit Ihrem Trading überhaupt nicht voranzukommen, obwohl Sie seit zwei Jahren traden. Stimmt das, sind Sie überhaupt nicht vorangekommen, haben nichts, überhaupt nichts gelernt?*
Klient: *Doch.*
Coach: *Was genau haben Sie in den zwei Jahren gelernt?*
Klient: *Naja, technische Analyse, Markttechnik, Candlesticks, Moneymanagement, Chance-Risiko-Verhältnis, Risikomanagement. Und sicher noch einige Sachen mehr.*
Coach: *Stimmt dann Ihre Aussage, dass Sie nicht vorangekommen sind, überhaupt nichts gelernt haben?*
Klient: *Nein, natürlich nicht.*
Coach: *Auf einer Skala von 1 bis 10. Was würden Sie sagen, wie viel haben Sie gelernt?*
Klient: *Acht.*
Coach: *Was könnten Sie Positives über Ihre verzweifelte Situation denken, jetzt, wo sie die realen Einschätzungen kennengelernt haben?*
Klient: *Dass das auch mal dazu gehört und dass alles nicht immer so genau verläuft, wie ich es mir wünsche.*
Coach: *Noch etwas. Was ist mit dem Gedanken, dass alles keinen Sinn macht?*
Klient: *Klar, ich ärgere mich, aber ich kann auch dadurch lernen. Fehler machen immer Sinn. Davon kann ich ja nur profitieren.*
Coach: *Was könnten Sie stattdessen Positives über Ihre Situation denken?*
Klient: *Jeder benötigt seine eigene Zeit, um voranzukommen. Und ich kann nicht erwarten, dass alles glatt läuft, ich ärgere mich ja auch über andere Dinge in meinem Leben. Das gehört dazu und geht auch wieder vorbei.*
Coach: *Wie realistisch Ist nun Ihre Vorstellung, dass Sie ein Versager und ein Spinner sind, dass Sie Ihre Zeit und Ihr Geld nur verschwenden: auf einer Skala von 1 bis 10?*
Klient: *Zwei.*

Wenn Sie sich einmal in einer gedanklichen Negativspirale befinden, dann können Sie nach diesem Schema Ihre Gedanken auf Wahrheit überprüfen. Sie werden schnell bemerken, dass Ihre Befürchtungen wohl unrealistisch sind.

Stellen Sie sich dazu folgende Fragen:

- Was genau ist Ihr negativer Gedanke?
- Wie schlecht geht es Ihnen mit diesem Gedanken auf einer Skala von 1 bis 10?
- Was ist das Schlimmste an dieser Situation?
- Welches wäre das denkbar schlechteste Szenario, wie es für Sie ausgehen könnte?
- Wie oft traf diese Befürchtung bisher ein?
- Wie realistisch ist die befürchtete Situation auf einer Skala von 1 bis 10?
- Was könnten Sie stattdessen Positives über diese Situation denken?
- Was genau tun Sie dafür, dass sich diese positive Situation ergibt?
- Stimmt Ihre Ausgangsbefürchtung jetzt noch?
- Wie realistisch ist Ihr Ausgangsgedanke nun auf einer Skala von 1 bis 10?

8.2 Was die Erfolgreichen erfolgreich macht

Wer im Trading erfolgreich ist, der hat vor allem eine Qualität: die Bereitschaft und den Willen, aus seinem Verhalten zu lernen und die Konsequenzen dafür zu übernehmen. Das erfordert viel Kraft und Motivation, denn wer sich mit seiner Persönlichkeit konfrontiert, der wird sich auch seiner Schwächen bewusst. Viele meinen, beim Trading liegt die größte Schwäche darin, Geld zu verlieren. Doch Verluste gehören im Börsenhandel bekanntlich unweigerlich dazu. Ich behaupte, die größte »Schwäche« (im positiven Sinne) beim Traden liegt darin, den Mut und die Kraft aufzubringen, sein Verhalten zu verändern! Wer sich neue Verhaltensweisen antrainiert, der muss unweigerlich auf die alten Verhaltensweisen verzichten. Dadurch entstehen teilweise enorme Widerstände. Es sind geradezu Entzugserscheinungen, wie bei einer Sucht. Diese Widerstände auszuhalten und trotzdem den erwünschten Eigenschaften zu folgen, darin liegt für einen angehenden Trader die größte Herausforderung!

Der realistische Blick auf die eigenen Stärken und Schwächen macht den Weg frei für die so notwendigen Erkenntnisse, die man braucht, um beim Trading dauerhaft profitabel zu werden. Es ist jedoch wesentlich zeitintensiver und emotional anstrengender, an seinen Schwächen zu arbeiten, als seine Stärken weiter auszubauen. Der nachweislich schnellere Weg zum Erfolg ist deshalb, seinen Fokus auf seine Stärken zu richten. Fragen Sie sich:

»Welches sind meine Talente, meine Fähigkeiten, was kann ich gut, was fällt mir leicht, was entspricht meiner Persönlichkeit, womit fühle ich mich bei meinen Handlungen wohl?«

Wenn Sie diese Aspekte berücksichtigen, dann kommen Sie wesentlich einfacher und direkter ans Ziel. Wenn Sie zum Beispiel eher die Persönlichkeit eines Positions-Traders haben, der viele Wochen oder Monate in einen Wert investiert, dann hören Sie auf, mit aller Gewalt aus sich einen Scalp-Trader zu machen, der im Minuten-Chart handelt, nur weil das vielleicht lässiger wirkt oder ihm schnellere Gewinne verspricht. Sie müssen auch nicht mit großem Geldrisiko traden, wenn Sie sich schlecht dabei fühlen. Keiner zwingt Sie, unnütze Dinge zu tun – außer Sie selbst!

Erfolgreiche Menschen achten darauf, dass zu tun, was ihnen leichtfällt. Sie stärken ihre Stärken. Der Vorteil dabei ist, dass Sie tun, was Ihnen Spaß macht. Und wenn Sie tun, was Ihnen Freude bereitet, dann werden Sie automatisch motivierter, konzentrierter und disziplinierter sein. Also genau das, was beim Trading so elementar wichtig ist!

Wenn Sie Ihre Talente fördern, dann werden Sie Begeisterung ernten. Arbeit wird dann für Sie zur Leidenschaft und nicht zu einem quälenden Muss, dem Sie täglich dienen. Sie agieren mit Lust und Freude statt mit Frust und Leid.

Erfolgreiche Menschen erarbeiten genaue Ziele und verfolgen sie konstant. Ihre Handlungen bekommen dadurch eine Richtung und ihre Persönlichkeit Halt, der sie in Zeiten der Ungewissheit trägt. Überlegen Sie sich, was Sie wirklich erreichen wollen, und machen Sie sich einen Plan, wie Sie das umsetzen möchten. Bleiben Sie auf Ihrem Weg offen für Umleitungen, denn sie werden immer wieder auftauchen. Das ist vollkommen normal. Wichtig ist nur, dass Ihre Ziele realistisch sind und Sie diese immer vor Augen haben. Es macht keinen Sinn, Bundeskanzler werden zu wollen, wenn Sie nur an der Macht interessiert sind, die von dieser Position ausgeht, nicht aber an dem Thema selbst: Politik und die Weiterentwicklung des Gemeinwohls.

Genauso wenig macht es Sinn, Trader werden zu wollen, wenn Sie es allein des Geldes wegen machen wollen. Ihnen müssen auch die Rahmenbedingungen zusagen, die dieses Geschäft bietet: die selbstständige Arbeitsweise, Verantwortung für das eigene Handeln zu übernehmen, Selbstreflektion und persönliche Weiterentwicklung, der ständige Umgang mit Verlusten, ein großes Maß an Unsicherheit und die Bereitschaft, sein Denken und Handeln an die Wesensart der Märkte anzupassen. Denn Trading ist auf gewisse Art und Weise eine Form von Persönlichkeitsentwicklung. Wer dafür nicht offen und nicht bereit ist, sich darauf einzulassen, der wird es schwer haben, hier erfolgreich zu werden! Wer aber den Mut hat, sich beim Trading selbst zu entdecken, und diese Erkenntnisse in seinen Börsenhandel einfließen lässt, indem er sein Handelssystem vertieft, der wird zwangsläufig Erfolg ernten!

8.3 Das Rad nicht neu erfinden

Wenn Sie sich einmal die Charts der letzten einhundert Jahre ansehen, dann werden Sie erkennen, dass die Verläufe immer in die gleichen Richtungen gehen: aufwärts, abwärts, seitwärts. Dennoch neigen viele dazu, den Börsenhandel neu erfinden zu wollen. Ausgelöst wird dieses Bedürfnis vor allem durch emotionale Unsicherheiten wie Angst und Stress. Statt die Lösung für das Problem bei sich zu suchen, wird es im Handelssystem vermutet. Und um der eigenen Unsicherheit Herr zu werden, entscheidet sich der ungeübte Trader kurzerhand für ein neues Regelwerk. Doch viele Trader vor Ihnen haben dieses Problem bereits gelöst. Es gibt nun zwei Entscheidungswege: Entweder Sie versuchen, durch schmerzhafte Erfahrungen selbst auf die Lösung des »Rätsels Börse« zu kommen, oder Sie nutzen die Erfahrungen anderer, etwa eines Coachs. Die eine Variante kostet Geld für den Coach – die andere Variante bezahlen Sie mit Minus-Trades.

Eines ist gewiss: Die Lösungen für Ihre Trading-Probleme sind schon in Ihnen. Sie müssen sie nur in sich entdecken.

Wenn Sie eine Reise mit dem Auto antreten und die genaue Strecke zu Ihrem Zielort nicht kennen, dann gibt es verschiedene Möglichkeiten, anzukommen. Sie könnten z.B. ein GPS benutzen, eine Streckenkarte oder andere befragen. Sie könnten die Fahrt auch auf gut Glück antreten. Beim Trading entscheiden sich viele für die letzte Variante. Sie müssen sich aber darüber im Klaren sein, dass dann ein anderer am Steuer sitzen wird – Ihr Unbewusstes nämlich. Ob Sie dann da ankommen, wo Sie hin wollen, das bleibt absolut offen.

Ob Google, Flugzeuge, die Glühbirne, Kugelschreiber – alles war bereits in den Köpfen der Menschen angelegt. Die Leistung der Schöpfer lag darin, die richtigen Schritte zu gehen, um ihre Ideen zur Vollendung zu bringen.

Seien Sie der Schöpfer Ihres Trading-Erfolges und unternehmen Sie auch die richtigen Schritte. Wenn Sie den Weg dorthin nicht kennen, dann fragen Sie die, die schon dort angekommen sind. Manchmal kostet es etwas: Mut, Zeit, Engagement oder Geld. Doch wer ankommen will, der findet einen Weg!

9. Jetzt ist Schluss – der Anfang

Der beste Weg, die Zukunft vorauszusagen, ist, sie zu gestalten.
Willy Brandt, Altbundeskanzler

»Bleiben Sie, wie Sie sind!« Dieser Satz ist ein beliebter Abschluss für eine Geburtstagsrede. Für den Beginn einer Trading-Karriere ist es der Tod.

Wenn Sie ein erfolgreicher Trader werden wollen, dann bleiben Sie nicht, wie Sie sind. Das ganze Leben ist Veränderung, auch wenn wir das nicht wahrhaben wollen. Während Sie dieses hier lesen, wirft Ihr Körper in jeder Sekunde Millionen Zellen ab und produziert Millionen neue Zellen. Täglich werden so Teile unseres Körpers erneuert. Einige brauchen ein paar Monate, andere ein paar Jahre. Aber innerhalb weniger Jahre entsteht so ein völlig neuer physischer Körper. Ihre Haare und Nägel wachsen in diesem Moment, alles befindet sich ständig im Veränderungsprozess. Die Börse ist ein idealer Ort, um dieses natürliche Phänomen des Lebens zu begreifen. Denn auch die Märkte befinden sich immerzu in einem Veränderungsprozess, den wir nicht maßgeblich beeinflussen können. Und je eher Sie das verstehen und lernen, darauf sinnvoll zu reagieren, desto schneller werden Sie Ihr Ziel erreichen – erfolgreich zu traden.

Amateure lernen, indem sie etwas tun, diese Erfahrungen aber nicht aktiv zur Weiterbildung und Veränderung nutzen und keine externe Hilfe in Anspruch nehmen. Profis lernen durch permanentes Üben. Sie wiederholen ihre Handlungen beim Trading wieder und wieder und arbeiten beständig an ihren mentalen Stärken. Ihre Rückmeldungen nutzen sie zur Weiterentwicklung ihrer Fähigkeiten und lassen sich dabei gegebenenfalls von Mentoren helfen. Profi-Trader suchen nach guten Chancen mit kleinem Risiko. Amateure suchen ein sicheres System. Sie vernachlässigen die Qualität der Chancen und gehen zu hohe Risiken ein. Profis wissen, dass Rentabilität von gutem Trading abhängt und nicht von guten Trades. Sie sehen die Gesamtheit dieses Geschäftes, sammeln kleine Gewinne ein und verdienen ihr Geld mit einigen wenigen großen Trades. Amateure fixieren sich auf den einzelnen Trade und hoffen bei jedem Trade auf den großen Gewinn. Der Profi-Trader konzentriert sich auf die Summe aller Trades.

Wer an den Finanzmärkten agiert, bewegt sich ständig auf dünnem Eis. Ein Einbruch ist jederzeit möglich. Man ist deshalb gut beraten, alle Sicherheitsmaßnahmen selbst zu ergreifen, dass man im Falle eines Einbruchs keinen Schaden nimmt. Die meisten vertrauen jedoch darauf, dass das Eis schon halten wird, oft mit fatalen Folgen für das Konto und die Persönlichkeit.

In diesem Buch konnten Sie viele Anregungen und eine Menge Wissen finden, um sich selbst für das Trading zu coachen! Es liegt nun an Ihnen, es zu tun. Der Wendepunkt zum erfolgreichen Trading ist, den Mut und die Kraft dafür auf zubringen, den Missklang auszuhalten, den Veränderungen zwangsläufig mit sich bringen. Aber eines ist sicher: Wenn Sie nichts ändern, ändert sich nichts!

Aus meiner Praxisarbeit weiß ich, dass die meisten an ihrer Weiterentwicklung scheitern, weil sie nicht den Mut haben, die Konsequenzen, die Veränderungen nun mal mit sich bringen, auszuhalten. Stattdessen fallen sie in alte Muster zurück. Wenn Sie erfolgreich beim Traden sein wollen, dann braucht es diese Entscheidung und den Willen, diese schweren Momente auszuhalten. Das ist nicht immer leicht, aber Sie werden reich belohnt. Mit Stolz und innerem Reichtum. Das ist letztlich mehr, als in jedes Portemonnaie passt.

Gelesenes behalten wir Menschen nur zu 10 Prozent. Wenn Sie sich durch das Lesen dieses Buches eine hundertprozentige Wirkung wünschen, dann wissen Sie, was Sie tun müssen, um die Inhalte dauerhaft zu festigen.

Der Weg zum erfolgreichen Trading braucht seine Zeit. Oder genauer gesagt: Ihre Zeit. Denn jeder hat seine eigene Entwicklungsgeschwindigkeit. Gras wächst auch nicht schneller, wenn man daran zieht! Es wird nicht immer einfach sein, aber wenn Sie dranbleiben, dann kommen Sie mit Sicherheit an.

Wenn Ihnen das Buch gefallen hat, dann würde ich mich freuen, wenn Sie es entsprechend positiv bei Ihrem Online-Händler bewerten würden.

Machen Sie es gut, dann machen Sie es richtig! Und denken Sie immer daran: Im Leben müssen Sie mit allem rechnen, auch mit dem Guten!

Norman Welz

Stichwortverzeichnis

Norman Welz ist Journalist, Psychologe und als Mentaltrainer sowie Finanzpsychologe für GodmodeTrader tätig. Welz ist Spezialist beim Thema Finanzpsychologie und handelt selbst seit über 30 Jahren. Er ist zudem aktiver Händler im Day-Trading.

Gewinnen, wenn die Kurse fallen

Dr. Alexander Elder

In *Gewinnen, wenn die Kurse fallen* widmet sich Alexander Elder intensiv und ausführlich dem Verkauf bestehender Positionen: Neben Grundlagen des Risikomanagements und der Trading-Psychologie steht vor allem der richtige Zeitpunkt, eine Long-Position zu schließen, im Fokus seiner dargelegten Expertise. Denn mit dieser Schlüsselkompetenz stehen und fallen Gewinn und Verlust des Traders. Elder vermittelt darüber hinaus umfangreich und detailliert Know-how rund um das komplexe Thema Leerverkäufe. So lernt der Anleger, wie er von Kursrückgängen profitieren, seine Chancen auf Gewinne verdoppeln und Verluste wirksam minimieren kann.

384 Seiten I Hardcover I 29,99 € (D) I ISBN 978-3-89879-792-4

Day-Trading: schnell, schneller, scalping

Valentin Rossiwall | Philipp Schröder

Als Day-Trader profitieren Sie von kurzfristigen Bewegungen in den verschiedenen an den Börsen gehandelten Instrumenten. Billig kaufen, teuer verkaufen: Aus der Ferne betrachtet sieht alles ganz einfach aus. Der Weg allerdings, um als Day-Trader an der Börse dauerhaft Geld zu verdienen, ist hart und steinig. Sie brauchen Wissen, Übung und Erfahrung, um im Day-Trading langfristig zu bestehen.

Das perfekte Zusammenspiel von geistiger Ausgeglichenheit, konsequenter Analyse und bedachtem Risikomanagement ist das Fundament für Ihren Erfolg. Die Autoren zeigen wertvolle Handelsideen auf, erläutern, welche Voraussetzungen benötigt werden, und ermöglichen dem Leser Einblicke in professionelle Tradingstrategien für den Aktien-, Forex- und Futuresmarkt. Erfahren Sie alles über die Welt des Scalping – aktuell, prägnant und übersichtlich.

288 Seiten | Hardcover | 19,99 € (D) | ISBN 978-3-89879-673-6

Ihr täglicher Tradingcoach

Brett Steenbarger

Brett Steenbarger vermittelt Tradern in 101 Lektionen grundlegendes und neuartiges Wissen aus seinen Forschungen im Bereich der Tradingpsychologie. Werden Sie Ihr eigener Tradingcoach und entwickeln Sie eine nie für möglich gehaltene mentale Stärke und Tradingkompetenz. Steenbarger gibt Ihnen dazu eine Landkarte zum Erfolg an die Hand, mit der Sie die täglichen Herausforderungen an der Börse mit Bravour meistern. Nutzen Sie die psychologischen Werkzeuge – und holen Sie das Beste aus sich heraus. Als Bonus bekommen Sie einzigartige Einblicke in die Denk- und Handlungsweise von 18 Profitradern, die sich intensiv mit dem Thema Tradingpsychologie befasst und die hier vorgestellten Methoden mit großem Erfolg umgesetzt haben.

484 Seiten I Hardcover I 39,99 € (D) I ISBN 978-3-89879-662-0

Technische Analyse der Finanzmärkte

John J. Murphy

John Murphy bringt Ordnung ins weite Feld der Technischen Analyse.

Anfänger und Fortgeschrittene finden die neuesten Charttechniken in direkter Anwendung auf eine Vielzahl von Finanzinstrumenten. Des Weiteren werden interessante Indikatoren, Candlestick-Charts und die unverzichtbare Intermarketanalyse in aller Ausführlichkeit vorgestellt.

Mit diesem Buch gelangt der Anleger von grundlegenden Charttechniken zur aktuellsten Computertechnologie und zu den fortschrittlichsten Analysemethoden.

Das maßgebliche Buch zur Technischen Analyse der Finanzmärkte!

640 Seiten | Hardcover mit Schutzumschlag | 39,99 € (D) | ISBN 978-3-89879-0628-8

Trading mit Intermarket-Analyse

John J. Murphy

Intermarket-Analyse bezeichnet die Analyse von zwei oder mehr sich gegenseitig beeinflussenden Assetklassen oder Märkten mit dem Ziel, die Stärken und Schwächen aufzudecken. Statt sich nur einzelne Assetklassen oder Märkte anzusehen, berücksichtigt die Intermarket-Analyse die Wechselwirkungen beispielsweise zwischen Aktien, Anleihen, Rohstoffen oder Währungen.

John Murphy hat maßgeblich dazu beigetragen, dass die Intermarket-Analyse ein unverzichtbarer Teil der Technischen Analyse wurde. In seinem neuen Buch zeigt Murphy, wie Trader auch unter schwierigen Umständen erfolgreich sein können. Intensiv geht er auf die Auswirkungen von Konjunkturzyklen oder den Einfluss bestimmter Branchen auf die Märkte ein.

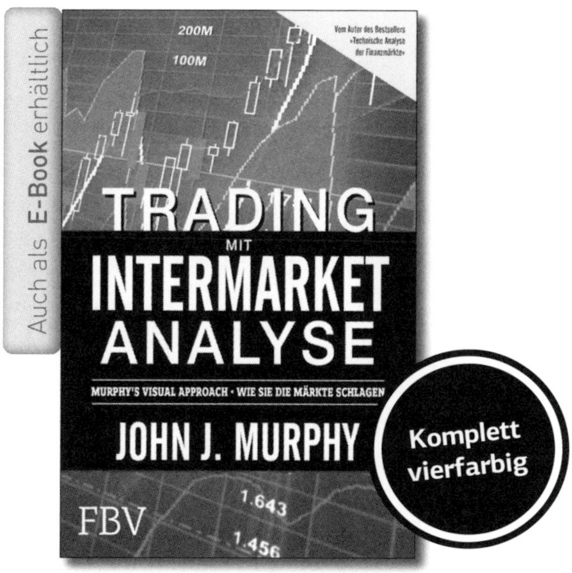

320 Seiten | Hardcover mit Schutzumschlag | 39,99 € (D) | ISBN 978-3-89879-829-7